《史记研究集成》
  总主编 袁仲一 张新科 徐 晔 徐卫民

《史记研究集成·十二本纪》
  主 编 赵光勇 袁仲一 吕培成 徐卫民

《史记研究集成·十二本纪》编辑出版委员会

总顾问　张岂之

主　任　安平秋　徐　晔

副主任　张新科　马　来　徐卫民

编　委　（以姓氏笔画为序）

　　　　王子今　尹盛平　田大宪　吕培成　吕新峰

　　　　李　雪　李颖科　杨建辉　杨海峥　吴秉辉

　　　　何惠昂　陈俊光　张　萍　张　雄　张文立

　　　　赵生群　赵建黎　骆守中　高彦平　郭文镐

　　　　徐兴海　商国君　梁亚莉　彭　卫　程世和

主　编　赵光勇　袁仲一　吕培成　徐卫民

"十三五"国家重点图书出版规划项目

史记研究集成·十二本纪

孝武本纪

李雪 段承校 李延 李琰 编

西北大学出版社
·西安·

图书在版编目(CIP)数据

孝武本纪/李雪等编. —西安：西北大学出版社，2019.3

(史记研究集成/赵光勇，袁仲一，吕培成，徐卫民主编. 十二本纪)

ISBN 978-7-5604-4050-7

Ⅰ.①孝… Ⅱ.①李… Ⅲ.①中国历史—古代史—纪传体②《史记》—研究 Ⅳ.①K204.2

中国版本图书馆 CIP 数据核字(2017)第 132314 号

"十三五"国家重点图书出版规划项目

史记研究集成·十二本纪·孝武本纪
SHIJIYANJIUJICHENG SHIERBENJI XIAOWUBENJI

李 雪 段承校 李 延 李 琰 编

出版发行	西北大学出版社		
地　　址	西安市太白北路 229 号	邮　　编	710069
网　　址	http://nwupress.nwu.edu.cn	邮　　箱	xdpress@nwu.edu.cn
电　　话	029-88303593　88302590		
经　　销	全国新华书店		
印　　装	西安华新彩印有限责任公司		
开　　本	787 毫米×1092 毫米　1/16		
印　　张	16		
字　　数	307 千字		
版　　次	2019 年 3 月第 1 版　2019 年 3 月第 1 次印刷		
书　　号	ISBN 978-7-5604-4050-7		
定　　价	95.00 元		

如有印装质量问题，请与西北大学出版社有限责任公司联系调换。电话：029-88302966

版权所有　　侵权必究

总　序

司马迁是我国西汉时期左冯翊夏阳（今陕西韩城市）人，伟大的史学家、思想家、文学家，1956年被列为世界文化名人。他的巨著《史记》，是我国第一部纪传体通史，记载了从黄帝到汉武帝时期中华民族三千多年的历史，体现了中华民族的智慧和力量，展现了中华民族维护统一、积极进取、坚韧不拔、革故鼎新、忧国爱国等民族精神。司马迁以"究天人之际，通古今之变，成一家之言"为宗旨，突破传统，大胆创新，开辟了中国史学的新纪元，在中国文化史上树立了一座巍峨的丰碑，正如清人李景星《史记评议·序》所说："由《史记》以上，为经为传诸子百家，流传虽多，要皆于《史记》括之；由《史记》以下，无论官私记载，其体例之常变，文法之正奇，千变万化，难以悉述，要皆于《史记》启之。"在世界文化史上，《史记》作为巨幅画卷，也是当之无愧的。苏联学者图曼说："司马迁真正应当在大家公认的世界科学和文学泰斗中占有重要的地位。"《史记》和古希腊史学名著比较，其特点在于它的全面性，尤其是对于生产生活活动、学术思想和普通人在历史上的地位的重视。"希腊历史学家的著作，往往集中到一个战争，重视政治、军事。普鲁塔克的传记汇编所收的人物也限于政治家和军事家，即使是最著名的希腊思想家、科学家如亚里士多德，在他的著作中也没有一字提到，更没有一个关于从事生产活动者的传记了。"[①]《史记》在唐以前传至海外，18世纪开始传入欧美，一直以来都是世界汉学界研究和关注的对象。毋庸置疑，《史记》是世界文化宝库中一颗璀璨的明珠。

一

据《汉书》记载，西汉宣帝时司马迁的外孙杨恽将《史记》公之于众。但当时史学还没有应有的独立地位，加之在正统思想家眼里，《史记》是离经叛道之作，是"谤书"，因而并没有受到重视。直到东汉中期，《史记》才逐渐流传。魏晋以后，史学摆脱了经学附庸，在学术领域内形成一门独立的学科，《史记》的地位得到相应的提高，抄写、学习《史记》的风气逐渐形成。谯周《古史考》等书对《史记》史实的考证，

[①] 齐思和：《〈史记〉产生的历史条件和它在世界史学上的地位》，载《光明日报》1956年1月19日。

揭开了古史考辨的序章。裴骃的《史记集解》是这个时期最有代表性的《史记》注本。此一时期，扬雄、班氏父子、王充、张辅、葛洪、刘勰等人对《史记》发表过许多评论，他们肯定了司马迁的史才，肯定了《史记》"不虚美，不隐恶"的实录精神。由于史论的角度不同，班彪、班固在《汉书·司马迁传》中提出"史公三失"问题。随之，以王充和张辅为开端，开始了"班马异同"的学术讨论，也即开《史记》《汉书》比较研究之先河。

唐代由于史学地位的提高，尤其是"正史"地位之尊，使《史记》在史学史上备受尊崇，司马迁开创的纪传体成为修史之宗。唐代编纂的《晋书》《梁书》《陈书》等八部史书全部采用纪传体的写法。史学理论家刘知幾对纪传体的优点也予以肯定："《史记》者，纪以包举大端，传以委曲细事，表以谱列年爵，志以总括遗漏，逮于天文、地理、国典、朝章，显隐必该，洪纤靡失，此其所以为长也。"① 史学家杜佑发展了《史记·八书》的传统，著《通典》一书，成为政书体的典范。唐代注释《史记》，成就最大的是司马贞的《史记索隐》与张守节的《史记正义》。这两部书和南朝刘宋年间裴骃所作的《史记集解》，被后人合称为《史记》"三家注"。"三家注"涉及文字考证、注音释义、人物事件、天文历法、山川草木、鸟兽虫鱼、典章制度等，是《史记》研究总结性、系统性的成果，因而也被认为是《史记》研究史上的一座里程碑。司马贞、张守节、刘知幾、皇甫湜等人，对司马迁易编年为纪传的创新精神做出了许多肯定性的评论。如皇甫湜《皇甫持正集》认为，司马迁"革旧典，开新程，为纪为传为表为志，首尾具叙述，表里相发明，庶为得中，将以垂不朽"。特别是唐代韩愈、柳宗元掀起的古文运动，举起了向《史记》文章学习的旗帜，使《史记》所蕴藏的丰富的文学宝藏得到空前的认识和开发，奠定了《史记》的文学地位。

宋代的《史记》研究步入一个新阶段。由于统治者对修史的重视，加之印刷技术的发展，《史记》得以大量刊行，广为研读。宋人特别注重《史记》的作文之法。如文学家苏洵首先发明司马迁写人叙事的"互见法"，即"本传晦之，而他传发之"②，开拓了《史记》研究的领域。郑樵在《通志·总序》中称《史记》为"六经之后，惟有此作"，肯定司马迁前后相因、会通历史的作史之法，这也是第一次在理论上从"通"的角度评论《史记》。本时期的评论，还把"班马优劣论"发展到一个新的阶段，苏洵、郑樵、朱熹、叶适、黄履翁、洪迈等人都发表过评论，涉及思想、体例、文学等方面的比较，乃至出现了倪思、刘辰翁的《班马异同》及娄机的《班马字类》这样的专门著作，把《史记》比较研究向前推进了一步。

元代除了在刊刻、评论《史记》方面继承前代并有所发展外，主要贡献在于把

---

① [唐]刘知幾撰，浦起龙释：《史通通释·二体》，上海古籍出版社1978年版，第28页。
② [宋]苏洵著，曾枣庄等笺注：《嘉祐集笺注》，上海古籍出版社1993年版，第232页。

《史记》中的历史人物、历史事件搬上舞台。元代许多杂剧的剧目取材于《史记》,仅据傅惜华《元代杂剧全目》所载就有180多种,如《渑池会》《追韩信》《霸王别姬》等,这些剧目的流传,又扩大了《史记》的影响。

明代是《史记》评论的兴盛期。印刷技术进一步提高,给刻印《史记》提供了有利条件,尤其是套版印刷的兴起,给评点《史记》提供了方便。明代从文学角度评论《史记》取得的成就最大,对于《史记》的创作目的、审美价值、刻画人物形象的方法、多样化的艺术风格等都进行了有益的探索①。唐顺之、归有光、茅坤、王慎中、钟惺、陈仁锡、金圣叹等人都是评点《史记》的大家。同时,由于《史记》评点著作大量出现,辑评式研究应运而生。凌稚隆《史记评林》搜集整理万历四年(1576)之前历代百余家的评论,包括"三家注"及各家评点和注释,并载作者本人考辨,给研究者提供了便利,后来李光缙对该书进行了增补,使之更加完备。明代晚期,《史记评林》传入日本,深刻影响了日本对《史记》的研究。另外,朱之蕃《百大家评注史记》,葛鼎、金蟠《史记汇评》,陈子龙、徐孚远《史记测义》等也进行了辑评工作。明代由于小说的繁荣,人们对《史记》的认识也开辟了新的角度,探讨《史记》与小说的关系,这是前所未有的新成就。在《史记》历史事实的考辨方面,杨慎《史记题评》、柯维骐《史记考要》、郝敬《史记愚按》等,以及一些笔记著作,均颇有新意。

清代迎来了《史记》研究的高峰期。专门著作大量涌现,如吴见思《史记论文》、汪越《读史记十表》、杭世骏《史记考证》、牛运震《史记评注》、王元启《史记三书正讹》、王鸣盛《史记商榷》、邵泰衢《史记疑问》、赵翼《史记札记》、钱大昕《史记考异》、梁玉绳《史记志疑》、张文虎《校勘史记集解索隐正义札记》、郭嵩焘《史记札记》、李慈铭《史记札记》、吴汝纶《桐城吴先生点勘史记》、程馀庆《历代名家评注史记集说》等,都是颇有特色的著作。这些著作最大的成就在于考据方面。清人考据重事实、重证据,大至重要历史事件,小至一字一句、一地一名,对《史记》史事和文字的考证极为精审。钱大昕为梁玉绳《史记志疑》作序,称其"足为龙门之功臣,袭《集解》《索隐》《正义》而四之矣"。许多学者是考中有评,如赵翼说:"司马迁参酌古今,发凡起例,创为全史,本纪以序帝王,世家以记侯国,十表以系时事,八书以详制度,列传以志人物","自此例一定,历来作史者,遂不能出其范围,信史家之极则也。"② 其他非专门研究《史记》的著作如顾炎武《日知录》、刘大櫆《论文偶记》、章学诚《文史通义》以及一些古文选本等,也对《史记》发表了许多值得重视的评论。

---

① 详参张新科、俞樟华:《史记研究史略》第四章"明人评点《史记》的杰出成就",三秦出版社1990年版。

② [清]赵翼著,王树民校证:《廿二史札记校证》卷一,中华书局1984年版,第3页。

近现代以来，中国内地及港澳台地区《史记》研究呈现出继承传统研究方法的同时，研究领域不断拓宽、研究问题不断深入的特点。从政治到经济、从思想到文化、从史学到地理、从文学到美学、从伦理到哲学、从天文到医学、从军事到人才，都进行了广泛深入的探索。诸如李笠的《史记订补》、王叔岷的《史记斠证》、钱穆的《史记地名考》、瞿方梅的《史记三家注补正》、陈直的《史记新证》、王恢的《史记本纪地理图考》等，从《史记》文本文字、地理名物及《史记》研究的再研究等方面进行考证或订补。另外，杨燕起等编纂的《历代名家评史记》，精选1949年前的《史记》评论资料；近年来，由张大可、丁德科主编的《史记论著集成》汇辑当代学者的专题研究成果；赵生群主持修订的中华书局《史记》点校本使《史记》校勘更上层楼。同时，各种不同类型的《史记》选注本、全注本、选译本、全译本相继问世。

《史记》在日本影响很大，近现代以来颇具影响的《史记》研究专家有泷川资言、水泽利忠、宫崎市定等。20世纪30年代出版了泷川资言的《史记会注考证》，之后水泽利忠对该书进行校补，使之成为《史记》研究总结集成式的成果，该书在辑佚、校勘、对《史记》史实的考证、对司马迁所采旧典的考证、对"三家注"的再考证、对词句的训释等方面，均取得了显著的成果。但缺点也是显而易见的，施之勉的《史记会注考证订补》、严一萍的《史记会注考证斠订》等均针对其缺憾专门做了订正。欧美学者对《史记》的研究，诸如法国的沙畹、康德谟，美国的华兹生、倪豪士，以及汉学家高本汉、崔瑞德、鲁惟一、陆威仪等，在关注《史记》传统研究方法的同时，以西方思维、理论及方法，将《史记》与西方传统的史学著作进行比较研究，亦颇具特色。

从以上简单勾勒《史记》研究的历史可以看出，近两千年《史记》研究呈现出"历代不辍、高潮迭起"的状态。不仅如此，海外汉学界特别是日本的《史记》研究亦有突出的表现。

二

《史记》研究积累了大量丰富的资料，这些资料是不同时期承前启后、不断深化的学术成果，这其中有就个别问题的深入探究，有零散的评论，亦有专题式的系统研究。除此之外，系统整理前代研究成果、提出新见的集成式整理方式，更有划时代的意义。在这个层面上，南朝刘宋至唐代形成的《史记》"三家注"和20世纪30年代日本学者泷川资言完成的《史记会注考证》，被视为《史记》研究系统、全面、最有代表性的著作，甚至被称为《史记》研究的两座里程碑。

今天，《史记会注考证》出版已经八十余年，《史记》研究又经过了一个不凡的历程，海内外《史记》研究新见迭出，特别是在研究方法上出现了新的变化，突出特征是由"史料学"向"史记学"发展,即从史料的整理和挖掘中分析司马迁的思想,通过具体史料探讨《史记》丰富的思想内涵及其价值。这也在客观上对《史记》研究成果再次进行集成式整理提出了新的学术要求,《史记研究集成》的编纂正是顺应这一学术发展的重要尝试。

《史记研究集成》系"十三五"国家重点图书出版规划项目,在陕西省人民政府参事室(陕西省文史研究馆)的关心、指导和支持下,由陕西省司马迁研究会和西北大学出版社具体组织实施。集成规模浩大,搜罗宏富;分类选目,采撷众家;纵横有序,类别集成。在总体架构上,分别形成"十二本纪""十表八书""三十世家""七十列传"各部分研究集成。集成以汇校、汇注、汇评为编纂体例,总体编纂表现出资料搜集的全面性、类别整理的学术性,以及体例设置的科学性和出版所具有的实用性特点,具体如下:

首先,资料翔实完备,涉及古今中外所有研究成果,是近两千年来《史记》研究的集大成之作。本集成所收资料,上自汉魏六朝下至21世纪初,不仅包括中国历代《史记》研究形成的资料,亦广泛涉及海外研究成果,特别注重对新材料、新观点的采撷吸收。近现代以来,《史记》研究呈现出以史学、文学为主干,包括政治、经济、文化、军事、哲学、地理、天文等多学科的特点,相关的研究成果自然也就成为本集成的组成部分。同时,遴选搜集所能见到的《史记》研究的相关资料,又针对性地搜集补充海外研究资料,充分显示了《史记研究集成》资料搜集的全面性。

其次,观点采撷众家,厘定甄选,兼及考古资料补正,充分体现了《史记研究集成》的学术性。《史记》研究者之众,多不胜数;成果之丰,可谓汗牛充栋。经过了汉魏六朝开启至唐代的注释繁盛期,两宋传播和品评期,明代评论兴盛期,清代考据高峰期,以及近现代的拓展深入期这些不同阶段,积累了大量的学术资料,这些资料就观点看,前后相继,但会通整理难度之大超乎想象。编纂者一要质其要义,二要考其先后,三要会通甄选以厘定条目,除此之外,还要参酌考古新发现做深入补正或提出新见解,这也体现出集成的学术性特点。

再次,体例设置科学,出版具有实用性。《史记研究集成》以汇校、汇注、汇评分类,以观点先后列目,类编得当,条贯秩然。一方面网罗《史记》研究多学科、多层次、全方位之学术观点,另一方面完整呈现《史记》研究的学术脉络,每篇前有"题解",后有"研究综述",在收集历代研究成果的同时,对一些有争议的或者重大的学术问题加以编者按语。本集成系统全面,方便使用,具有工具书的性质。

《史记研究集成》的编辑出版,无疑具有重要的学术价值。第一,它为《史记》研究者提供了非常丰富的有价值的资料,古今中外的重要成果尽收眼底,为理论研究铺路搭桥,为立体化的研究提供依据。第二,它既是历代资料的精选荟萃,又是近两千年《史记》研究史的全面呈现，具有学术史的认知价值。第三，它与前代的《史记》"三家注"、《史记会注考证》等里程碑式的著作相比，体现了编纂者的创新精神和力争超越前代的学术追求，有助于推动《史记》研究向纵深发展，有助于推动"史记学"的建立。第四，《史记》具有百科全书的特点，在中国和世界文化史上占有重要地位。集成的编辑出版，一方面可以为史学、文学、哲学等人文社会科学乃至有关的自然科学研究提供有益的资料，有助于促进这些学科的发展，繁荣当代学术；另一方面，有助于深入挖掘《史记》中蕴含的至今仍具有现代意义的价值理念、道德规范与治国智慧，以传承弘扬中华优秀传统文化，推动传统文化创造性转化与创新性发展。

三

《史记研究集成》的编纂是一项基础性文化工程，资料的搜集与会通整理不仅需要认真严谨的学术态度，也需要多学科的知识储备，更需要学术界的通力合作。书稿在编纂和审定过程中，得到了著名史学家、西北大学张岂之先生，中国《史记》研究会原会长、北京大学安平秋先生，中国秦汉史研究会原会长、中国人民大学王子今教授，中国社会科学院学部委员彭卫研究员，中国历史文献研究会会长、南京师范大学赵生群教授等学者的大力支持和帮助，在此谨表谢忱。

限于体例和篇幅，以及资料的限制，前贤时彦的成果难以全部吸收，颇有遗珠之憾，不足之处，敬请读者批评指正。

《史记研究集成》编辑出版委员会
（张新科执笔）
2019 年 3 月 18 日

《史记研究集成·十二本纪》编辑出版说明

作为《史记研究集成》的一部分，《史记研究集成·十二本纪》（以下简称"集成"）编纂工作实际始于1994年。它是在赵光勇教授审择资料、构设体例的基础上，由陕西省司马迁研究会组织启动编纂的。对于这项重大文化工程的实施，时任陕西省省长白清才、陕西省政协副主席董继昌、陕西师范大学原党委书记李绵等人高度重视，并给予重要支持。在几近十年的编纂中，十余位专家勤勉有为，爬梳浩如烟海的资料，会通比较，厘定条目，汇校、汇注、汇评出近两千年《史记》研究发展的学术脉络，至2003年形成初稿。

2013年，书稿经过十年"周转沉淀"，在陕西省人民政府参事室（陕西省文史研究馆）的支持下，西北大学出版社接手编辑出版，并邀纳资深编审郭文镐等组建《史记研究集成》编辑部，组织项目的编辑加工。从2013年至今，在六年的精心组织与实施中，编辑部的同志进行了大量细致的资料核查工作，其中不乏深入的校雠勘误；在内容处理上，听取专家意见，同样进行了庞杂的"考量删繁以求简练"的编辑加工。在此基础上，各位编纂者又进行了系统的补遗与增订。《史记研究集成·十二本纪》至此完成编辑审定。这期间，2015年，《史记研究集成》被列入"十三五"国家重点图书出版规划；2016年、2018年，出版社和陕西省司马迁研究会先后组织了两轮专家审定，形成了系统的修改意见，从增删与补遗等方面有力地保证了"集成"的全面性与学术性，从而提高了"集成"出版的代表性与权威性。

《史记研究集成·十二本纪》项目实施前后25年，十余位专家，淡泊名利，潜心以为，他们以司马迁"忍辱负重，发愤而为，成一家之言"的精神为榜样，砥砺前行，在此我们感念良多。殚精竭虑、因病辞世的吕培成教授，年愈九旬、依旧念兹的赵光勇教授，耋老鲐背、勉力而为的袁仲一先生等，他们都是司马迁精神不衰的实践与体现。已故陕西省司马迁研究会原副会长张登第先生在"集成"编纂的组织过程中发挥了重要作用。书稿的编、审、校前后持续六年，这期间，出版社的编辑同志承担着大量繁重的工作，他们珍视与编纂者的合作，在工作上与编纂者并肩前行，在专业上不断历练提高，受益良多。可以说，"集成"的编辑出版，是编纂者与出版者密切合作的结果，也充分体现着双方致力于文化传承创新的责任与使命意识。

值此《史记研究集成·十二本纪》付梓之际，特别感谢北京大学安平秋教授、杨海峥教授,中国人民大学王子今教授,中国社会科学院彭卫研究员,南京师范大学赵生群教授等专家学者所提供的重要的学术支持。同时,感谢社会各界给予的关心和指导。

西北大学出版社

2019 年 3 月 19 日

凡 例

1. 本书《史记》正文以中华书局1959年版点校本为底本，参考《史记》新校本（修订本），汇集历代兼及国际汉学界《史记》研究资料，简体横排。凡古今字、通假字、俗字等，以及人名、地名中的异体字，均一仍其旧。各卷编排：卷前为题解，卷末为研究综述，正文分段，每段为单元，标示注码，段后依次排列汇校、汇注、汇评资料。

2. 本集成遴选的资料，录自古代文献和近现代学术专著，有参考价值的今人研究成果也予以酌录。汇校部分，以他校为主（点校本已作版本校）。汇注部分，不限于字词义诠释，句义、段义以及天文地理等考释也包括在内。所有部分，皆不惮其繁，一一罗列各家之言。

3. 本集成引录的资料中使用的书名简称依旧，个别生僻者，首次出现时，随文加"编者按"予以说明。如：《锥指》（编者按：《禹贡锥指》）；《经典》（编者按：《经典释文》）。

4. 本集成引录的资料中的原有夹注，改为括注，字体字号同正文。为方便读者解读研究资料中的个别问题，本书编者间或加有"编者按"，按语相应随文或置于该条资料文末。

5. 每条研究资料于文末括注出处，录自古代文献和近现当代学术专著者括注书名、卷名或章名，连续两条或三条出处相同者，后条简注"同上"；录自现当代期刊者括注篇目及期刊年次期次。书末附《引用文献及资料》，详注版本信息。

目 录

总　序 …………………………………………………… (1)

《史记研究集成·十二本纪》编辑出版说明 ……………… (1)

凡　例 …………………………………………………… (1)

正文及校注评 …………………………………………… (1)

研究综述 ………………………………………………… (219)

引用文献及资料 ………………………………………… (238)

孝武本纪第十二

【题解】

司马迁： 汉兴五世，隆在建元，外攘夷狄，内修法度，封禅，改正朔，易服色。作《今上本纪》第十二。（《史记·太史公自序第七十》）

班　固：（编者按：《太史公书》百三十篇）迁之自叙云尔。而十篇缺，有录无书。（张晏曰："迁没之后，亡《景纪》《武纪》《礼书》《乐书》《兵书》《汉兴以来将相年表》《日者列传》《三王世家》《龟策列传》《傅靳列传》。元成之间褚先生补缺，作《武帝纪》《三王世家》《龟策》《日者传》，言辞鄙陋，非迁本意也。"师古曰："序目本无《兵书》，张云亡失，此说非也。"）（《汉书·司马迁传第三十二》）

裴　骃：《太史公自序》曰"作《今上本纪》"，又其述事皆云"今上"，"今天子"，或有言"孝武帝"者，悉后人所定也。张晏曰："《武纪》，褚先生补作也。褚先生名少孙，汉博士也。"（《史记集解·孝武本纪》）

司马贞： 按：褚先生补《史记》，合集武帝事以编年，今止取《封禅书》补之，信其才之薄也。又张晏云"褚先生颍川人，仕元成间"。韦稜云"《褚顗家传》褚少孙，梁相褚大弟之孙，宣帝代为博士，寓居于沛，事大儒王式，号为'先生'，续《太史公书》"。阮孝绪亦以为然也。（《史记索隐·孝武本纪》）

茅　坤：《武帝纪》并本《封禅书》。窃谓武帝雄才大略，又太史公所躬睹本末，何漫至此！愚意：孔子修《春秋》，而当时卿大夫犹有欲害之者，岂腐刑以后，太史公多戒心，遂毁其书而不出耶？（《史记钞》卷七）

郝　敬： 圣人于鬼神祭祀之祀详已，要不越人生日用酬酢应务之理，故曰："务民之义，未能事人，焉能事鬼？"《礼》《乐》断自唐虞三代，不远于今，不遗于耳目见闻，所谓中庸之教，可知可能也。术士挟左道蛊世主，汉儒解经，谬信谶纬，援引五帝，而方士因缘，如公孙卿之《黄帝书》与许行之《神农言》，舍二帝三王不称，涛张为幻。孟子所以守尧、舜、仲尼之道，辞而辟之也。《封禅书》述武帝用方士祀鬼神，无一应验，终之曰"其效可睹"，不言而《春秋》寓矣。褚生补《武纪》，遗其雄略，特取是书充之，亦知子长本意。（《史汉愚按》卷二）

牛运震：《孝武本纪》本作《今上本纪》，观《太史公自序》可见。此篇有录无书。盖太史公仕于元封、太初之间，亲事武帝而未睹其终，故《今上纪》列其目而未及成书，褚少孙乃取《封禅书》补之。夫《封禅书》岂可为本纪者？且一篇之书，宁可重出两见邪？背谬疏陋，莫此为甚。宜一切删去而止存其目，以还太史公之旧。（《读史纠谬》第一《史记·孝武本纪》）

王鸣盛：《武纪》，褚少孙全取《封禅书》为之。观《文纪·赞》云："孔子言：'必世后仁。善人治国百年，可以胜残去杀。'汉兴，至孝文四十余载，德至盛也。廪廪乡改正服封禅矣，谦让未成于今。呜呼，岂不仁哉。"而《自序》则云："汉兴五世，隆在建元。封禅，改正朔，易服色。作《今上本纪》。"以不改正服封禅为不仁，则以改正服封禅为仁，迁若作《武纪》，封禅固所必书，然必无专纪此事之理，且亦何取重见。其有录无书，岂诚未暇作乎，抑讳而有待也。而少孙率意补之，真妄人耳。（《十七史商榷》卷二）

赵　翼：按：史公自序作《武帝纪》，谓"汉兴五世，隆在建元，外攘夷狄，内修法度，举（编者按：《史记·太史公自序》无此字）封禅，改正朔，易服色，故（编者按：《史记·太史公自序》无此字）作《今上本纪》"。是迁所作《武纪》，凡征匈奴、平两越、收朝鲜、开西南夷，以及修儒术、改夏正等事，必按年编入，非仅侈陈封禅一事也。（《廿二史札记》卷一）

钱大昕：张晏云："此纪褚先生补作。"予谓少孙补《史》，皆取史公所阙，意虽浅近，词无雷同，未有移甲以当乙者也。或魏晋以后少孙补篇亦亡，乡里妄人取此以足其数尔。《秦始皇本纪》末，有汉明帝十七年十月云云；《平津侯传》末，有太皇太后诏大司徒大司空云云；《司马相如传·赞》，有扬雄以为靡丽之赋劝百风一云云，皆魏晋以后人窜入。（《廿二史考异·史记》）

梁玉绳：考《前书·艺文志》《司马迁传》及《后书·班彪传》，并言《史记》缺十篇，有录无书。张晏谓迁殁之后，亡《景纪》《武纪》《将相表》《礼书》《乐书》《兵书》《三王世家》《傅靳》《日者传》《龟策传》等传，元、成之间，褚先生补《武纪》《三王世家》《龟策》《日者传》。师古谓序目无《兵书》，张说非。《索隐》谓"《景纪》褚先生取班书补之，《武纪》取《封禅书》，《礼》取荀卿《礼论》，《乐》取《乐记》。《兵书》亡，不补，略述律而言兵，遂分历述以次之。《三王世家》空取其策文，《日者》不能记诸国之异同，而论司马季主。《龟策》直太卜占兆杂说"。《正义》谓"褚少孙补《景》《武纪》《将相表》《礼》《乐》《律书》《三王世家》《傅靳》《日者》《龟策传》"。《集解》引卫宏《汉旧仪注》谓"太史公作《景纪》，极言其短及武帝过，武帝怒而削之。后坐举李陵下蚕室，有怨言，下狱死"。《西京杂记》谓"武帝怒削景及己《纪》，后迁以怨望下狱死"。《魏志·王肃传》谓"武帝闻迁《史记》，取景及己《纪》览之，大怒，削而投之，今两《纪》有录无书"。《大事记》（编者按：吕祖谦《大事记》，下同）谓惟《武纪》亡，其余俱在。且曰"景、武两《纪》俱亡，而《景纪》所以复出者，武帝特能毁其副在京师者耳，藏之名山，固自有他本也。《武纪》终不见者，岂非指切尤甚，虽民间亦畏祸而不敢藏乎？"余以为诸所说皆妄也。卫宏等言史公之死，竟似北魏崔浩，然《汉书·迁传》但云迁死，未闻有下狱之事。况被刑后为中书令，尊宠任职，故其报任安书称"著《史》未就，会陵祸，甘隐忍成一家言以偿前辱，不复推贤进士"，则死狱之说固虚，而以为书成于救李陵之前亦谬。且迁《史》死后稍出，至宣帝时始宣布，明载本传，武帝安得见之？且史公《自序》曰"天下翕然，大安殷富，作《孝景本纪》。汉兴五世，隆在建元，作《今上本纪》"。可知《纪》中必不作毁谤语，只残缺失传耳，岂削之哉！且《封禅》《平准》诸篇，颇有讥切，又何以不削？而其余八篇，不尽是讥切，非关怒削，又何以俱亡？若说史公未成，则《自序》中篇目完全，并字数亦明白记载，何云未成？至班固生于东汉，其书成于章帝建初中，乃司马贞言褚生以元、成间人而取用之，有是理乎？更可笑者，张晏诸人动言褚生补《史》，今即其所数十篇明言褚补之者，惟《三王世家》《日者》《龟策》两传，其余七篇，安得概指为褚作耶？（《史记志疑》卷七《今上本纪第十二》）

桂　馥：《魏志·王肃传》："帝问：'司马迁以受刑之故，内怀隐切著《史记》，非贬孝武，令人切齿？'对曰：'司马迁记事，不虚美，不隐恶。刘向、扬雄服其善叙事，有良史之才，谓之实录。汉武帝闻其述《史记》，取孝景及己本纪览之，于是大怒，削而投之，于今两纪有录无书。后遭李陵事，遂下蚕室，此为隐切在孝武而不在于史迁也。'"馥按：《后汉书·蔡邕传》："王允谓武帝不杀司马迁，使作谤书，以遗后世。"据此则《史记》不尽作于腐刑之前，亦未闻削而投之。史迁《报任安书》受刑之后始成，《史记》与肃说不合。《吴志·韦曜传》："昔李陵为汉将，军败不还而降匈奴。司马迁不加疾恶，为陵游说。汉武帝以迁有良史之才，欲使毕成所撰，忍不加诛，书卒成立，垂之无穷。"此说与王允无异。今《史记·礼书》《乐书》《日者》《龟策》诸篇，褚少孙所补，岂皆孝武削而投之者耶？斯不然矣。班固典引永平十七年诏曰："司马迁著书，成一家之言，扬名后世，至以身陷刑之故，反微文刺讥贬损当世，非谊士也。"按：此亦言陷刑之后，始有刺讥，则武帝削投之说，未为实据。

张晏曰"迁没之后亡《景纪》《武纪》"，不言迁生时为武帝所削。裴骃于史迁《自序》末引卫宏《汉旧仪》云："司马迁作《景帝本纪》，极言其短及武帝过，武帝怒而削去之。后坐举李陵，陵降匈奴，故下迁蚕室，有怨言，下狱死。"馥按：此与王肃说同。考迁《报任安书》，下蚕室后仍在朝，《汉书》亦不言下狱事。其下蚕室，在天汉初，其卒在昭帝初，未尝死于狱中也，卫宏之说不足信。即此可见。《唐书·郑覃传》："帝言昔汉司马迁与任安书，辞多怨怼，故《武帝本纪》多失实。覃曰：'武帝中年，大发兵事边，生人耗瘁，府库殚竭，迁所述非过言。'"馥按：唐时不及见《武纪》，帝谓失实，覃谓非过，何从知之？（《晚学集》卷四《书史记孝景孝武本纪后》）

俞　樾：褚先生取《封禅书》作《武帝本纪》，然亦有小异者。如"食巨枣大如瓜"，作"食臣枣"。《汉书·郊祀志》亦然，恐史公原文本是"臣"字，传写者误也。至《纪》与《书》异而胜于《书》者，如《书》云"天子识其手书"，《纪》云："天子疑之，有识其手书，问之人，果伪书。"此当以《纪》为长，盖牛腹中书必文成使人为之，非所自为也。《书》云"神君最贵者太一，其佐曰大禁、司命之属"，《纪》云"神君最贵者大夫"。按：神君乃巫之神。以巫为主人，居帷幄中，与人言，即所谓上郡有巫病，而鬼神降之者也。太一乃天神之最贵者。汉祀太一有二。其一则天子三年亲郊祠，如雍郊之礼。其一则亳人薄诱忌所奏祠，以岁时致礼，谓之薄忌太一。是二者均与神君无涉也。太一之佐曰五帝，亦非大禁、司命之属也。然则此太一当作大夫，盖巫神之贵者曰大夫耳。秦汉时民俗相称尊之，则曰大夫，若萧何称沛中吏是也。巫觋鄙俚，亦沿此称，非谓太一也。亦当以《纪》为长。（《春在堂全书》卷二）

杨琪光：太史公迁卒于孝武之世，孝武即不宜有纪，且纪又杂以封禅事，其必为少孙裂之以足成无疑也。（《读史记臆说》卷一《读孝武本纪》）

李景星：《孝武本纪》，太史公未完之书也。武帝之崩，在后元二年。史公卒年，诸书无考，然按《史记》所载，仅及于征和之初，而其《报任安书》亦在任安被罪之后。其书内所言，有"薄从上雍"一语。考征和三年正月，武帝行幸雍，《报任安书》所言即指此无疑。此后史公之事更无所见，想其卒即在此时矣。史公既卒于武帝之前，其于武帝行事自不能总纪其全。而封禅等条系当时朝廷所尚，又其身之所亲经，详以录之，作为底本以备一帝统系而待将来删润，揆之情理，亦固其宜。不幸而先卒，使此《纪》悬为千载疑案。后人无识，又不能论世知人以表传当日之情状，此固史公所无可如何者也。至于标题为《孝武本纪》，而叙述之间一则曰"孝武皇帝者"，再则曰"孝武皇帝初即位"，此皆后人所定，确非史公原文。以《自序》"今上本纪"证之，可见其纪事虽纯用《封禅书》，而字句有增有减，比而观之，更觉明晰。凡此，皆读是纪者所当知也。（《四史评议·史记评议》）

崔　适：《集解》："张晏曰：'《武纪》亡，褚先生补作也。'"《索隐》："褚先生合集武帝事以编年，今止取《封禅书》补之，信其才之薄也。张晏云：'褚先生名少孙，仕元、成间。'"案：《封禅书》录《郊祀志》而删其昭、宣以下，此《纪》复录《封禅书》而削其文、景以上，是此纪亦断头刖足之《郊祀志》也。《郊祀志》系刘歆为莽典文章时作，详《序证·要略节》，岂仕元、成间人所及见？观于《三代世表》《五宗世家》下褚先生说，则其文章经术卓尔不群，何至袭《志》为《纪》耶？谅褚

补亦亡，后人因张晏之言录此以充其数也，小司马诬褚先生矣。（《史记探源》卷三）

余嘉锡：嘉锡按：张晏谓褚先生所补，言辞鄙陋，非迁本意者，为《武纪》《三王世家》《龟策》《日者传》四篇言之也。今之《武纪》，全出抄袭，不止鄙陋而已，且与其他所补诸篇皆不类。盖不独非褚先生所补，亦并非张晏之所见也。钱氏、臧氏固疑及于此，惟其说尚未详，请得而疏通证明之。篇首六十字，臧氏谓其抄自《景纪》是也，然其间已有甚可笑者。《景纪》末云："太子即位，是为孝武皇帝。"《武纪》亦抄入之。不知此等句法，太史公书中自有又例。《五帝本纪》为全书所托始，其篇首称黄帝者，乃以后来之号追加之于前，又云"是为黄帝"者，明其至此已即天子位，故有黄帝之号也。至于继统之君，则缀某人立是为某帝于前纪之末，而本纪内不复着此语，自《颛顼纪》至《孝文纪》皆是也（高祖虽创业之君，其纪内亦无此语）。今《武纪》既云："孝武皇帝，景帝中子也"，并叙其以胶东王为太子，而复云"太子即位，是为孝武皇帝"，几于文义不通。以此学太史公，是但知效颦，而不知其所以颦也。褚先生当时大儒，以文学经术为郎，虽不善著书，亦何至于此。且其所补缀附益，皆自称"褚先生曰"，以别于太史公原书，往往自言其作意及其事之所从得者，未尝有依托剽窃之意。《武纪》一篇，全出抄袭，可谓至愚极陋，而篇末独不缀一字，其必不出少孙之手，尤大彰明较著者矣。张晏虽能知十篇之目，然于其六篇不言为谁何所补。虽明知《景纪》为刘歆、扬雄、冯衍、史岑等所记，而终不能得其主名。独于《武纪》等四篇确指为褚先生补作者，即据其篇中自言之也。若如今之《武纪》，并无褚先生字，晏安得漫指而厚诬之乎。钱氏谓"或魏晋以后，少孙补篇亦亡，乡里妄人取此以足数。"今按：裴氏《集解》于此篇引用徐广《史记音义》语甚多，广为东晋末人（广以宋元嘉二年卒，年八十，见建康宝录卷十二），所见本已如此。以此考之，盖两晋间人所为也。（《余嘉锡论学杂著》）

龚浩康：《太史公自序》作《今上本纪》，且《本纪》中叙武帝事迹时都称"上""今上""今天子"等，可知篇名称谥号"孝武"，于理所无。所以此篇题目当依《太史公自序》改作《今上本纪》。又据考证，本篇首段六十字为后人所补；自第二段起至篇末，与《封禅书》同，而文字颇多讹谬，可见系后人取《封禅书》而成。一说《孝武本纪》为褚少孙所补。（见王利器主编《史记注译》卷十二）

张大可：今本《孝武本纪》绝非原作《今上本纪》，题目也不相同。但补缺者是摘取司马迁本人之作，单独成篇，突出武帝的迷信封禅也有意义。因此，近人李长之认为，《孝武本纪》是司马迁自己重抄《封禅书》以示讥讽。但《今上本纪》与《孝武本纪》书题就不一样，显然是武帝之后补缺者所为，有意更名以示非原作。（《史记全本新注》卷十二《封禅书第六》）

李全华：《史记》记前代之事，无顾忌；作"汉史"，写当代之史，特别是记武帝一代之史，则忌讳多多。太初以前，"今上本纪"未能写，天汉以后，司马迁以口舌得祸，求免死，下蚕室，"今上本纪"就不是不能作而是不敢作了。

《史记·匈奴列传》"太史公曰：'孔氏著《春秋》，隐、桓之间则章，至定、哀之际则微，为其切当世之文而罔褒，忌讳之辞也。'"《史记·匈奴列传》最后一段写的是天汉二年五月，李广利和李陵之败，及征和三年，李广利"将六万骑、步兵十万，出雁门"，"闻其家以巫蛊族灭，因并众降匈奴"。《史记》全书记事，可考者，此为最晚。司马迁借此告诉《史记》读者，《史记》"切当世之文""则微"，是"忌讳之也"。这一段话出现在《史记·匈奴列传》之末，不是偶然的，是太史公借此告诉《史记》读者，这是《史记》全书体例。"今上本纪"是"切当世之文"的典型，只能"微"，故"有录无书"。

结论：班固说"十篇阙，有录无书"，是《史记》有十篇未作，不是张晏说的"亡"十篇。（《史记疑案》）

编者按：关于本篇的存在性与真实性之争，通过以上所引，大致可以概括为两句话，叫作事实不清，观点相左。然而，也有一个基点似乎是大家公认的，那就是现行的《孝武本纪》，绝非司马迁《今上本纪》之原作。于是，又有一系列的问题接踵而来，给我们的研究罩上了团团迷雾。对此，作为本集成的编撰者，只能择其要者分述如下，并力求找到一些驱散迷雾的思路。

1. 到底有无原作？持无论者，以李景星为代表，疑其为"太史公未完之书也"。其理由不外乎：①司马迁只为前代君主立纪，汉武帝尚未"盖棺"，难以定论；②司马迁大约死于汉武帝之前，即使撰写，也难以卒章；③司马迁遭受李陵之祸后，心有余悸，故不敢写。④汉武帝之事，"已散见于各篇之中，至于他的品德高下优劣、功过是非，我不说，后人去评说吧！"（张胜发《〈今上本纪〉空白说管见》，渭南师专学报（综合版），1990年第2期）即主观上有意不写。持有论者甚众，皆以《史记·太史公自序》和《汉书·司马迁传》中的相关论述为据，多面求证，破无立有，如梁玉绳等人。

2. 原作情形如何？赵翼等人认为，司马迁既已在《自序》中交待了《今上本纪》的编写大旨，必然说到做到，凡汉武帝所成大事，"必按年编入，非仅侈陈封禅一事也。"

3. 原作去向何处？有三种说法：①作者自删，以免再次获罪。②武帝怒而削之。此说最早见于东汉卫宏的《汉旧仪注》，颇为流行。③不知为何人所失。总之，《今上本纪》至今未见真迹，遂为千古疑案。二千多年来，不断有人撰文破案，但结论大都建立在推理分析的基础上，没有足够的史料以资证明，因而缺少说服力。

4. 补作者到底是谁？亦有三种说法：①司马迁自取《封禅书》的后半部分而代

之,以示讥讽。②汉宣帝时博士褚少孙取《封禅书》以足数。此说自三国时张晏提出后,流行最广。同时,又有人认为褚少孙可能依据司马迁在《自序》中的提纲补作过《今上本纪》,但魏晋以后也已失传。③乡里妄人,他人取《封禅书》以足数。以上各说貌似有理,但却经不起推敲,尤其是至今仍无可靠的事实支持,依旧很难令人信服。

5. 补作能否代替本纪?当然不可能完全代替。但是,从另外几个侧面(不仅仅是封禅,还有向儒术、改正朔、易服色、伐南越、堵河决等)再现汉武帝的人生轨迹,表现汉武帝的精神追求及性格特征的某些方面,亦合乎司马迁的本旨。

6. 如何评价补作?①在原作缺失的情况下,补代或许聊胜于无。更何况,它仍然是取自司马迁的原作。②补作即使"突出武帝的迷信封禅也有意义",因为从后世的眼光看,剔除君主身上的弊病,比溢美君主的功德更具有借鉴性。③补作校正了《封禅书》在传抄过程中出现的一些错讹。

7. 如何重构武纪?对于《今上本纪》的缺失及其由此而产生的种种疑问,迄今只能缺则如缺,疑则存疑,以待将来有所发现而宽慰之。但是,在此之前,我们也不是只有遗憾而无所作为。我们完全可以按照《史记》本纪的体例,将散见于《史记》其他篇目中有关汉武帝的史实汇总起来,再参考《汉书·武帝纪》《资治通鉴·汉纪》九至十四,并吸收新发现的考古成果及文史资料,重写一篇前所未有的《汉武帝本纪》,以报世望。至于《史记》中涉及到汉武帝生平事迹的主要篇目,大体上有《封禅书》《河渠书》《平准书》《匈奴列传》《大宛列传》《李将军列传》《卫将军骠骑列传》《平津侯主父列传》《韩长孺列传》《儒林列传》《酷吏列传》《司马相如列传》《汲郑列传》《南越列传》《东越列传》以及《外戚世家》《三王世家》。至于《史记》中涉及到汉武帝一朝的史事,据张大可统计,其篇目和字数均占四分之一。这都为我们的重写工作提供了极大的方便。

这里先将《史记》以外的,以及《孝武本纪》未能涉及到的有关汉武帝研究的部分资料摘编如下:

桓　宽:文学对曰:……今郡国有盐、铁、酒榷、均输,与民争利。散敦厚之朴,成贪鄙之化。是以百姓就本者寡,趋末者众。

大夫曰:……先帝(编者按:即汉武帝)哀边人之久患,若为虏所系获也,故修障塞,饬烽燧,屯戍以备之边。用度不足,故兴盐、铁,设酒榷,置均输,蕃货长财,以佐助边费。(《盐铁论·本议》)

文学曰:……孝武皇帝攘九夷,平百越,师旅数起,粮食不足。故立田官司,置钱,入谷射官,救急赡不给。

大夫曰:……先帝计外国之利,料胡、越之兵,兵敌弱而易制,用力少而功大,故因势变以主四夷,地滨山海,以属长城,北略河外,开路匈奴之分,功未,卒

(《盐铁论·复古》)

御史曰：内郡人众，水泉荐草不能相赡，地势温湿，不宜牛马。民跮耒而耕，负檐而行，劳罢而寡功。是以百姓贫苦而衣食不足，老弱负辂于路，而列卿大夫或乘牛车。孝武皇帝平百越以为囿圃，却羌、胡以为苑囿，是以珍怪异物，充于后宫，騊駼、駃騠，实于外厩，匹夫莫不乘坚良，而民间厌橘柚。由此观之，边郡之利亦饶矣，而曰"何福之有"？未通于计也。

文学曰：……闻往者未伐胡、越之时，徭赋省而民富足，温衣饱食，藏新食陈，布帛充用，牛马成群。农夫以马耕载，而民莫不骑乘；当此之时，却走马以粪。其后，师旅数发，戎马不足，牸牝入阵，故驹犊生于战地，六畜不育于家，五谷不殖于野，民不足于糟糠，何橘柚之所厌？（《盐铁论·未通》）

大夫曰：……先帝举汤、武之师，定三垂之难，一面而制敌，匈奴遁逃，因河山以为防，故去沙石咸卤不食之地，故割斗辟之县，弃造阳之地以与胡，省曲塞，据河险，守要害，以宽徭役，保士民。由此观之，圣主用心，非务广地以劳众而已矣。（《盐铁论·地广》）

贤良曰：……建元始，崇文修德，天下乂安。其后邪臣各以伎艺，亏乱至治。外障山海，内兴诸利。杨可告缗，江充禁服，张大夫革令，杜周治狱，罚赎科适，微细并行，不可胜载。夏兰之属妄搏，王温舒之徒妄杀。残吏萌起，扰乱良民。当此之时，百姓不保其首领，豪富莫必其族姓。圣主（编者按：即汉武帝）觉焉，乃刑戮充等，诛灭残贼，以杀死罪之怨，塞天下之责，故居民肆然复安。然其祸累世不复，疮痍至今未息。（《盐铁论·国疾》）

大夫曰：……先帝推让斥夺广饶之地，建张掖以西，隔绝羌、胡，瓜分其援。是以西域之国，皆内拒匈奴，断其右臂，曳剑而走。故募人田畜以广用，长城以南，滨塞之郡，马牛放纵，蓄积布野，未睹其计之所过也。

大夫曰：初，贰师不克宛而还也，议者欲使人主不遂忿，则西域皆瓦解而附于胡，胡得众国而益强。先帝绝奇听，行武威，还袭宛，宛举国以降，效其器物，致其宝马。乌孙之属骇胆，请为臣妾。匈奴失魄，奔走遁逃，虽未尽服，远处寒苦硗埆之地。

文学曰：有司言国外之事，议者皆激一时之权，不虑其后。张骞言大宛之天马汗血，安息之真玉大鸟，县官既闻如甘心焉，乃大兴师伐宛，历数期而后克之。夫万里而攻人之国，兵未战而物故过半，虽破宛得宝马，非计也。当此之时，将卒方赤面而事四夷，师旅相望，郡国并发。黎人困苦，奸伪萌生，盗贼并起。守尉不能禁，城邑不能止。然后遣上大夫衣绣衣以兴击之。当此时，百姓元元，莫必其命，故山东豪杰，颇有异心。赖先帝圣灵裴然。其咎皆在于欲毕匈奴而远几也。为主计若此，可谓忠乎？（《盐铁论·西域》）

大夫曰：……及先帝征不义，攘无德，以昭仁圣之路，纯至德之基，圣王累年仁义之积也。今文学引亡国失政之治，而况之于今，其谓匈奴难图，宜矣！

大夫曰：……先帝为万世度，恐有冀州之累，南荆之患，于是遣左将军楼船平之，兵不血刃，咸为县官也。（《盐铁论·论功》）

御史曰：……大河之始决于瓠子也，涓涓尔，及其卒，泛滥为中国害。灾梁、楚，破曹、卫，城郭坏沮，蓄积漂流，百姓木栖，千里无庐，令孤寡无所依，老弱无所归。故先帝闵悼其灾，亲省河堤，举禹之功，河流以复，曹、卫以宁。百姓戴其功，咏其德，歌"宣房塞，万福来"焉，亦犹是也。如何勿小补哉？

文学曰：河决若甕口而破千里，况礼决乎？其所害亦多矣！今断狱岁以万计，犯法兹多，其为灾岂物曹、卫哉！夫知塞宣房而福来，不知塞乱原而天下治也。周国用之，刑错不用，黎民若四时各终其序，而天下不孤。《颂》曰："绥我眉寿，介以繁祉。"此天为福亦不小矣。诚信礼义如宣房，功业已立，垂拱无为，有司何补法令何塞也？（《盐铁论·申韩》）

班　固： 赞曰：汉承百王之弊，高祖拨乱反正，文、景务在养民，至于稽古礼文之事，犹多阙焉。孝武初立，卓然罢黜百家，表章《六经》。遂畴咨海内，举其俊茂，与之立功；兴太学，修郊祀，改正朔，定历数，协音律，作诗乐，建封禅，礼百神，绍周后，号令文章，焕然可述。后嗣得遵洪业，而有三代之风。如武帝之雄才大略，不改文景之恭俭以济斯民，虽《诗》《书》所称何有加焉！（《汉书·武帝纪第六》）

及至孝武即位，外事四夷之功，内盛耳目之好，征发烦数，百姓贫耗，穷民犯法，酷吏击断，奸轨不胜。于是招进张汤、赵禹之属，条定法令，作见知故纵、监临部主之法，缓深故之罪，急纵出之诛。……文书盈于几阁，典者不能遍睹。是以郡国承用者驳，或罪同而论异。奸吏因缘为市，所欲活则傅生议，所欲陷则予死比，议者咸冤伤之。（《汉书·刑法志第三》）

武帝始临天下，尊贤用士，辟地广境数千里，自见功大威行，遂从耆欲，用度不足，乃行一切之变，使犯法者赎罪，入谷者补吏，是以天下奢侈，官乱民贫，盗贼并起，亡命者众。郡国恐伏其诛，则择便巧史书习于计簿能欺上府者，以为右职；奸轨不胜，则取勇猛能操切百姓者，以苛暴威服下者，使居大位。故亡义而有财者显于世，欺谩而善书者尊于朝，悖逆而勇猛者贵于官。故俗皆曰："何以孝弟为？财多而光荣。何以礼义为？史书而仕宦。何以谨慎为？勇猛而临官。"故黥劓而髡钳者犹复攘臂为政于世，行虽犬彘，家富势足，目指气使，是为贤耳。故谓居官而置富者为雄桀，处奸而得利者为壮士，兄劝其弟，父勉其子，俗之坏败，乃至于是！察其所以然者，皆以犯法得赎罪，求士不得真贤，相守崇财利，诛不行之所致也。（《汉书·王贡两龚鲍传第四十二》）

至孝武皇帝元狩六年，太仓之粟红腐而不可食，都内之钱贯朽而不可校。乃探平城之事，录冒顿以来数为边害，籍兵厉马，因富民以攘服之。西连诸国至于安息，东过碣石以玄菟、乐浪为郡，北却匈奴万里，更起营塞，制南海以为八郡，则天下断狱万数，民赋数百，造盐、铁、酒榷之利以佐用度，犹不能足。当此之时，寇贼并起，军旅数发，父战死于前，子斗伤于后，女子乘亭障，孤儿号于道，老母寡妇饮泣巷哭，遥设虚祭，想魂乎万里之外。淮南王盗写虎符，阴聘名士，关东公孙勇等诈为使者，是皆廓地泰大，征伐不休之故也。（《汉书·严朱吾丘主父徐严终王贾传第三十四下》）

（编者按：武帝）遭值文、景玄默，养民五世，天下殷富，财力有余，士马强盛。故能睹犀布、瑇瑁则建珠崖七郡，感枸酱、竹杖则开牂柯、越嶲，闻天马、蒲陶则通大宛、安息。……及赂遗赠送，万里相奉，师旅之费，不可胜计。至于用度不足，乃榷酒酤，管盐铁，铸白金，造皮币，算至车船，租及六畜。民力屈，财用竭，因之以凶年，寇盗并起，道路不通，直指之使始出，衣绣杖斧，断斩于郡国，然后胜之。是以末年遂弃轮台之地，而下哀痛之诏，岂非仁圣之所悔哉！（《汉书·西域传第六十六下》）

武帝末，卫后宠衰，江充用事，充与太子及卫氏有隙，恐上晏驾后为太子所诛，会巫蛊事起，充因此为奸。是时，上春秋高，意多所恶，以为左右皆为蛊道祝诅，穷治其事。丞相公孙贺父子，阳石、诸邑公主，及皇后弟子长平侯卫伉皆坐诛。语在《公孙贺》《江充传》。

充典治巫蛊，既知上意，白言宫中有蛊气，入宫至省中，坏御座掘地。上使按道侯韩说、御史章赣、黄门苏文等助充。充遂至太子宫掘蛊，得桐木人。时上疾，辟暑甘泉宫，独皇后、太子在。太子召问少傅石德，德惧为师傅并诛，因谓太子曰："前丞相父子、两公主及卫氏皆坐此，今巫与使者掘地得征验，不知巫置之邪，将实有也，无以自明，可矫以节收捕充等系狱，穷治其奸诈。且上疾在甘泉，皇后及家吏请问皆不报，上存亡未可知，而奸臣如此，太子将不念秦扶苏事耶？"太子急，然德言。

征和二年七月壬午，乃使客为使者收捕充等。按道侯说疑使者有诈，不肯受诏，客格杀说。御史章赣被创突亡，自归甘泉。太子使舍人无且持节夜入未央宫殿长秋门，因长御倚华具白皇后，发中厩车载射士，出武库兵，发长乐宫卫，告令百官曰江充反。乃斩充以徇，炙胡巫上林中。遂部宾客为将率，与丞相刘屈氂等战。长安中扰乱，言太子反，以故众不肯附。太子兵败，亡，不得。

上怒甚，群下忧惧，不知所出。壶关三老茂上书曰："臣闻父者犹天，母者犹地，子犹万物也。故天平地安，阴阳和调，物乃茂成；父慈母爱，室家之中，子乃孝顺。阴阳不和则万物夭伤，父子不和则室家丧亡。故父不父则子不子，君不君则臣不臣，虽有粟，吾岂得而食诸！昔者虞舜，孝之至也，而不中于瞽叟；孝己被谤，伯奇放流，骨肉至亲，父子相疑。何者？积毁之所生也。由是观之，子无不孝，而父有不察。今皇太子为汉適嗣，承万世之业，体祖宗之重，亲则皇帝之宗子也。江充，布衣之人，闾阎之隶臣耳，陛下显而用之，衔至尊之命以迫蹴皇太子，造饰奸诈，群邪错谬，是以亲戚之路隔塞而不通。太子进则不得上见，退则困于乱臣，独冤结而亡告，不忍忿忿之心，起而杀充，恐惧逋逃，子盗父兵以救难自免耳，臣窃以为无邪心。《诗》曰：'营营青蝇，止于藩；恺悌君子，无信谗言；谗言罔极，交乱四国。'往者江充谗杀赵太子，天下莫不闻，其罪固宜。陛下不省察，深过太子，发盛怒，举大兵而求之，三公自将，智者不敢言，辩士不敢说，臣窃痛之。臣闻子胥尽忠而忘其号，比干尽仁而遗其身，忠臣竭诚不顾鈇钺之诛以陈其愚，志在匡君安社稷也。《诗》云：'取彼谮人，投畀豺虎。'唯陛下宽心慰意，少察所亲，毋患太子之非，亟罢甲兵，无令太子久亡。臣不胜惓惓，出一旦之命，待罪建章阙下。"书奏，天子感寤。

太子之亡也，东至湖，臧匿泉鸠里。主人家贫，常卖屦以给太子。太子有故人在湖，闻其富赡，使人呼而发觉。吏围捕太子，太子自度不得脱，即入室距户自经。山阳男子张富昌为卒，足蹋开户，新安令史李寿趋抱解太子，主人公遂格斗死，皇孙二人皆并遇害。上既伤太子，乃下诏曰："盖行疑赏，所以申信也。其封李寿为邗侯，张富昌为题侯。"

久之，巫蛊事多不信。上知太子惶恐无他意，而车千秋复讼太子冤，上遂擢千秋为丞相，而族灭江充家，焚苏文于横桥上，及泉鸠里加兵刃于太子者，初为北地太守，后族。上怜太子无辜，乃作思子宫，为归来望思之台于湖。天下闻而悲之。（《汉书·武五子传第三十三》）

自武帝初通西域，置校尉，屯田渠犁。是时军旅连出，师行三十二年，海内虚耗。征和中，贰师将军李广利以军降匈奴。上既悔远征伐，而搜粟都尉桑弘羊与丞相御史奏言："故轮台东捷枝、渠犁皆故国，地广，饶水草，有溉田五千顷以上，处温和，田美，可益通沟渠，种五谷，与中国同时孰。其旁国少锥刀，贵黄金采缯，可以易谷食，宜给足不乏。臣愚以为可遣屯田卒诣故轮台以东，置校尉三人分护，各举图地形，通利沟渠，务使以时益种五谷。张掖、酒泉遣骑假司马为斥候，属校尉，事有便宜，因骑置以闻。田一岁，有积谷，募民壮健有累重敢徙者诣田所，就畜积为本业，益垦溉田，稍筑列亭，连城而西，以威西国，辅乌孙，为便。臣谨遣征事臣昌分部行边，严敕太守都尉明烽火，选士马，谨斥候，蓄茭草。愿陛下遣使使西国，以安其意。臣昧死请。"

上乃下诏，深陈既往之悔，曰："前有司奏，欲益民赋三十助边用，是重困老弱孤独也。而今又请遣卒田轮台。轮台西于车师千余里，前开陵侯击车师时，危须、尉犁、楼兰六国子弟在京师者皆先归，发畜食迎汉军，又自发兵，凡数万人，王各自将，共围车师，降其王。诸国兵便罢，力不能复至道上食汉军。汉军破城，食至多，然士自载不足以竟师，强者尽食畜产，羸者道死数千人。朕发酒泉驴橐驼负食，出玉门迎军。吏卒起张掖，不甚远，然尚斯留甚众。曩者，朕之不明，以军候弘上书言'匈奴缚马前后足，置城下，驰言"秦人，我丐若马"'，又汉使者久留不还，故兴遣贰师将军，欲以为使者威重也。古者卿大夫与谋，参以蓍龟，不吉不行。乃者以缚马书遍视丞相御史二千石诸大夫郎为文学者，乃至郡属国都尉成忠、赵破奴等，皆以'虏自缚其马，不详甚哉！'或以为'欲以见强，夫不足者视人有余。'《易》之，卦得大过，爻在九五，匈奴困败。公车方士、太史治星望气，及太卜龟蓍，皆以为吉，匈奴必破，时不可再得也。又曰'北伐行将，于釜山必克。'卦诸将，贰师最吉。故朕亲发贰师下釜山，诏之必毋深入。今计谋卦兆皆反缪。重合侯得虏候者，言'闻汉军当来，匈奴使巫埋羊牛所出诸道及水上以诅军。单于遗天子马裘，常使巫祝之。缚马者，诅军事也'。又卜'汉军一将不吉'。匈奴常言'汉极大，然不能饥渴，失一狼，走千羊'。乃者贰师败，军士死略离散，悲痛常在朕心。今请远田轮台，欲起亭隧，是扰劳天下，非所以优民也。今朕不忍闻。大鸿胪等又议，欲募囚徒送匈奴使者，明封侯之赏以报忿，五伯所弗能为也。且匈奴得汉降者，常提掖搜索，问以所闻。今边塞未正，阑出不禁，障候长吏使卒猎兽，以皮肉为利，卒苦而烽火乏，失亦上集不得，后降者来，若捕生口虏，乃知之。当今务在禁苛暴，止擅赋，力本农，修马复令，以补缺，毋乏武备而已。郡国二千石各上进畜马方略补边状，与计对。"由是不复出军，而封丞相车千秋为富民侯，以明休息，思富养民也。(《汉书·西域传第六十六下》)

宣帝初即位，欲褒先帝，诏丞相御史曰："朕以眇身，蒙遗德，承圣业，奉宗庙，夙夜惟念。孝武皇帝躬仁谊，厉威武，北征匈奴，单于远遁，南平氐羌、昆明、瓯骆两越，东定薉、貉、朝鲜，廓地斥境，立郡县，百蛮率服，款塞自至，珍贡陈于宗庙；协音律，造乐歌，荐上帝，封太山，立明堂，改正朔，易服色；明开圣绪，尊贤显功，兴灭继绝，褒周之后；备天地之礼，广道术之路。上天报况，符瑞并应，宝鼎出，白麟获，海效巨鱼，神人并见，山称万岁。功德茂盛，不能尽宣，而庙乐未称，朕甚悼焉。其与列侯、二千石、博士议。"于是群臣大议廷中，皆曰："宜如诏书。"长信少府胜独曰："武帝虽有攘四夷广土斥境之功，然多杀士众，竭民财力，奢泰亡度，天下虚耗，百姓流离，物故者半。蝗虫大起，赤地数千里，或人民相食，畜积至今未复。亡德泽于民，不宜为立庙乐。"公卿共难胜曰："此诏书也。"胜曰："诏书不可用也。人臣之谊，宜直言正论，非苟阿意顺指。议已出口，虽死不悔。"于是丞相义，御史大夫广明劾奏胜非议诏书，毁先帝，不道，及丞相长史黄霸阿纵胜，不举劾，俱下狱。有司遂请尊孝武帝庙为世宗庙，奏《盛德》《文始》《五行》之舞，天下世世献纳，以明盛德。武帝巡狩所幸郡国凡四十九，皆立庙，如高祖、太宗焉。(《汉书·眭两夏侯京

翼李传第四十五》)

司马光：臣光曰：武帝欲侯宠姬李氏，而使广利将兵伐宛，其意以为非有功不侯，不欲负高帝之约也。夫军旅大事，国之安危、民之死生系焉。苟为不择贤愚而授之，欲侥幸咫尺之功，藉以为名而私其所爱，不若无功而侯之为愈也。然则武帝有见于封国，无见于置将，谓之能守先帝之约，臣曰过矣。(《资治通鉴》卷二十一)

初，上年二十九乃生戾太子，甚爱之。及长，性仁恕温谨，上嫌其材能少，不类己。……皇后、太子宠寖衰，常有不自安之意。上觉之，谓大将军青曰："汉家庶事草创，加四夷侵陵中国，朕不变更制度，后世无法；不出师征伐，天下不安。为此者不得不劳民。若后世有如朕所为，是袭亡秦之迹也。太子敦重好静，必能安天下，不使朕忧。欲求守文之主，安有贤于太子者乎！"……太子每谏征伐四夷，上笑曰："吾当其劳，以逸遗汝，不亦可乎？"(《资治通鉴》卷第二十二)

臣光曰：天下信未尝无士也！武帝好四夷之功，而勇锐轻死之士充满朝廷，辟土广地，无不如意。及后息民重农，而赵过之俦教民耕耘，民亦被其利。此一君之身，趣好殊别，而士辄应之，诚使武帝兼三王之量以兴商、周之治，其无三代之臣乎！(同上)

臣光曰：孝武穷奢极欲，繁刑重敛，内侈宫室，外事四夷，信惑神怪，巡游无度，使百姓疲敝，起为盗贼，其所以异于秦始皇者无几矣。然秦以之亡，汉以之兴者，孝武能尊先王之道，知所统守，受忠直之言，恶人欺蔽，好贤不倦，诛赏严明，晚而改过，顾托得人，此其所以有亡秦之失而免亡秦之祸乎！(同上)

苏　轼：伏惟《制策》，有"推寻前世，深观治迹。孝文尚老子而天下富殖，孝武用儒术而天下虚耗。道非有弊，治奚不同"，臣窃以为不然。孝文之所以为得者，是儒术略用也。其所以得而未尽者，是用儒之未纯也。而其所以为失者，是用老也。何以言之？孝文得贾谊之说，然后待大臣有礼，御诸侯有术，而至于兴礼乐，系单于，则曰未暇。故曰儒术略用而未纯也。若夫用老之失，则有之矣，始以区区之仁，坏三代之肉刑，而易之以笞箠。笞箠不足以惩中罪，则又从而杀之。用老之失，岂不过甚矣哉！且夫孝武亦未可谓用儒之主也，博延方士，而多兴妖祠，大兴宫室，而甘心远略，此岂儒者教之？今夫有国者，徒知徇其名，而不考其实。见孝文之富殖，而以为老子之功，见孝武之虚耗，而以为儒者之罪，则过矣。(《苏文忠公全集·东坡后集》卷十《御试制科策》)

赵　翼：至武帝则继体已五世，朝廷尊严，宜与臣民阔绝矣。乃主父偃上书，朝奏入，暮即召见。同时徐乐、严安亦上书，俱召见。曰："公等皆安在，何相见之晚也。"(《主父偃传》)终军上书言事，帝奇其文，即拜为谒者(《军传》)。甚而东方朔上书，自言："年十三学书，十五学剑，十六学诗书，诵二十二万言，十九学孙、吴，亦诵二十二万言。今年二十三，长九尺三寸，目若悬珠，齿若编贝，勇若孟贲，捷若庆忌，廉若鲍叔，信若尾生。若此可为天子大臣矣。"其狂肆自举如此，使在后世，岂不以妄诞得罪。乃帝反伟之，而令待诏金马门，遂以进用（《东方朔传》）。史称武帝招英俊，程其器能，用之如不及。宜乎兴文治，建武功，为千古英主也。又戾太子死巫蛊之祸。车千秋上书为太子讼冤，帝大感悟，召见，即拜为大鸿胪。不数月，遂为丞相。帝之度外用人如此，而当时禁网疏阔，怀才者皆得自达，亦于此可见矣。（《廿二史札记》卷二"上书召见"）

又：汉武帝三大将，皆从嬖宠擢用。卫青父郑季，给事平阳侯家。与卫媪通，生青。故青冒姓卫氏，为平阳主骑奴。而卫媪先有女子夫，以主家讴者，得幸于帝，立为后。青以后同母弟，见用为大将军，征匈奴有功，封长平侯。平阳主寡居，青即尚焉。霍去病父霍仲孺，先与卫子夫之姊少儿通，生去病。去病以皇后姊子见用，为骠骑将军，征匈奴有功，封冠军侯。李广利之进也，其女弟本倡，后得幸于帝为李夫人。帝用广利为贰师将军，伐大宛，得其王母寡头以归，封海西侯。三大将皆出自淫贱苟合，或为奴仆，或为倡优，徒以嬖宠进，后皆成大功，为名将，此理之不可解者也。且卫媪一失节仆妇，生男为大将军，生女长君孺嫁公孙贺，官至丞相。次少儿生去病，又嫁陈掌，亦为詹事。小女子夫，且为皇后。而去病异母弟光，又因去病入侍中，后受遗辅政，封博陆侯，为一代名臣。其始皆由贱妇而起，间气所钟，固有不择地者哉！（《廿二史札记》卷二"武帝三大将皆由女宠"）

又：（编者按：《汉书·武帝纪·赞》）专赞武帝之文事，而武功则不置一词。仰思帝之雄才大略，正在武功。……统计武帝所辟疆土，视高、惠、文、景时几至一倍，西域之通尚无与中国重轻，其余所增地，永中国四至，千万年皆食其利。故宣帝时韦玄成等议，以武帝丰功伟烈，奉为世宗，永为不毁之庙。……盖其穷兵黩武，敝中国以事四夷，当时实为天下大害。故宣帝时议立庙乐，夏侯胜已有"武帝多杀士卒，竭民财力，天下虚耗"之语。至东汉之初，论者犹以为戒。（《廿二史札记》卷二"汉书武帝纪赞不言武功"）

又：武帝长驾远驭，所用皆跅弛之士，不计流品也。……募吏民无问所从来，……此其鼓动人材之大略也。至其操纵赏罚，亦实有足以激劝者。……或在军有私罪，而功足录者，……则以其万里征伐，不录其过。甚至失机败事，而其罪可谅，其才尚可用者，亦终不刑戮，使得再自效。……且任用时不拘以文法。……其有恃功稍骄蹇者，则又挫折而用之。……激使立功自赎。其驾驭豪杰如此，真所谓绦镞在手，操纵自如者也。而于畏懦者，则诛无赦。……又或冒功行诈，如左将军荀彘击朝鲜，与杨仆争功嫉妒，虽克朝鲜，终坐弃市。赏罚严明如此，孰敢挟诈避险而不尽力哉！史称雄才大略，固不虚也。（《廿二史札记》卷二"汉武用将"）

洪　迈：是时帝春秋已高，忍而好杀。李陵所谓法令无常，大臣无罪夷灭者数十家。由心术既荒，遂念招妄。男子、木人之兆，皆迷不复开，则谪见于天，鬼瞰其室。祸之所被，以妻则卫皇后，以子则戾园，以兄子则屈牦，以女则诸邑、阳石公主，以妇则史良娣，以孙则史皇孙。骨肉之酷如此，岂复顾他人哉！且两公主实卫后所生，太子未败数月前，皆已下狱诛死，则其母与兄，岂有全理？固不待于江充之谮也。（《容斋随笔·容斋续笔》卷二《巫蛊之祸》）

又：汉武帝天资高明，政自己出，故辅相之任，不甚择人，若但使之奉行文书而已。其于除用郡守，尤所留意。……观此三者，则知郡国之事无细大，未尝不深知之。为长吏者，常若亲临其上，又安有不尽力者乎？惜其为征伐、奢侈所移，使民间不见德泽，为可恨耳！（《容斋随笔·容斋续笔》卷十《汉武留意郡守》）

王夫之：情之所发，才之所利，皆于理有当焉。而特有所止以戒其流，则才情皆以广道之用。止才情之流者，性之贞也。故先王之情深矣，其才大矣，以通天下之志、成天下之务，而一顺乎道。武帝曰："朕不变更制度，后世无法；不出师征伐，天下不安；为此者不得不劳民。若后世又如朕所为，是袭亡秦之迹也。"有是心，为是言，而岂不贤乎？

汉武抚已平之天下，民思休息。而北讨匈奴，南诛瓯、越，复有事西夷，驰情宛、夏、身毒、月氏之绝域。天下静而武帝动，则一时之害及于民而怨讟起。

武帝之劳民甚矣，而其救饥民也为得。虚仓廪以振之，宠富民之假贷者以救之，不给，则通其变而徙荒民于朔方、新秦者七十余万口，仰给县官，给予产业，民喜于得生，而轻去其乡以安新邑，边因以实。此策，晁错尝言之矣。错非其时而为民扰，武帝乘其时而为民利。故善于因天而转祸为福，国虽虚，民以生，边害以纾，可不谓术之两利而无伤者乎！史讥其费以亿计，不可胜数，然则疾视民之死亡而坐拥府库者为贤哉？

乐成侯丁义荐栾大，大诈穷而义弃市。……义既诛，大臣弗敢荐方士者，畏诛而自不敢尝试也。义诛，而公孙卿之宠不复如文成、五利之煊赫。其后求仙之志亦息矣。……武帝淫侈无度而终不亡，赖此也夫！

武帝之淫祠以求长生，方士言之，巫言之耳。兒宽，儒者也，其言王道也，琅琅乎大言之无惭矣；乃附会缘饰，以赞封禅之举，与公孙卿之流相为里表，武帝利赖其说，采儒术以文其淫诞。先王之道，一同于后世缁黄之徒，而灭裂极矣。

汉武帝任杜周为廷尉，一章之狱，连逮证佐数百人，小者数十人，远者数千里，奔走会狱，所逮问者几千余万人。呜呼！民之憔悴，亦至此哉！缘其始，固欲求明慎也。……明慎不知止而留狱，酷亦哉！

治奸以迫，则奸愈匿，而盗其尤者也。……武帝之发觉而捕弗满品者，二千石以下至小吏，主者皆死，则欲吏之弗匿盗，不上闻而以禁其窃发也，必不可得矣。……呜呼！上失其道而盗起，虽屡获伏法，仁者犹为之恻然，况凭一往之怒，立一切之法，以成乎不可弭之势哉！汉武有丧邦之道焉。(《读通鉴论》卷二)

王若虚：汉武老且死，意欲立昭帝，而忧其子少母壮或至于乱也，遂杀钩弋夫人。时暴风扬尘，百姓感伤。盖其违天理而拂人情耳。顾乃矜语左右，自以为明。……"杀一不辜而得天下，君子不为"……况以逆料未必然之事而杀其所亲乎？……母子，天伦也。立其子必杀其母，是母乃子之贼而子乃母之累也。其为戾不已甚乎？……匹夫之为其家虑，犹君之为其国虑也。使天下之人皆如武帝之用心，杀人岂可胜计，而亲戚之间，岂复有恩义哉？故夫武帝之安其后者，乃所以绝其后，非惟不仁，抑亦不智矣。……此固凶毒残酷之所为，殆禽兽之所不忍，而帝自为明。史臣又从而赞誉之，何其怪也？……孰谓武帝此举可为法哉？(《滹南遗老集》卷二十五《君事实辩》)

钱　时：武帝才高而过失最多。一时进用，往往皆快心逞意之徒，务投所好，以相从谀，鲜有正救之者。……每见东瓯告急，聂壹设诈，可否两端，初不自决。非庄助、王恢启其端萌而鼓其狂念，安有后日穷征远讨之祸哉？(《两汉笔记》卷四《武帝》)

又：武帝竭中国之力，以逞其好大喜夸之志。通西南夷，东置沧海，北筑朔方郡；岁出击胡，动十余万，驱生灵，就锋镝，沥膏血，事荒远。大农费匮，搭取百端，后虽匈奴远遁，幕南无王庭，而海内则萧然矣。尺寸之地，不知其为几万万民命之市也。悲夫！(同上)

又：武帝之虚耗，原于文景之恭俭。何者？省费尚朴，身先天下，两君相继，凡四十年。粟腐贯朽，海内殷富，非天雨而鬼输也。武帝嗣服，但见财用丰衍而不知其所自来。是以胸胆开张，耳目盈荡，恣所欲为而不暇计其后。譬如膏粱之子，狃于贵盛，侈费无艺，意气怫然，以妄为常，难可复敛。一有不给，遂至刻剥苟求，卖田宅、货簪珥什物，以继其欲而弗悟。斯武帝之谓矣。(同上)

又：文成、五利相继伏诛，亦可以省矣，而公孙卿之诈愈甚。后虽厌怠，而犹庶几其万有一焉者，无他，心有所溺耳。自今观之，妖妄之言，动以万计，如狎弄婴孩于掌股之上，可怪可笑，而帝不虞其诈也。(同上)

又：武帝惑于方士妖巫之言，浮海而求，筑宫而候，摇摇神驭，若将且至。则其精神慌惚，志气飞扬，蓬莱、方壶固无时而不望也。如醉如梦，以妄为真，建章宫中岂果有所见哉？心迷而眼乱耳，巫蛊之祸于是遂兴。杀人无数，妻子不保，由武帝之失其主宰故也。(同上)

又：……颠冥狂眩，过失万端。盖无日而不履祸败之途，无事而不蹈覆亡之辙。方其安于所习而未悟也，肯自谓狂悖乎？肯自谓愚惑乎？肯自谓受欺妖妄，自谓伤害百姓、愁苦天下乎？追悔昔非，一朝感动……此虽多历年所，老成定虑。然其端的，正由太子之死于巫蛊、贰师之败于匈奴，摧折顿挫，困心衡虑，而后得之耳。

武帝悔过方新，其言哀矜恻怛，蔼然有三代仁民爱物之意。的的真实，闻之使人感动。无他，发于本心故也。（同上）

皮锡瑞：汉武嗣兴，天下殷富。承二代节俭之后，据四海全盛之势。将欲制匈奴之横恣，奋中国之积弱，摅祖宗之宿愤，恢孙子之远图。以为伏猛兽者，先去爪牙；仆大树者，先芟枝叶。于是攘漠北，收河西，降其二王，遂开四郡。燕支既夺，虏廷之妇女无颜；金人祭天，阙下之名王稽颡。塞缮蒙恬，城平赵信。姑衍既禅，天威赫然。且又大略雄才，高掌远跖。艾朝鲜之旃，徙瓯闽之众，赐西夷之印，悬南粤之头。凡今滇黔闽粤之疆，朝鲜顺化之壤，所由光华之治，黼黻皇风，半皆帝之开辟蚕丛，创通蛮服。昔也鳞介，今也衣裳。美哉禹功，明德远矣。

或者疑其意夸广大，道昧羁縻，不采淮南之书，乃贻蜀老之消。不知一劳永逸者，圣王之志也；相容并包者，天地之量也。南交旸谷，曾戴尧天；岛夷流沙，旧登《禹贡》。犬牙相错，鲸波不扬。人非异类之人，地本中华之地。周通之而旋阻，秦辟之而未成。列入版章，被之声教。是岂画大渡之斧，玩幽州之图者，所得并此鸿规，同兹骏烈也哉！

若夫听博望通西域，则实喜功之夸念，而非经国之远猷。盖鄯善诸邦，不列王会；葱岭以外，水皆西流。初非要荒入贡之班，复昧江汉朝宗之义。诸国势若鸡连，细同蜗角，不能与匈奴同进退，岂必关大汉之安危？帝乃纳其夸说，恃为大援，断彼右臂，填兹巨壑。乌孙公主，远泣琵琶；大宛使臣，辱椎金马。黄鹄远嫁，两昆弥日用忧劳；赤汗西来，十万众皆为枯骨。加以条支、大鸟，犁靬幻人。苜蓿蒲萄，志移于异物；角抵妙戏，戒昧夫慢藏。玉帐增其侈心，金钱耗于醑饮。威德自矜夫上古，倾骇竟类夫亡隋，其计可谓倶矣。盖伐匈奴则黄帝涿鹿之师，而此则周穆征戎之举也；平诸国则成汤兼弱之道，而此则秦皇远戍之劳也。昧远者概云黩武，好夸者尽诩奇功，不亦是非混淆，而褒讥谬乱哉！

是知近通声教者，可以收入版图；远隔山海者，不宜驰情域外。古之人不宝远物，不贪虚名。奇肱飞车，破弃勿用；越裳献雉，正朔弗加。菌鹤短狗，邈矣凫旌之图；黄竹白云，荒哉鼍梁之驾。岂有天下骚动之忧，末年轮台之悔乎？（见《中国近代思想家文库·皮锡瑞卷·汉武帝论》）

吕思勉：武帝所事既广，其费用，自非经常岁入所能供，故其时言利之事甚广。虽其初意，抑或在摧抑豪强，然终诛求刻剥之意多，哀多益寡之意少，故终弊余于利，关于民愁盗起也。今略述其事如下：一管盐铁……二算缗……三均输……四酒酤……五卖爵赎罪……以上皆苛取于民者，其未尝径取于民，而实则害民尤甚者，则为钱法。

(《秦汉史》第五章)

又：李广之含冤负屈，而陵犹愿心为汉武效力。及其败也，汉不哀其无救，而又收族其家，可谓比之寇雠矣，而其门下与友人犹以为愧。知汉承封建余习，士之效忠于其君者，无一而非愚忠也。有此士气，岂唯一匈奴可平？虽平十匈奴、大宛，中国之损失犹未至如元狩、太初两役之甚也。而武帝专任椒房之亲以败之。……恶知夫武帝之失，不在其思拓境土，而别有所在乎？……（《吕思勉读史札记》乙帙《汉武用将》）

夏曾佑：武帝即位，称建元元年。帝王有年号始此；

是年诏郡国举贤良方正直言极谏之士。上亲策问，擢广川董仲舒为第一。科举之法始此；

仲舒请不在"六艺"之科、孔子之术者，皆绝之，于是罢黜百家，用儒术，议立明堂，遣安车蒲轮，束帛加璧，迎鲁申公。专用儒家始此；

元光元年，命李广屯云中，程不识屯雁门。征匈奴始此；

二年，李少君以祠灶却老方见上，上尊信之。于是天子始亲祠灶，遣方士入海，求蓬莱安期生之属，而事化丹沙诸药齐为黄金矣。方士求仙始此；

（……编者按：五年）是年女巫楚服教陈皇后祠祭厌胜，挟妇人媚道，事觉，诛楚服等三百余人，废皇后陈氏。巫蛊始此，废后亦始此；

元朔元年，东夷薉君南闾等二十八万人降，置苍海郡。开朝鲜始此；

是年诏吏通一艺以上者，皆选择以补右职，以儒术为利禄之途始此；

六年，诏令民得买爵，及赎禁锢，免臧罪，置赏官，名曰武功爵，级十七，各有定价。卖官始此；

南越相吕嘉杀其王及太后以叛。秋，将军路博德等讨南越，斩吕嘉，置南海、合浦、苍梧、郁林、珠崖、儋耳、交趾、九真、日南等九郡。开南蛮始于秦，今再复之；

元鼎六年，东越王馀善叛汉，自称武帝。将军杨仆击东越，斩馀善，遂徙其民于江淮间，其地遂虚。开闽越始此；

元封元年春正月乙卯，封泰山，丙辰，禅泰山下阯东北肃然山。封禅始此；

太初元年夏五月，造《太初历》，以正月为岁首，色上黄，数用五，以为典常，垂之后世。以正月为岁首，色尚黄，皆始此。

是中国之政始于汉武者，凡一十二事。（《中国古代史》）

范文澜：汉武帝凭借前期所积累的财富与汉景帝所完成的全国统一，再加上本人雄才大略的特征与在位五十四年的长久时间，对外用兵，扩张疆土，对内兴作，多所创建（主要是水利），把道家思想的无为政治，改变为以儒家学说为装饰的多欲政治。通过汉武帝，农民付出"海内虚耗，人口减半"的代价，造成军事、文化的极盛时期。

西汉一朝各方面的代表人物如大经学家大政论家董仲舒，大史学家司马迁，大文学家司马相如，大军事家卫青、霍去病，大天文学家唐都、落下闳，大农学家赵过，大探险家张骞，以及民间诗人所创作经大音乐家李延年协律的乐府歌诗，集中出现在汉武帝时期。这是历史上非常灿烂的一个时期，汉武帝就是这个灿烂时期的总代表。（《中国通史》）

翦伯赞：西汉政府在奠定我国疆域的事业中，在中国历史上创造了一页空前辉煌的纪录。两千年来，中国历史家都把这种辉煌的伟业，归功于汉武帝个人的成就，所谓"雄才大略"者是也。一直到现在，汉武帝这个名字，成为中国传奇中的英雄之典型。诚然汉武帝主观的创造作用，是不可否认的。但是如果没有推动这个事业的客观形势的要求，没有广大劳动人民的牺牲，则汉武帝即使有雄才大略，结果也只能停止在愿望的阶段。具体的史实显示出来，西汉对经略边疆地区的发动，胜利地进军，这决不仅依于汉武帝个人才能之发挥，而是当时中国社会经济的活力之历史的要求。换言之，不是汉武帝的勤远谋略的意图，推动了当时的大远征；而是社会经济的发展要求发动这个大远征，汉武帝的活动不过是体现了当时的社会经济发展的要求。（《中国史纲》第二卷）

又：说到汉武帝，也会令人想到他是生长得怎样一副严肃的面孔。实际上，汉武帝是一位很活泼、很天真、重情感的人物。他除了喜欢穷兵黩武以外，还喜欢游历，喜欢音乐，喜欢文学，喜欢神仙。汉武帝，是军队最英明的统帅，又是海上最经常的游客，皇家乐队最初的创始人，文学家最亲切的朋友，方士们最忠实的信徒，特别是他的李夫人最好的丈夫。他决不是除了好战以外，一无所知的一个莽汉。（同上）

张维华：汉武帝在位作皇帝，起公元前140年，至公元前87年，历时五十四年，占了整个西汉王朝四分之一的时间。而且在他在位的期间，无论在政治、文化、经济方面，或是在对外关系上，都有极重要的变革和措施；这些重要的变革和措施，不仅影响到汉王朝自身，而且也影响到当时中国历史发展的各方面。旧日中国历史工作者，在人物的类比上，有"秦皇、汉武"之说；在历代王朝的类比上，有"汉、唐之盛"之说。前一句话，虽然是说秦皇、汉武在各人一生的行动和生活上有些类同之处，但也暗含着他们对于当时历史所起的某些作用。后一句话，虽然是指着两个王朝说的，其实是影射着汉武帝、唐太宗对于造成"汉、唐盛世"所起的影响。研究各个时代的历史，不可过分强调个人的作用，也不可忽略个人应有的作用；对于历史人物的个人作用，必然根据历史的真象，予以适当的处理和安排。（《汉史论集·论汉武帝》）

张传玺：汉武帝一生的功绩很多，归纳起来，可分为三个方面：一、进一步奠定祖国的疆域，推动多民族的统一国家的形成和发展；二、完善中央集权制度，巩固政治统一，促进经济发展；三、征集古代遗书，设五经博士，兴太学，设乐府，推动文化、教育事业的复兴和发展。

汉武帝作为一个封建皇帝，也有不少的缺点和错误。例如他在生活方面，奢侈严重，还迷信巫术。他发兵镇压戾太子，一度造成朝廷政治混乱，即所谓"巫蛊事件"，这是他迷信巫术造成的。西汉中期的主要社会问题是"土地"与"奴婢"问题，由于土地兼并严重，大量的破产农民沦为奴婢，流民多达二百万，各地相继发生了农民起义。可是，汉武帝并未正确地处理此事。他曾长时间用残酷镇压的办法对付起义农民或流民，但起义、暴动仍然不断。只是到后来，他才有所悔悟，并坚决改变政策，注意安定农民生活，招徕流民，缓和了社会的矛盾。汉武帝还重用酷吏，乱杀无辜的情况也很严重。

总的说来，汉武帝在中华民族的历史发展上立下了不朽的功勋，他的错误与他的功勋相比，是较小的。尤其可贵的是，他在统治的后期，能对所出现的政治和社会的主要问题有所认识，并及时转变政策，稳定了局势，促进了社会秩序的安定和经济发展。这样的政治态度和做法在历代封建帝王中是少有的。（见袁行霈主编《中华文明之光》上卷）

安作璋、刘德增：董仲舒的儒学，已不同于先秦儒学，它已从其他各家各派思想中吸取新的内容来充实自己，以适应封建统治阶级的需要。其思想的核心之一，就是"刑者，德之辅"，也可以说是儒法并用，德主刑辅。从汉武帝开始，逐步确立了一套"霸王道杂之"的"汉家制度"。（《论"汉家制度"》，载《秦汉史论丛》第九辑）

杨生民：汉武帝评价种种：

一、功过论与代价论

汉武帝生前，朝臣们对他的举措的争论就是很激烈的。汉武帝去世不久，昭帝始元六年（前81）召开的盐铁会议上对武帝时盐铁酒专卖、平准均输等经济政策的讨论分成了两派。宣帝即位的第二年即本始二年（前72）夏，围绕祭祀武帝要不要增加庙乐的问题，对武帝的功过进行了争论。

从上述评价中可以看出：其一，对汉武帝持否定意见者，一是强调汉武帝时期长期战争给民众带来的深重灾难；二是否定汉武帝时期管盐铁、酒类专卖、平准均输等经济政策，而这些政策又恰是武帝"制四夷、安边足用之本"（《汉书》卷二十四下《食货志下》）。所以，按这一意见，最后必然导致否定武帝反击匈奴的战争、否定汉武帝的历史功绩。这自然是人们所不能完全同意的。其二，肯定汉武帝历史功绩的意见，常常否定武帝时期长期战争及其经济政策给民众带来的苦难，如桑弘羊等人在盐铁会议上说"笼天下盐铁诸利，以排富商大贾，买官赎罪，损有余，补不足，以齐黎民。是以兵革东西征伐，赋敛不增而用足"（《盐铁论》卷十四《轻重》）。这种意见也非实事求是，也难以令人信服。

……成帝崩，哀帝即位，丞相孔光、大司空何武上奏议后，朝臣再一次讨论，认为汉武帝过失太大，其庙"宜毁"（《汉书》卷七三《书贤传》）。在这种情况下，太仆王舜、中垒校尉刘歆详细地论述了汉武帝的历史功绩，由于这篇文献对如何评价武帝具有重要性，所以引证如下："臣闻周室既衰，四夷并侵，猃狁最强，于今匈奴是也。至宣王而伐之，诗人美而颂之曰'薄伐猃狁，至于太原'，又曰'……显允方叔，征伐猃狁，荆蛮来威'，故称中兴。及至幽王，犬戎来伐，杀幽王，取宗器。自是之后，南夷与北夷交侵，中国不绝如线。《春秋》纪齐桓南伐楚，北伐山戎，孔子曰：'微管仲，吾其被发左衽矣。'是故弃桓之过而录其功，以为伯首。及汉兴，冒顿始强，破东胡，禽月氏，并其土地，地广兵强，为中国害。南越尉佗总百粤，自称帝。故中国虽平，犹有四夷之患，且无宁岁。一方有急，三面救之，是天下皆动而被其害也。孝文皇帝厚以货赂，与结和亲，犹侵暴无已。甚者，兴师十余万众，近屯京师及四边，岁发屯备虏，其为患久矣，非一世之渐也。诸侯郡守连匈奴及百粤以为逆者非一人也。匈奴所杀郡守、都尉，掠取人民，不可胜数。孝武皇帝愍中国，罢劳无安宁之时，乃遣大将军、骠骑、伏波、楼船之属，南灭百粤，起七郡；北攘匈奴，降昆邪十万之众，置五属国，起朔方，以夺其肥饶之地；东伐朝鲜，起玄菟、乐浪，以断匈奴之左臂；西伐大宛，并三十六国，结乌孙，起敦煌、酒泉、张掖，以鬲婼羌，裂匈奴之右肩。单于孤特，远遁于幕北。四垂无事，斥地远境，起十余郡。功业既定，乃封丞相为富民侯，以大安天下，富实百姓，其规抚可见。又招集天下贤俊，与协心同谋，兴制度，改正朔，易服色，立天下之祠，建封禅，殊官号，存周后，定诸侯之制，永无逆争之心，至今累世赖之。单于守藩，百蛮服从，万世之基也，中兴之功未有高焉者也。高帝建大业，为太祖；孝文皇帝德至厚也，为文太宗；孝武皇帝功至著也，为武世宗。……孝宣皇帝举公卿之议，用众儒之谋，既以为世宗之庙，建之万世，宣布天下。臣愚以为孝武皇帝功烈如彼，孝宣皇帝崇立之如此，不宜毁。"上览其议而从之。制曰："太仆舜、中垒校尉歆议可。"（《汉书》卷七三《韦贤传》）上述这段文字是西汉时期从积极方面较为全面评价汉武帝的最有力的文字。……所以，武帝对后世所建树的功绩是不可抹煞的。只要把汉武帝外事四夷的活动放在整个历史发展过程中加以考察，汉武帝不仅对汉朝而且对中华民族的发展都有着巨大的历史功绩，这一点应是毫无疑问的。

汉武帝一方面有巨大的历史功绩，另一方面又给人民造成了深重的灾难，前者是建立在后者的基础上的。所以，这是一个问题的两个方面。……在这种情况下，就出现了"代价论"。如范文澜先生说，汉武帝"付出'海内虚耗，人口减半'的代价，造成军事、文化的极盛时期"（范文澜《中国通史简编》修订本第二编），又说，汉武帝的活动"为现代中国的广大疆域奠定了初步的基础"（同上）。因此，可以说代价论在评价汉武帝时把他的积极方面和消极方面有机地结合了起来，把二者有机地统一在一起，为正确评价汉武帝提供了一个好的供人选择的思路。

二、事业成败与政策转变说

评价汉武帝还有一种方法。就是把汉武帝在位的五十四年划分为若干时期，看其每个时期事业的成败。如果由于没有及时转变政策而导致失误，原因就应当从没有及时转变政策上去找寻。政策转变说在评价武帝时突破了功过论的框框，试图从事物的发展演变过程找到一个合理的界限。这应当说是很有新意的。

从汉武帝当皇帝后的五十四年看，他的事业可以分为以下三个阶段：

1. 从建元元年（前140）至元鼎六年（前111）为第一阶段。这一阶段是武帝取得辉煌胜利的时期，这表现在以下几个方面：（1）尊儒术、重法制、悉延百端之学，以儒家为统治思想而又兼用百家的格局就是在这一时期形成的。（2）在统一国家方面，反击匈奴战争获胜，尤其是元朔二年取河南地之战、元朔五年大败右贤王高阙之战、元狩二年河西之战、元狩四年漠北之战，取得重大胜利，使汉朝军事力量的压倒优势不可逆转。这一时期平定两越，建元三年迁东瓯于江、淮间，元鼎六年平定南越，在其地置九郡，次年即元封元年又徙东越民于江、淮间。通西南夷方面，元光五年通夜郎、置犍为郡、开道路，元光六年以邛都为越嶲郡、莋都为沈黎郡、冉駹为汶山郡、白马为武都郡、南夷为牂柯郡，问题基本解决。（3）在打击分封割据势力与豪强方面，元朔二年行推恩分封，元狩元年淮南王、衡山王谋反被诛，元鼎五年坐酎金律列侯夺爵者106人。在打击豪强和高赀富人方面，元朔二年徙郡国豪杰及赀三百万以上者于茂陵，元狩四年"摧浮淫并兼之徒"，酷吏义纵、王温舒等人严厉打击豪强。在经济方面一些主要措施也基本出台。

从上述事实看，在第一阶段武帝可以说基本上完成了自己所承担的历史任务，不仅对内在思想文化、打击分封势力、豪强、富商大贾等方面是如此；在统一国家方面也是如此，不仅胜利平定了南越、东越，西南夷的问题基本上获得了解决，而且，反击匈奴的战争也取得了胜利，汉朝从匈奴方面取得了河南地和河西，给了匈奴以沉重打击，漠南无王庭，匈奴对汉朝已构不成重大威胁，说明对匈奴的战争也基本告一段落。

2. 从元封元年（前110）到太初四年（前100）这十年为第二阶段。这十年历经了元封、太初两个年号，这两个年号都有标志政策转变的含义。元封以举行封禅大典而得名，其意思是"王者功成治定，告成功于天"，既然如此，接下来实行政策转变就是顺理成章的事情。太初以颁布太初历而得名，实行改正朔、易服色等方面的改制，标志着要除旧布新、改弦更张之义，也是政策转变的好时机。而且这十年社会矛盾、阶级矛盾已相当尖锐，元封四年关东流民二百万口就说明了这一点；但是，农民起义与战争的失败还未发生，所以这时正是转变政策的最佳时机。那么这时武帝为什么没有能实行政策转变呢？这一点从元封元年武帝的诏书和以后的行动中可以看出。元封元年冬十月，武帝下诏说："南越、东瓯咸伏其辜，西蛮北夷颇未辑（和）睦，朕将巡边垂，择兵振旅，躬秉武节，置十二部将军，亲率师焉。"接着又遣使告单于说："南越王头已悬于汉北阙关。单于能战，天子自将待边；不能，亟来臣服……"这就是说，汉武帝要求匈奴"臣服"汉朝，单于震慑于汉武帝的威势，没有前来接战，也没有"臣服"。此后，汉武帝试图通过和谈让匈奴"臣服"，这不能不说是政策上的一个调整。这种政策的调整，还可从元封二年（前109）武帝派汲仁、郭昌率数万人堵塞瓠子决口看出。瓠子决口堵塞后，朝臣争言水利，如果顺着这个势头发展下去，就会逐渐转变到以重农、富民为中心的路线上去。然而，这时汉武帝并没有下定不再出兵的决心，而这时下述两方面的事情又促成了他的继续出兵：一是边境不断发生战事，有发兵的需求，如西南夷方面，侵犯汉使吏卒，所以元封二年派郭昌击滇，滇王降，置益州郡。是年朝鲜派兵击辽东，杀辽东都尉，武帝派杨仆等击之。次年朝鲜降，置四郡。元封六年，益州郡昆明地区反，武帝又派郭昌击昆明。二是"西蛮北夷，颇未辑睦"。西域各国原为匈奴属国，汉朝使者通西域后，有的国家阻拦、攻掠汉使，于是有元封三年（前108）赵破奴破楼兰、车师之事。元封六年（前105）汉朝以宗室女为公主嫁乌孙，汉武帝是想通过和平友好的办法争取西域，但此时发生了大宛不与汉使买卖天马，并设法杀汉使取其财物的事件。结果遂发生从太初元年（前104）秋开始到太初四年（前101）春李广利的两次伐大宛。两次伐大宛，虽取得胜利，但耗费巨大，大大激化国内的社会矛盾和阶级矛盾。如果李广利第二次伐大宛取胜后，立即转变政策，从此不再出军，仍然可以。然而武帝没有抓住这一时机，结果就陷入了困境。

3. 从天汉元年（前100）至后元二年（前87）为第三阶段。这一阶段共十三年，经历天汉、太始、征和、后元四个年号。武帝开始用年号时一个年号六年，太初改制后一个年号四年。太初四年（前101）春，李广利伐大宛后，西域各国纷纷臣服汉朝，汉武帝没有抓紧时机转变政策。天汉元年（前100），汉朝和匈奴和谈失败，汉使苏武被匈奴扣留。这使汉武帝想通过和谈让匈奴臣服的希望落空。接着，武帝就想通过军事征伐迫使匈奴臣服。征和二年（前91），武帝分别派李广利、李陵统兵讨伐匈奴，都以失败而告终。尤其值得注意的是，这一年各地小股农民起义纷纷发生。所以汉武帝就立即转而镇压农民起义，这次农民起义经几年才镇压下去。农民起义还未镇压下去，天汉四年（前97）李广利等四将讨伐匈奴无功而归。过了五年，即征和元年（前92），就发生了丞相公孙贺家因巫蛊被族。巫蛊之祸刚告一段落，征和三年（前90），李广利率七万大军败降匈奴。征和四年（前89），武帝在内外交困的情况下颁《轮台诏》，表示从此不复出军，才下决定实行政策转变。

三、高指标是失误的主要原因

从汉武帝上述三个阶段的情况不难看出，元封以后未能及时实行政策转变的主要原因是：低估了匈奴的综合国力，因此制定了要匈奴"臣服"这一当时汉朝还无力达到的高指标。为什么说这个指标是无力达到的高指标呢？从汉武帝为达到这一目标先是和谈后又用兵，对此可以说是孜孜以求、不达目的誓不罢休，最后还是以达不到目的而告终就可以看出这一点。……

历史上由于不从实际出发、不实事求是地给自己制定高标准，劳民伤财的事例比比皆是，即使像汉武帝这样英明的、很注意吸取秦朝亡国教训的君主也不能幸免，惜哉！惜哉！（《汉武帝传》）

又：汉武帝的历史地位与贡献：

一、汉武帝的历史地位

最初，汉代人在两汉范围内，把汉武帝与汉高帝、汉文帝、汉光武并列，作为汉代四位功德大的皇帝。这是一种意见。

然而，以汉武帝所成就的事业，仅仅局限在两汉范围内来评价是不够的，这实际上等于降低了汉武帝的历史地位。所以，东汉末年应劭打破了朝代的界限，从中国历史的发展出发说：

高祖践阼，四海乂安。世宗攘夷辟境，崇演礼学，制度文章，冠于百王矣。……

从应劭称赞汉武帝"冠于百王"之后，后来称汉武帝对整个中国历史有重大影响的人不断出现。如曹植赞汉武帝说："世宗光光，文武是攘，威震百蛮，恢拓土疆，简定律历，辨修旧章，封天禅土，功越百王。"从赞扬武帝"功越百王"来看，其意与应劭类似（《艺文类聚》卷一二《帝王部二·汉武帝》）。到了明代，李贽评价武帝说：

孝武绍黄帝以增廓，皆千古大圣，不可轻议（李贽《藏书》卷一《世纪总论》）。

孝武乃大有为之圣人也。当其时拓地几二万余里，视汉高所遗不啻倍之。……有为之功业已大矣（李贽《藏书》卷三二《德业儒臣后论》）。

近代人夏曾佑在其所著《中国古代史》中说：有为汉一朝之皇帝者，高祖是也。有为中国二十四朝之皇帝者，秦皇、汉武是也（《中国古代史》，三联书店1955年版）。

二、汉武帝的创新精神

汉武帝时期是一个充满生机的不断创新的时期，而汉武帝本人也是个富于创新精神的人，所以那个时期有许多创设。

1. 汉武帝是第一位使用年号的皇帝，先是六年一个年号，后来四年一个年号。

2. 汉武帝是第一位在统一的国家制定、颁布太初历的皇帝，以正月为岁首这一点，一直延用到现在。

3. 汉武帝时期写出了我国第一部纪传体的史书——《史记》，对后世的史学产生了巨大影响。

4. 汉武帝时期出现了秦统一后我国见于史籍记载的《舆地图》，元狩四年四月丙申，"太仆臣公孙贺行御史大夫事……，奏《舆地图》，请所立国名。"（《史记》卷六〇《三王世家》）《汉书·武帝纪》载元鼎六年秋"遣浮沮将军公孙贺出九原"，注引臣瓒曰："浮沮，井名，在匈奴中，去九原二千里，见汉《舆地图》。"据颜师古说，臣瓒生活的时代"在晋初"（颜师古《汉书叙例》）。这说明汉代的《舆地图》晋初臣瓒还见过。这也说明汉代已明确出现了关于国家的地域概念。这对后世自然地理研究有不可忽视的影响。

5. 举贤良方正直言极谏之士对策，武帝亲自策问，选拔人才做官。后世科举之制始此。

6. 汉武帝尊儒术，以儒家思想作为国家的统治思想始于此。

7. 元朔五年为五经博士置弟子五十人，复其身；地方郡国可按一定条件选送一些人，可受业如弟子。经考试，能通一艺以上，可用作官吏。从国立太学生中选拔官吏始于此。

8. 汉武帝在尊儒术时，又"悉延百端之学"，形成了在以儒家思想为统治思想的同时，又兼用百家的格局。这点对后世也影响巨大。

9. 元封二年（前109），汉武帝亲临现场督察堵塞黄河瓠子决口。秦统一后，皇帝亲临现场治理黄河，这是第一次。

10. 汉武帝时推广耧车（土法播种机）下种，此后这一方法在中国用了两千多年。

11. 汉武帝派张骞通西域，打通了丝绸之路，促进了中、西双方的经济、文化交流。这在中国史上属首次。

12. 汉武帝元封六年（前105）以宗室女细君为公主嫁乌孙和亲。这是中国历史上首次与西域国家和亲。

13. 在轮台、渠犁屯田，并置使者、校尉。这是中国历史上首次在今中国新疆地区屯田。

14. 汉武帝时用井渠法作龙首渠，后传入今中国新疆地区，并进而传入波斯等地。

15. 从西域引进葡萄、苜蓿种植，从大宛引进了良种马——天马，西域的乐曲、魔术传至中国，中国的铸铁技术、丝织品、漆器传至大宛等地。

16. 汉武帝外施仁义，实行德治；同时又重视法治，用严刑峻法治理国家。这在历史上也是首次。

17. 元封五年（前106），为加强对地方官吏和豪强的监察，置十三州部刺史，令六百石级别的刺史督察二千石级别的郡国守相。

18. 为加强皇权，改革丞相制度，设立中朝，对后来的丞相制度演变产生了重大影响。

19. 元鼎二年（前115）禁郡国铸钱，专令国家所属上林三官铸钱，非三官钱不得流通，郡国以前所铸钱皆废销。从此国家垄断了铸造钱币的权力，对后世影响重大。

20. 汉武帝通过大量移民在西北边郡屯田，这对反击匈奴、经营西域起了重大作用，对后世也有重大影响。曹操在《置屯田令》中曾说"孝武以屯田定西域，此先代之良式也"（《三国志》卷一《魏志·武帝纪》注引《魏书》），就说明了这一点。

21. 汉武帝时任用官吏是多元化的。二千石以上官吏可通过任子制度使子孙当官；有钱人可通过"赀选"当官；先贤的后裔可以受照顾，如贾谊的两个儿子就被关照当了郡守。然而，尤为突出的是武帝用人唯才是举、不拘一格。如皇后卫子夫是从奴婢中选拔出来的。卫青、霍去病分别是从奴仆和奴产子中选拔出来的。而丞相公孙弘、御史大夫兒宽，以及严助、朱买臣等人都是从贫苦平民中选拔上来的。御史大夫张汤、杜周和廷尉赵禹则是从小吏中选拔出来的。尤其值得注意的是，汉武帝任用的一些将军是越人、匈奴人。而金日磾这样一位匈奴的俘虏在宫中养马的奴隶，竟然与霍光、上官桀一起被选拔为托孤的重臣。这些情况说明汉武帝选拔人才是不受阶级出身与民族差别限制的。只要愿为汉朝事业奋斗，有艺能、有才干的人，能为将相和可以出使遥远国度的人都可任用。正因如此，汉武帝时人才济济。班固就惊叹地说："汉之得人，于此为盛!"这种现象的出现是值得认真研究的。

22. 汉武帝是中国历史上第一位派大军深入匈奴腹地进行决战的皇帝。

23. 汉武帝是中国历史上第一位提出要北方游牧民族——匈奴臣服于中原王朝的皇帝，为此又在今内蒙筑受降城。武帝生前虽未达此目的，但在宣、元时期，匈奴归服汉朝为藩臣。

24. 李广利伐大宛后，西域南道诸国多臣服于汉，宣帝神爵二年（前60），匈奴日逐王降汉，匈奴不敢争西域，罢僮仆都尉。宣帝任命郑吉为西域督护，管理西域南、北道诸国，西域诸国臣服于汉。这在中国历史上是首次。

25. 汉武帝平定南越后，首次在今海南岛置儋耳郡、珠崖郡。……

三、武帝创设对后世的影响

1. 在学术思想政策方面。……汉武帝尊儒术，以儒家思想为统治思想，国家在太学设儒家的五经博士，提高了儒学的地位；同时又"悉延百端之学"，形成了尊儒术而又兼用百家。这一点奠定了中国以后封建社会学术思想的格局，即以儒家思想为统治思想，而诸子百家兼用。不仅如此，汉武帝时西域胡乐、魔术的传入，说明在文化上也通过开放，发展、壮大自己。

2. 在政治制度方面。……汉武帝则是外施仁义，实行德治；同时又重视法治，以严刑峻法治国，二者兼用，恩威并举。这种体制汉武帝是主要的创始者和完成者。并且，此制对后世影响巨大，以后各个朝代一般均是二者兼用的。这里既有社会的需要，也有历史继承发展的逻辑规律在内。

3. 汉武帝时官吏来源的多元化，而又唯才是举，不是偶然产生的，而是春秋战国时期士人奔走各国求官入仕现象的逻辑发展。……

4. 汉武帝时社会上多种经济成分共存，有地主经济、个体农民经济、工商业者的民营经济与国有经济。……

5. 汉武帝的统一"为现代中国的广大疆域奠定了初步的基础"。……

6. 实行"一国两制"。汉武帝有宏大理想，他想着要"德润四海，泽臻草木"，"德泽洋溢，施乎方外，延及群生"。既然如此，他自然要使自己的恩泽达到周边的少数民族地区。这除了表现在尽量用招徕的办法让四夷臣服、优待归降的如匈奴浑邪王及其下属等之外，实行一国两制也是一个重要的原因。（同上）

罗义俊： 所谓创制，究其实质，是说汉武帝实际地完成了由秦搭好基本骨架的中央集权的一人专制的国家和政治及经济的制度。从这个意义上来说，就是汉承秦制。说得具体些，经过汉武帝的历史活动，从汉初皇帝节约自持、优礼宰相、垂拱无为的政治，演变为扩张皇权，收揽一切权力的"多欲"政治；从蠲削烦苛，刑罚罕用，"专务以德化民"，演变为好用酷吏苛法又外施仁义的王霸杂用；从开关梁，弛山泽之禁，轻徭薄赋，演变为"赋敛繁多，律外而取"，垄断财利，推行土地国有化，全面控制经济领域；从崇尚黄老，诸子并为传记博士，全面地复兴学术文化，演变为尊儒兴学，博开艺能之路，悉延百端之学。也可以作这样的表述：以经过改造的儒学新形态今文经学为实际主导思想，并延用法家集权主义的皇权思想，由皇帝决定一切，通过以天子左右近臣组成的内朝，来指挥由考试选举制度产生的文官组成的政府，从而运行政治，统制经济，建设学术文化。这就是汉武帝的创造。（《汉武帝评传》）

又： 汉武帝时期多样性的交织在一起的朝廷及社会气氛，也反映了汉时中国皇权制度和社会内部，反映了汉文化内部，存在着生机，存在着活力，存在着交光互映的运动，而不是铁板一块僵硬、停滞不动的。如果说这个以儒学为主流、主体和主元的多样性的汉文化可以代表中国传统文化的话，那么它和汉武帝创造性的历史活动是分不开的，也是自汉武帝时正式奠定的。

如同汉朝廷及社会的多样性的气氛奇妙地交织在一起一样，汉武帝的身份、地位和性格也是多样性、多面性的统一。这两者是一致的，互为反映，相互为用的。这个表述，不是推论，而是历史事实。汉武帝的历史活动及其造成朝廷社会气氛的多样性，也是汉武帝多样性、多面性的身份、地位和性格的逻辑结果和作用。汉武帝这一个人及其性格，产生形成于当时的社会政治制度及朝廷社会气氛，又创造与助成了这种制度及气氛。"人创造环境，同样环境也创造人。"（马克思、恩格斯《德意志意识形

态》）即中国俗语所谓时势造英雄、英雄造时势。（同上）

  姜　鹏：《史记》和汉武帝的关系：由于身处时局之中，对于"巫蛊案"，亲眼目睹了这场巨变的司马迁，始终欲言又止，在《史记》中表达得相当隐晦。在"巫蛊案"发生后不久，司马迁也终止了《史记》的写作，所以我们在《史记》中找不到汉武帝晚年改革的内容。这或许由于司马迁对当时政治环境的失望，或许由于司马迁本人生命的终结，使他无法看到汉武帝晚年的改辙。无论出于哪种情况，这都体现了司马迁叙述汉武帝时代的局限性。也从另一个侧面反映出，我们比较对读《汉书》《资治通鉴》《史记》的必要性。（《汉武帝的三张面孔》）

  卢敦基：汉武帝刘彻常被人们与秦始皇及唐宗宋祖相提并论，出现于诗词文赋和我们的习常记忆中。人们通常认为汉武帝一朝代表了中国文明的光辉灿烂，但在我看来，还不如说他给后人留下了许多难解的千古疑团更为恰当。班固称颂他"罢黜百家，独尊儒术"，有胆有识选拔人才，还有"兴大学，修郊祀，改正朔，定历数，协音律，作诗乐，建封禅，礼百神"的雄才大略，司马光却说他穷奢极欲，繁刑重敛，"内侈宫室，外事四夷，信惑神怪，巡游无度，使百姓疲敝，起为盗贼"。两者对在一起，不知者很难会认为同指一人。前人常有盖棺论定之说，其实盖棺哪能论定？汉武帝是千古一帝还是汉世罪人，足使后人颇费思量了。

  问题远不止于此。汉武帝一朝长达五十三年，还留下了一大堆稀奇古怪的问题。比如说，《汉书》将张释之与汲黯合传，张释之因为据理力争、奋抗文帝而成为千古名臣，与他相仿，有时敢于怒批逆鳞的汲黯为什么却总是让人觉得有点戆头戆脑？比如说，有人认为飞将军李广生不逢时，如果他生在汉高祖时，"万户侯何足道哉"，但是为什么与李广同时代的卫青、霍去病又能以不为人所重的外戚身份大破匈奴，立下不世军功？比如说当时外族的压力并不重于前朝，为什么汉武帝又要对四方频繁用兵，甘冒耗空国库的危险？比如说汉朝初年一直崇尚清静无为的黄老之学，为什么汉武帝突然改弦更张，要罢黜百家，独尊儒术？他所尊崇的又真是孔孟之道吗？概而言之，从汉初的无为不言到汉武帝的好事扰民，这似乎是明显不智的巨大转折的发生，又有着怎样的依据？它究竟是汉武帝本人的偶然冲动，还是他深思熟虑后的举措？……

  前朝积弊肯定需要整肃，难的是如何整肃。我们早已说过，大汉帝国是早熟的帝国，依据当时的交通、通讯条件以及统计学的水平，皇帝断不能在经济上切实控制天下。如此要整顿朝纲、收拾民心，势必诉诸于政治文化理想。既然无从切实地掌握民情作有计划的发展，那只有诉诸运动，借声势来代替日常组织的不足。所以汉武帝要罢黜百家，独尊儒术，因为儒家（董仲舒式）讲的是大一统和皇权至尊，所以汉武帝要屡次出兵攻击匈奴，因为对外发动战争是增强国内凝聚力的最佳和常用手段。至于屡次巡游及修郊祀、改正朔、定历数、协音律等繁琐举动，更成为增强威势及文化上统制的必要因素。所以汉武帝一朝威名远扬，内部平安，不能不说他针对时势选择了必要的对策。至于由此而耗空国库，引起民怨，那也是无可奈何。即使今人对传统政治的积弊已然洞若观火，但假设通过时间机器再回到两千年前，怕也无更妥善的办法。（《暧昧的政治——闲说西汉二百年》）

王立群：汉武帝是一个非常多面的人。他是一个政治家，非常有政治头脑；但又是一个普通人，喜怒哀乐俱备。他是一位明君，深知自己的历史责任；但他又是一位暴君，杀伐任性；他既立下盖世之功，又给天下苍生带来巨大灾难；他宠爱他喜欢的女人，可是，他不仅移性别恋，还为了江山，杀掉了自己最宠幸的女人。他绝顶聪明，又异常糊涂，为了传说中的宝马，居然不惜牺牲数万人的生命。当更近地走近他时，我们会发现，在这些对立的角色中，他不是简单地非此即彼。两难之地，非常之时，他也会犹豫不定，甚至异常痛苦；同样有普通人的欢喜和哀愁、小气和算计、失眠和焦虑。在他果决、自信、大气的外表下，有一颗惶惑、敏感的心。总之，他就像一个专业演员，对每个角色都有自己最精彩的演绎：本色鲜明、尽职到位。或许在很多时候，他的角色并不讨巧，甚至令人厌恶，但是，他的演出是精彩的，他演出了他的"这一个"。然而，我们在对他盖棺定论时，往往流于偏激，说好时千古一人；说坏时罄竹难书。这样，分歧就在所难免了。

我们无法使用单一的标准评价任何人。人性本就复杂，更何况封建帝王！或许他的好发自本心，也可能是笼络人心的手段；或许他的坏是皇权使然，不得已而为之，也可能是天性如此，薄情寡恩。因此，既然我们无法剥离他身上的帝王枷锁，我们的评价，就只能在他的帝王与凡人两种身份之间游移。当年天真无邪的"彘儿"，如何蜕变成一个既可爱又可怕的皇帝？怎么可能一言蔽之、一书尽之？（《读〈史记〉之汉武帝》）

黄留珠：秦皇、汉武在我国历史上都是极有作为的帝王，他们的积极进取精神，同样令人赞叹不已。……汉武帝的进取精神比起秦始皇来，并不逊色。这里，且不说他派番阳令唐蒙开通夜郎牂柯的道路，是何等富于冒险；也不谈他派人勘察褒水、斜水，试图新开运漕的打算，是何等富于幻想；单就他遣使通西域这件事而论，其积极进取的热忱，也当令后人瞠目结舌了！大家知道，汉时的西域系指今新疆及中亚乃至更远的广大地区。其境内以天山为界，分为南北二部。汉初，西域共有三十六国，绝大多数分布在天山以南塔里木盆地南北边缘的绿洲上。汉武帝为了更有效地抵御北方匈奴的侵略，当他从一个匈奴降人口中得知西迁的大月氏有报复匈奴之意，便立即募使前往，去寻求与国。"上有好者，下必有甚焉者"。武帝的募召，竟得到了汉中人张骞的响应。当时，从汉到西域必经被匈奴人控制的河西地区，其前进的道路是极其艰难的。公元前138年，张骞率众百余人持汉节向西域进发，途中被匈奴俘获，拘留了十余年,逃脱后继续仗故节西行抵大月氏。那时大月氏在中亚阿姆河流域农耕定居,"志安乐,又自以远汉,殊无报胡之心"。尽管张骞未能完成结交与国的使命,但他终于在公元前126年,生还长安。这就更加激发了汉武帝的进取之心,此后遂开始了一系列广求西域通道的活动。其间虽然经历了一些失败,但自公元前121年,汉将霍去病大败匈奴收复河西之后,通往西域的道路,终告通畅了。(《秦汉历史文化论稿》)

又:汉武悖论现象透视

汉武悖论作为历史悖论的个案,具体指汉武帝一生功与过所呈现出的极其矛盾的现象。……

很显然,"雄才大略"这四个字,意味着汉武帝的非凡与功绩的巨大。这些巨大的功绩,似可归纳为如下几点:

1. 强化中央集权……
2. 确立儒家思想的正统地位……
3. 完善选官制度……
4. 兴办太学、郡国学……
5. 抗御匈奴,开边拓疆……
6. 兴修水利,发展生产……

汉武帝的功绩纵然很大,但其过失也确实不少。……

1. 征伐过度,危及社会……
2. 穷奢极欲,劳民伤财……
3. 信惑神怪,挥霍无度……

除上述三方面最为明显的过失之外,武帝的不少作为,在特定的历史条件下,确有其积极的作用,因此被归结为他的历史功绩;但就其长远影响而论,这种"功"每每也是"过"。例如强化中央集权,由武帝开其端,以后历代统治者在这方面逐渐加码,特别是宋、明两代则将这种政治推向极致,其结果造就了中国高度集权的政治传统,因而近代以来中国人民建立民主政治便显得特别费劲,所付出的代价也特别沉重。再如独尊儒术,固然十分符合当时汉帝国大一统的政治需要,对统一思想很有好处,但从此却窒息了自春秋战国以来的百家争鸣局面,使思想文化变得单一化。"学术的道路从此限定只有经学一条了","两千余年没有生气的学术思想就在这时行了奠基礼"。若从这样的视角去看汉武帝,他的的确确是一个莫大的罪人。

总之,当我们分析评述汉武帝的功过是非时,很容易看到,在他的身上存在着令人惊异的巨大矛盾:即大功与大过同在,或曰大功与大过集于一身。……

面对上述古今皆有的汉武悖论现象,人们不禁要问:产生这类悖论现象的原因何在?这里,至少有两点应该引起我们的重视:

其一，任何杰出人物总有其局限性，所谓"金无足赤，人无完人"，讲的便是这个道理。……

其二，任何事物都具有两面性，正如老子所言："祸兮福之所倚，福兮祸之所伏。"世人的许多举措在实施的当时，可能是正确的、进步的，但随着时间的推移，客观条件的变化，也会变成谬误与过失。（同上）

[英] 鲁惟一：汉武帝时期（前141—前87）标志着汉代历史的新转折。巩固工作让位于扩张和积极的主动行动；建设性的政策被采纳，以加强中国和解决它存在的问题。政治家们计划改进国内的施政和加强对其人民的控制；计划组织经济和增加国家的收入；计划消除入侵的威胁和改善中国在边远地区的利益。到公元前108年，汉朝的军队已经向外推进到最远的距离，新的移民冒险活动也正在组织之中；公元前105年的宗教仪式显示了汉皇室对号称取得的丰功伟绩的自豪感。

这些发展的取得并非没有遭到非难，也耗费了大量中国的资源。武帝末年的特点是执行紧缩的政策；汉朝的军队不再是百战百胜了。有迹象表明帝国国库已经空虚；法律和秩序遭到破坏；皇室本身的稳定也受到妒忌、倾轧和暴力的威胁。

公元前141年，当武帝之父死时他年16虚岁。九年前经过了宫廷阴谋和取消了景帝的第一个继承人人选后他被指定为太子。新皇注定要掌握中国的命运达54年之久，这是中华帝国史上统治时间最长的皇帝之一。许多学者认为他具有活力和主动进取的个人品质，并坚持这些是使他在位时取得种种成就的原因，但经过更缜密地考察，支持这种主张的证据远不是明确的。这几十年中所采取的大部分主动行动可以归因于他的顾问的建议，这些人中有的是外戚；但是汉武帝本人没有亲自参加指挥本朝著名的军事远征。我们从读到的材料中知道他主持宗教仪式，监督黄河堤坝修复工程的最后一些阶段，或检阅凯旋而归的队伍。此外，据说他寻求长生不老的方法或听从术士和方士的花言巧语。当后妃和外戚之间不和时（前91），60岁的皇帝显然不能用他性格的力量平息混乱。虽然没有办法说明他个人是否得人心或激发人民的忠诚，但与他的名字联系起来的政策很快遭到了尖锐的批评，理由是好大喜功和无端牺牲生灵。（《剑桥中国秦汉史》第二章）

孝武皇帝者①，孝景中子也②。母曰王太后③。孝景四年，以皇子为胶东王④。孝景七年，栗太子废为临江王⑤，以胶东王为太子⑥。孝景十六年崩，太子即位，为孝武皇帝⑦。孝武皇帝初即位，尤敬鬼神之祀⑧。

① 【汇校】

编者按：首句直呼"孝武皇帝者"，显然不符合《太史公自序》中关于《今上本纪》的说明，也不符合《史记》在当代史中一律称汉武帝为"上""今上""今天子"的惯例。再者，即使司马迁活到汉武帝以后，而《史记》叙事的下限却在汉武帝之当世（不管是太初、天汉还是征和），仍不宜用谥号；如若司马迁先于汉武帝而去，则更无法预知传主的谥号。所以说，此句乃至本段并非司马迁的原作是不言而喻的（依此类推，《史记》当代史中凡称"孝武""汉武""武帝"者，也应视为后人所改）。同样，除本段六十字外，本文以下八千多字与《封禅书》的后半部分完全重合，这种以书代纪的做法，无论何人所为，都成了研究《孝武本纪》的第一只拦路虎。

【汇注】

班　固：丁卯，帝崩于五柞宫，入殡于未央宫前殿。三月甲申，葬茂陵。（编者按：臣瓒曰："帝年十七即位，即位五十四年，寿七十一。""自崩至葬凡十八日。茂陵在长安西北八十里也。"）（《汉书·孝武纪第六》）

裴　骃：《汉书音义》曰："讳彻。"（《史记集解·孝武本纪》）

张守节：《谥法》云："克定祸乱曰武。"（《史记正义·孝武本纪》）

② 【汇注】

司马迁：太史公曰：汉兴，孝文施大德，天下怀安。至孝景，不复忧异姓，而晁错刻削诸侯，遂使七国俱起，合从而西乡，以诸侯太盛，而错为之不以渐也。及主父偃言之，而诸侯以弱，卒以安。安危之机，岂不以谋哉？（《史记·孝景本纪第十一》）

司马贞：案：《景十三王传》（编者按：此处十三王并不包括刘彻，固其继承了帝位，正传已升至本纪）广川王已上皆是武帝兄，自河间王德以至广川，凡有八人，则武帝第九也。（《史记索隐·孝武本纪》）

龚浩康：孝景（前188—前141），即景帝刘启，文帝之子，前157年至前141年在位。他继文帝之后，继续采取"与民休息"政策，轻徭薄赋，重农抑商，兴办水利，发展农业生产。又采纳晁错的意见，削夺诸侯封地，并平定了吴楚七国之乱，整顿吏治，使中央集权政体得以巩固。在位期间，社会经济呈现繁荣景象，政治安定，国内殷富，府库充实，出现了历史上有名的"文景之治"。（见王利器主编《史记注译》卷十二）

③ 【汇注】

司马迁：王太后，槐里人，母曰臧儿。臧儿者，故燕王臧荼孙也。臧儿嫁为槐里王仲妻，生男曰信，与两女。而仲死，臧儿更嫁长陵田氏，生男蚡、胜。臧儿长女嫁为金王孙妇，生一女矣，而臧儿卜筮之，曰两女皆当贵。因欲奇两女，乃夺金氏。金氏怒，不肯予决，乃内之太子宫。太子幸爱之，生三女一男。男方在身时，王美人梦

日入其怀。以告太子，太子曰："此贵征也。"未生而孝文帝崩，孝景帝即位，王夫人生男。（《史记·外戚世家第十九》）

鲁　迅：汉景皇帝王皇后内太子宫，得幸。有娠，梦日入其怀。帝又梦高祖谓己曰："王夫人生子，可名为彘。"及生男，因名焉。是为武帝。帝以乙酉年七月七日旦生于猗兰殿。（《古小说钩沉·汉武故事》）

④【汇注】

司马迁：初，上为太子时，娶长公主女为妃。立为帝，妃立为皇后，姓陈氏，无子。上之得为嗣，大长公主有力焉，以故陈皇后骄贵。闻卫子夫大幸，恚，几死者数矣。上愈怒。陈皇后挟妇人媚道，其事颇觉，于是废陈皇后，而立卫子夫为皇后。

陈皇后母大长公主，景帝姊也，数让武帝姊平阳公主曰："帝非我不得立，已而弃捐吾女，壹何不自喜而倍本乎！"平阳公主曰："用无子故废耳。"陈皇后求子，与医钱凡九千万，然竟无子。（《史记·外戚世家第十九》）

龚浩康：胶东，封国名，辖今山东半岛中部地区，都城在即墨（今山东省平度县东南）。（见王利器主编《史记注译》卷十二）

⑤【汇注】

司马迁：景帝长男荣，其母栗姬。栗姬，齐人也。立荣为太子。长公主嫖有女，欲予为妃。栗姬妒，而景帝诸美人皆因长公主见景帝，得贵幸，皆过栗姬。栗姬日怨怒，谢长公主，不许。长公主欲予王夫人，王夫人许之。长公主怒，而日谗栗姬短于景帝曰："栗姬与诸贵夫人幸姬会，常使侍者祝唾其背，挟邪媚道。"景帝以故望之。

景帝尝体不安，心不乐，属诸子为王者于栗姬，曰："百岁后，善视之。"栗姬怒，不肯应，言不逊。景帝恚，心嗛之而未发也。

长公主日誉王夫人男之美，景帝亦贤之，又有曩者所梦日符，计未有所定。王夫人知帝望栗姬，因怒未解，阴使人趣大臣立栗姬为皇后。大行奏事毕，曰："'子以母贵，母以子贵'，今太子母无号，宜立为皇后。"景帝怒曰："是而所宜言邪！"遂案诛大行，而废太子为临江王。栗姬愈恚恨，不得见，以忧死。卒立王夫人为皇后，其男为太子，封皇后兄信为盖侯。（《史记·外戚世家第十九》）

龚浩康：栗太子，即景帝之子刘荣，为栗姬所生，后因罪自杀。临江，封国名，辖今湖北省西南部地区，都城在江陵（今湖北省江陵县）。《汉书音义》注："本南郡，改为临江国。"（见王利器主编《史记注译》卷十二）

⑥【汇注】

鲁　迅：是时皇后无子，立栗姬子为太子。皇后既废，栗姬次应立；而长主伺其短，辄微白之。上尝与栗姬语，栗姬怒，弗肯应；又骂上老狗，上心衔之。长主日谮之，因誉王夫人男之美，上亦贤之，废太子为王，栗姬自杀，遂立王夫人为后，胶东王为皇太子，时年七岁。上曰："彘者彻也。"因改曰彻。

丞相周亚夫侍宴，时太子在侧；亚夫失意，有怨色，太子视之不辍，亚夫于是起。帝问曰："尔何故视此人邪？"对曰："此人可畏，必能作贼。"帝笑，因曰："此怏怏非少主臣也。"

廷尉上囚。防年继母陈杀父，因杀陈。依律，年杀母，大逆论。帝疑之，诏问太子。太子对曰："夫继母如母，明其不及母也，缘父之爱，故比之于母耳；今继母无状，手杀其父，则下手之日，母恩绝矣；宜与杀人者同，不宜大逆论。"帝从之，年弃市。议者称善。时太子年十四，帝益奇之。（《古小说钩沉·汉武故事》）

【汇评】

编者按：在此次太子争夺战中，刘荣、刘武等人都是失败者，唯独七岁的刘彻才是胜利者。原因何在？这首先是当时王朝权力斗争与汉景帝独断专行的结果，其次才是他的聪慧乖巧压倒了其他的王兄王弟。当然，他并非此次内乱的兴风作浪者，也未必清楚这张胜券的惨重代价，更不会想到半个世纪以后，同样的历史悲喜剧，会在他的导演下，以更加复杂、激烈、残酷的形式再度出现。

刘彻被确立为太子后，为了将来能够顺利接班掌权，汉景帝为其做了三方面的工作。一、从各方面进行培养教育。如先后召拜卫绾为太子太傅、王臧为太子少傅、汲黯为太子洗马、郑当时为太子舍人来完成这一重要任务。二、尽力扫除政治障碍。如故意设局剪除周亚夫等持不同政见者（见《汉书》卷四十）。三、引导其见习、参与朝廷日常活动，征询其对重要政务活动的意见等等。

⑦【汇注】

裴　骃：张晏曰："武帝以景帝元年生，七岁为太子，为太子十岁而景帝崩，时年十六矣。"（《史记集解·孝武本纪》）

⑧【汇评】

凌稚隆：王维桢曰："尤敬鬼神之祀"是篇中冒头。（《史记评林·封禅书》）

编者按：本段虽为后人所加，但也符合《史记》本纪的撰写体例。即首先概括地交待汉武帝的身分、世系、登上皇位之艰辛以及平生第三大之爱好与功业——"尤敬鬼神之祀"（前两大爱好与功业是文治和武功）。联系全文可知，"尤敬鬼神之祀"足以说明汉武帝是一个以追求个人长生久视为目的的泛神主义者和祭祀至上主义者。这让我们从另一侧面了解到汉武帝社会角色的多重性。但是，我们也大可不必一见"尤敬鬼神之祀"就简单地嘲笑汉武帝的愚昧和迷信；也不要一口咬定他的这些举动完全是为了个人的极尊极贵和长生不老。我们知道，自古以来，国之大事，唯祀与戎。汉武帝祭祀天地鬼神的根本目的与独尊儒术一样，首先是为了维护其封建统治。这是封建礼教的必然要求，其实质是将自己的内在愿望外化为一种宗教礼仪，借此以感化、笼络、震慑民心。所以说，事奉鬼神者，从意识形态上统治人民也。因此，在那时，祭祀鬼神不但是国家大事，也是我国鬼神文化发展的必然结果。

再联系《封禅书》全文还可以明白，此处的"鬼神"并非单指，实际上它是西汉时期宗教神话世界的代名词，其中包括了祖先神、人格神和自然神，从而体现出以司马迁为代表的广义鬼神观。

元年①，汉兴已六十馀岁矣②，天下乂安③，荐绅之属皆望天子封禅改正度也④。而上乡儒术⑤，招贤良⑥，赵绾、王臧等以文学为公卿⑦，欲议古立明堂城南⑧，以朝诸侯。草巡狩封禅改历服色事未就⑨。会窦太后治黄老言⑩，不好儒术，使人微得赵绾等奸利事⑪，召案绾、臧，绾、臧自杀⑫，诸所兴为者皆废⑬。

① 【汇注】
龚浩康：元年，汉武帝建元元年（前140）。（见王利器主编《史记注译》卷十二）

② 【汇注】
裴　骃：徐广曰："六十七年，岁在辛丑。"（《史记集解·孝武本纪》）
龚浩康：六十余岁，指从汉高祖刘邦公元前202年称帝，到这时已六十多年。（见王利器主编《史记注译》卷十二）

③ 【汇注】
张守节：乂音鱼废反。（《史记正义·孝武本纪》）
龚浩康：乂安，太平无事。（见王利器主编《史记注译》卷十二）

④ 【汇注】
司马贞：上音搢。搢，挺也。言挺笏于绅带之间，事出《礼·内则》。今作"荐"者，古字假借耳。《汉书》作"缙绅"，臣瓒云"缙，赤白色"，非也。（《史记索隐·孝武本纪》）
张守节：此泰山上筑土为坛以祭天，报天之功，故曰封。此泰山下小山上除地，报地之功，故曰禅。言禅者，神之也。《白虎通》云："或曰封者，金泥银绳，或曰石泥金绳，封之印玺也。"《五经通义》云："易姓而王，致太平，必封泰山，禅梁父，何？天命以为王，使理群生，告太平于天，报群神之功。"（《史记正义·封禅书第六》）

龚浩康：荐绅，同"搢绅"。"缙绅"，指将笏插在官服的大带与革带之间，是古代高级官吏的装束，后用作官宦的代称。封禅，帝王祭祀天地的典礼。秦始皇、汉武帝都曾登泰山封禅，此后的历代王朝也都以此作为国家大典。改正度，改换正朔（一年和一月的开始，即一年的正月初一）和服色等制度。古时改朝换代，新即位的帝王为了表示"应天承运"，改故用新，必须重新确定正朔等制度。（见王利器主编《史记注译》卷十二）

黄留珠：最早记载封禅的古籍要数《管子》，其中有《封禅》篇，可惜它已亡佚；不过《史记·封禅书》记有一段管仲论封禅的话，据学者研究，认为很可能抄自《管子·封禅》。从这段文字可知，管仲所记古代举行封禅之君共12人，其中绝大多数都在夏禹之前，而居禹以后的仅有两位，即商汤和周成王。大家知道，禹之前本系传说时代，有关那时到泰山封禅的说法，并不可信。再者，这段文字里秦汉时盛行的受命符瑞观念十分明显，所以不难推见，封禅之制的产生绝不可能去秦汉太远，商汤、周成王封禅的说法，应当为子虚乌有一类。总之，《封禅书》中管仲论封禅的一段话，只可看作传说，不能视为信史。（《秦汉历史文化论稿》）

顾颉刚：董仲舒是专精《春秋》的，他在文章里说：依照《春秋》的道理，新王必改制。为什么呢？就因新王是受命于天的，不是继承前王的。倘使一切照了前王的制度，那和继承前王的还有什么分别？受命的王原是上天所特别提拔的人，一个人奉事他的父亲尚且要先意承旨，何况是天。现在上天特别提拔了你，然而你竟没有把旧制度变更一点，显不出这提拔的好意，这是天的意思吗！所以迁都城、换称号、改正朔、易服色，都不为别的，只为顺着上天的意思，表示自己是新受天命的人罢了。这样说来，这种改制度的事并不为适合民众的需要，只是要使上帝喜欢。更老实讲，不过替皇帝装点，使得他的地位以神秘的渲染而更高超而已。（见《中国近代思想家文库·顾颉刚卷·汉代学术史略》）

【汇评】

浦起龙：初即位时，即用叠笔特提议举封禅，手有六辔。（《古文眉诠》卷二十）

程馀庆：数语总提下半篇，有吞云梦八九之势。（《历代名家评注史记集说·封禅书》）

黄历鸿：封禅，作为泰山人文景观特有的文化背景，奠定了泰山在诸多名山中的独尊地位。从较浅层的意义上看，封禅是古代天地崇拜与帝王宗教合而为一的一种祭祀典礼，它给泰山罩上了一层浓重而神圣的帝王之气，使有着深厚崇拜传统的国人油然而生敬畏之心；而若深究一步，我们则会发现，封禅作为一种特殊的历史现象，实际上更是我们民族传统文化和思维方式在演进中的一种浓缩和积淀，它上承远古以来的鬼神迷信，下接君权神授的天命观念，渗杂着求仙长生、祭祖祀宗、扬名立威、告天报地等种种祈求，从朴素幼稚的原始自然观逐步推进到政治领域，天神崇拜与帝王崇拜并为一体，将"天人感应"的思想发挥得淋漓尽致。从某种意义上说，封禅的历史，映出一部中国古代政治思想的演变史。其中最有价值之处，是它显出了古代帝王迷信对当时政治统治的重要影响。

以较为宽广的视野看待古代封禅，有如下几点应予留意：

一、封禅根本上是远古以来天地鬼神崇拜的产物。且不论传说中的七十二君封禅故事，仅就正史有载的秦、汉二朝封禅，其迷信成分可以说占据了主流。寻求天命转移、君权至上的神学依据，借封禅秘请神仙乞长生不死，是秦皇汉武热衷封禅的主要动机。虽愚昧之举可笑，但真诚之心不可疑。我们大致可以相信，早期的封禅是整个时代迷信盛行在帝王身上的集中体现，是祭祀古风的虔诚再现。

二、封禅的实质有一个演变过程。历史更迁、时世变幻，其根本原因在人事、政事而不在天意。这一点到了东汉光武帝时开始有所醒悟，其封禅已不似前朝那样神秘，且对封禅的政治目的有了明确的表述："治世之隆，必有封禅，以告成功"；到了唐代，神仙方术之类已多为世人视为荒诞，天地鬼神之祀也较前朝大为收敛，以唐玄宗的"道在观政"为标志，封禅的实质从天神崇拜转向了政治上的庆典，古来秘不外传的所谓"玉牒石检"，在高宗和玄宗的两次封禅中都公布于众。而最后一次正式封禅——宋真宗封禅干脆为政治目的而不惜伪天书假祥瑞，这种在秦汉之际是欺天违神的作孽之举，却在宋朝成为封禅的公开借口。封禅的神圣性大遭亵渎，所谓"易姓告代之大礼""告成功于天"，只剩了徒有其名的形式，其信仰的基础丧失后，封禅的史剧也就谢幕了。因此，由远推近，封禅走了一段从虔诚到不经意再至虚伪的道路。历史的发展不断打破旧迷信，又不断利用迷信。迷信一旦被利用，便表明它已失去了原本的意义而沦为工具了。明清以后封禅废止，它连工具的意义也不复存在了。

三、封禅所表现出的"天人感应"思想具有传统文化意义上的极大普遍性。"天人感应"作为中国传统思想中一个最基本的哲学命题，根深蒂固地深埋于民族心理之中，封禅的神学基础，正是建立在这个命题之上的。有史可查的封禅虽只有一千多年，但祭天祀地却并没有因封禅废止而中断，明清在京都设天坛地坛祭皇天后土，实质上是变相的封禅之延续。封禅作为过时的迷信被淘汰，从认识论的角度看，主要是由于它粗鄙的远古迷信方式和特定的祈祷目的得不到足够的证实而终遭怀疑，或者说，它把天神天命人格化、意志化而加以崇拜，在历史事实和人们的认识进步面前经不起认真的推敲诘问，最终陷入了难以自圆的窘境。宋朝兴起的理学，将秦汉形成的人格天神改造为更为抽象的"天理"，"天人感应"的观念在新的神学框架下得以延续发展。因此，封禅虽废止，而其神学基础却以变相方式依然存在了很长一段时间。封禅所体现的，不仅仅是某一特定历史阶段的帝王宗教思想，而且体现了更为深广的"天人感应"

这一传统观念。(《泰山封禅》)

编者按：真正的封禅是由特定的人（天子）在特定的时期（盛世）和特定的地点（泰山）所举行的祭祀天地的神圣活动。为何"荐神之属皆望天子封禅"呢？按照《封禅书》的记载，封禅成行的三大条件是帝德、天意和民心，缺一不可。唯其如此，才符合"天人感应"的哲学观念与"上下相孚"的治世准则。它既是中华民族最古老的宗教形式之一，也是一个国家最盛大的政治礼仪之一。这一活动植根于我国最古老的原始崇拜和卜筮，天地为万物的主宰神和人类的命运神，也是一切神灵的最高统治者。尤其是天神，其地位更是至高无上。这样，古代的统治者便以天子自居，宣扬"君权神授"的天命观，以巩固其统治。他们为了支配、利用天神地祇，首先要想方设法接近、通达天神地祇。而祭祀则是接近、通达天神地祇的惟一手段。那么，为何要在泰山上祭祀呢？因为在齐鲁文化中，泰山自古就有"天齐""岱宗"之美称，相传是中华河山的镇山，离天最近，登上它封禅，当然可以与天相通了。由于人们崇拜泰山，也将泰山和黄河一样，看作是中华民族大一统的象征，所以，在太平盛世，即天下昌盛统一、民族团结和睦的时候，由天子登临封禅，一则是为了报答天神地祇的恩德，以求再获保佑；二则是为了宣示自己的文治武功，以博得万民拥戴；而更重要的则是为了将神权牢牢掌握在自己的手里，以借其威号令天下。所以说，封禅也是国家最重要的政治活动之一。至于后来一些帝王将相还企图借用封禅登上仙位，以求长生不老，则不过是封禅活动向更加消极的方面发展后在他们身上派生出来的痴心妄想罢了。宽容一点讲，追求长生不老也可以算作他们的愿望和权力，但是，绝不可假借封禅以行之，更不可因此而糜费国帑，劳民扰众，尤其不可鬼迷心窍，一错再错。

⑤【汇注】

龚浩康：上，指君主。乡，通"向"，倾向，引申为崇尚。儒术，儒家的学术，指以孔丘为宗师的学派，是"九流"之一。(见王利器主编《史记注译》卷十二)

张家英："儒"是春秋时代熟悉诗、书、礼、乐为贵族服务的人，本有"术士之称"(《说文·人部》)。"儒"又是孔子创立的一种学术流派。《汉书·艺文志》说："儒家者流，盖出于司徒之官，助人君顺阴阳、明教化者也。游文于六经之中，留意于仁义之际，祖述尧舜，宪章文武，宗师仲尼，以重其言，于道最为高。"而"儒术"则是儒家倡导的原则、学说和思想。

《高祖本纪·赞》："周秦之间，可谓文敝矣。秦政不改，反酷刑法，岂不缪乎？故汉兴，承敝易变，使人不倦。"《吕太后本纪·赞》："孝惠皇帝、高后之时，黎明得离战国之苦，君臣俱欲休息乎无为……刑罚罕用，罪人是希。民务稼穑，衣食滋殖。"汉初统治者依据道家学说，与民休养生息，原本合乎时宜；但经过六十多年的调整，天下晏然，应该有所改变了。武帝"乡（向）儒术"就是想有所改变的。可是"窦太后治黄老言，不好儒术"，使"诸所兴为者皆废"，使武帝"习文法吏事，而又缘饰以儒术"的策略在执行上受到阻碍。直到"后六年，窦太后崩"后，武帝"乡儒术"的愿望才得以实现，汉代的统治策略才得以改变。(《〈史记〉十二本纪疑诂·孝武本纪》)

【汇评】

司马迁：至今上即位，博开艺能之路，悉延百端之学，通一伎之士咸得自效，绝伦超奇者为右，无所阿私，数年之间，太卜大集。(《史记·龟策列传第六十八》)

夏之蓉：武帝即位之初，首策贤良方正，董江都以一代大儒为之举首，兴治之机，庶几可望。乃数年后，惑方士之说，役志神仙；又穷兵黩武，征伐之举，纷纷交作。于是，因用兵而兴徭役，因徭役以致空虚，因空虚而卖爵，因卖爵而吏道杂，因吏道杂而法网严密。太史公《平准书》中，叙次甚明，其不为秦者幸尔。(《读史提要录》卷一)

吕思勉：儒术之兴，乃事势所必至，汉武特适逢其会耳。……秦博士多儒生，则所谓文学者，其学术亦可知矣。然则始皇非不欲用儒也，未及用而诽谤之事遽起，案问御史既希旨，诸生又传相干引，遂至所坑者几五百人耳。然原其初意，固与汉武无以异也。……高、惠之世，本无意于更化者也；文、景则有意焉，而为武力功臣所阻者也。于斯时也，必此等阻挠之人尽去，而又得一好大喜功之主，举前世谦让未遑者，悉不让而为之，而后更化之事可成，武帝则其人也。武帝之世，则其时也。其能就前人所未就之业，宜哉。然其事，则固始皇以来之所共愿也，未之逮耳。……

汉武帝可谓隆儒之主与？曰不可。其初即位时事，乃卫绾、窦婴、田蚡等所为，非其所自为也；其后为五经博士，置弟子，议出公孙弘；此固由武帝能用弘，从其言；然终武帝之世，儒生见任用者，亦惟弘一人而已。……改正朔，易服色，迟至太初元年，武帝在位既三十七年矣，苟有崇儒之心，何待是？盖其封泰山，意在求神仙；其改正朔，亦惑于公孙卿迎日推策之说耳。(《吕思勉读史札记》乙帙《汉儒术盛衰》上)

又：中国自汉以后，儒术盛行，其事实始于武帝，此人人能言之。然武帝非真知儒术之人也。武帝之侈宫室，乐巡游，事四夷，无一不与儒家之道相背。其封禅及起明堂，则惑于神仙家言耳，非行儒家之学也。然儒术卒以武帝之提倡而盛行，何哉？则所谓风气既成，受其鼓动而不自知也。(《秦汉史》第五章)

顾颉刚：秦始皇的统一思想是不要人民读书，他的手段是刑罚的裁制；汉武帝的统一思想是要人民只读一种书，他的手段是利禄的诱引。结果，始皇失败了，武帝成功了。(《秦汉的方士与儒生》)

李全华：现代通行的历史教科书都说，"汉武帝罢黜百家，独尊儒术"，是这样的吗？不是，是误会。汉武帝尊儒，但并没有"罢黜百家，独尊儒术"。"尊"与"独尊"是性质不同的事。

《汉书·武帝纪·赞》说："孝武初立，卓然罢黜百家，表章六经。"这是汉武帝"罢黜百家，独尊儒术"的出处。……汉武帝"表章六经"是事实，"表章六经"是"尊儒术"，"尊儒术"不等于"独尊儒术"。……汉武帝"卓然罢黜百家"，则是班固杜撰。……

相反，武帝亲信大臣，备受尊敬的有治黄老之术的汲黯、郑当时。……汉武帝用人不拘一格，不问出身。卫青、霍去病出身"人奴产子"（奴隶），而为大司马大将军、大司马骠骑将军；而丞相李蔡、公孙贺出身骑士。其他丞相、御史大夫，非功臣列侯即醇谨老臣，哪有"罢黜百家，独尊儒术"之事！……

"汉家自有制度"，所谓"制度"，即"霸王道杂之"，即儒法兼用制度。武、昭、宣三代皆"霸王道杂之"；高、惠、文、景四代则专用黄老刑名之术治国。（《史记疑案》）

王子今：汉武帝在位五十四年间，确实是文化建设取得非凡成就的时代。班固说，汉武帝时代在文化方面提供了伟大的历史贡献，重要原因之一，是汉武帝能够"畴咨海内，举其俊茂，与之立功"，就是以宽怀之心，广聚人才，给予他们文化表演的宽阔舞台，鼓励他们充分发挥自己的文化才干。班固在《汉书·公孙弘卜式兒宽传》后的赞语中，列数了当时许多身份低下者受到识拔，终于立功立言的实例，指出正是由于汉武帝的独异的文化眼光和非凡的文化魄力，使得这些人才不致埋没，于是"群士慕向，异人并出"，形成了历史上引人注目的群星璀璨的文化景观。如班固所说，当时，"儒雅"之士，"笃行"之士，"质直"之士，"推贤"之士，"定令"之士，"文章"之士，"滑稽"之士，"应对"之士，"历数"之士，"协律"之士，"运筹"之士，"奉使"成功之士，"将率"果毅之士，"受遗"而安定社稷之士等，不可胜纪。班固所谓"汉之得人，于兹为盛"的总结，是符合当时人才队伍最为雄壮的历史事实的。也正是因为有这样一些开明干练的"群士""异人"，国家才能够焕发精神，多所创建，这一历史时期于是"兴造功业，制度遗文，后世莫及"，在多方面完成了空前绝后的历史创造。（《汉武英雄时代》）

又：我们回顾历史可以看到，正是在汉武帝时代，随着中国以大一统为基本形式的高度集权的专制主义政治体制得以定型，以汉民族为主体的文化共同体也得以基本形成。作为重要的历史标志，以儒学作为思想定式的制度也开始出现。（同上）

逯耀东：这是封禅见于武帝时之始。而封禅与巡狩、改历、易服色同时出现，是武帝政治改革中的重要环节。这次提出的政治改革，由于窦太后"治黄老言、不好儒术"的阻碍而失败，王臧、赵绾成为这次政治斗争中的牺牲者。王臧、赵绾见用于武帝，由田蚡举荐，案《史记·魏其武安侯列传》："魏其、武安俱好儒术，推毂赵绾为

御史大夫，王臧为郎中令。"(《抑郁与超越：司马迁与汉武帝时代》)

何　新：为了抑制诸侯在中央的政治影响力，刘彻命令当时驻在京城的列侯回到自己的封地，同时命令各地包括各封国、诸侯领地开放城门，不得私设关卡限制往来出入。这是打破地方割据的重要举措。还下令对贵族子弟横行不法者实施惩戒，削除其贵族属籍。这些措施引起了列侯、宗室贵族们的强烈不满，"毁新政日甚"，都集聚到太皇太后窦氏周围告状诋毁。于是太皇太后要刘彻废弃儒学而采行黄老之道，恢复文景时代的"无为之治"。……

轰轰烈烈的建元新政不到一年即告失败。当时在列王贵族及诸窦宗室中无疑发生了欲废黜皇帝的暗流，所以才出现了田蚡与刘安密议的一幕。这一点还可以从以下一则史事中得到旁证。据《资治通鉴》记载：当初武帝被立为太子，靠的是其姑母长公主刘嫖，条件是刘彻娶长公主独女陈阿娇为妻。刘彻即位后，陈阿娇成为皇后。长公主自恃拥立皇帝有功，向刘彻请求利益无厌。武帝深患之。而陈皇后骄悍，于是刘彻疏远阿娇。而刘彻的母亲王太后立即警告他说：你新即皇位，大臣未服。先为改制，太皇太后已怒。现"又忤怒长公主，必重得罪，宜深慎之！"所谓"大臣未服"，即指公卿权贵中反对刘彻的暗流。所谓"必重得罪"，就是皇帝要当不成了。刘彻是极其聪明之人，马上转而"恩礼"长公主、陈皇后。从建元二年至建元六年间，他四处游荡射猎，不再过问大政方针，"无为而治"。由于长公主的保护与刘彻的韬光养晦，才使他的帝位得以保全。

建元六年窦氏死后，刘彻的帝权得到恢复。他再度改元，将年号命名为"元光元年"。所谓"元光"，这一年号显然是具有象征意义的。此后数十年间，刘彻每隔六年即更改一次年号，表明建元六年之间的失败记忆对他留下的印象是多么深刻！(《雄·汉武帝评传及年谱》)

编者按：汉武帝崇尚儒术，重用董仲舒之事见《汉书·董仲舒传》："自武帝初立，魏其、武安侯为相而隆儒矣。及仲舒对册，推明孔氏，抑黜百家，立学校之官，州郡举茂材孝廉，皆自仲舒发之。"汉武帝最赞赏董仲舒的如下言论："《春秋》大一统者，天地之常经，古今之通谊也。今师异道，人异论，百家殊方，指意不同。是以上亡以持一统，法制数变，下不知所守。臣愚以为诸不在六艺之科、孔子之术者，皆绝其道，勿使并进。邪辟之说灭息，然后统纪可一，而法度可明，民知所从矣。"(《举贤良对策》之三)所谓"罢黜百家，独尊儒术"，一本于此。

汉武帝的崇尚儒术，以至于采纳董仲舒"罢黜百家，独尊儒术"的建议，是有一定的历史必然性的。众所周知，汉兴六十余年来基本上是以黄老之术作为统治思想的，这固然有"与民休息"，发展经济的功绩，但也明显地助长了诸侯分裂的倾向，并且逐渐地对中央集权构成了威胁。刚刚登基的汉武帝，为救此燃眉之急，必须重新选择治国之术,既不能再沿用黄老之术,也不能重蹈秦始皇焚书坑儒之覆辙。而儒家学说,经过六十余年的发展,到汉武帝时,已形成一个重要的政治思想派别,在社会上有一定的势力,也急需在统治阶级内部选择自己的代理人。更重要的是,他们所主张的"天子至尊"的大一统观念、有所作为的精神境界,以及天人感应、三纲五常的种种说教,其本身即具有巩固封建政权、禁锢人民思想的特殊功能,投合了汉武帝的勃勃雄心。因此,儒术便成了汉武帝的治国思想,儒士便成了汉武帝的得力助手。但是,事实表明,汉武帝的"罢黜百家,独尊儒术"并不是完全彻底的。他只不过是以思想文化上的独尊儒术为外衣,来掩饰他政治上的严刑峻法之实质,从而达到巩固封建政权,同时满足一己私欲的终极目的。因此,汲黯称其为"内多欲而外施仁义",即外儒内法,不是没有道理的。其实,历代统治者的思想言行、方针政策,大都是以他和他所代表的阶级、集团的利益为转移的,或者说,他们大都是实用主义者,真心按照客观规律办事的人少之又少。因此,汉武帝对中国传统思想文化中的各种流派,也是各取所需、为己所用的。所谓"罢黜百家,独尊儒术",实际上只能是崇尚儒术,兼崇百家。司马迁在《史记·龟策列传》中说:"至今上即位,博开艺能之路,悉延百端之学,通一伎之士咸得自效",后来的汉宣帝在训示太子时所总结的"汉家自有制度,本以霸王道杂之,奈何纯任德教"(《汉书》卷九《元帝纪第九》),正好都说明了这一点。汉武帝后来的大肆访真求仙、寻找长生不老之术,可见他又堕入了黄老神仙之道。这从侧面证明了汉武帝所崇尚的儒术,也并非孔孟学说的真谛,而是在新的历史条件下,从自己的政治需要出发,对儒术的一种重构。正如任继愈在《中国哲学史》中所说的那样,是对儒家学说的宗教化和神学化。从此以后,儒学进入一个蓬勃发展的历史时期,儒家思想开始成为我国封建社会长期信守的统治思想,即后世所谓的儒学开始经学化和正统化。但是,"独尊"的局面似乎从来没有出现过。

⑥【汇注】

龚浩康:贤良,又称"贤良方正""贤良文学",汉代选拔统治人才的科目之一。汉文帝为了询访政治得失,始诏"举贤良方正能直言极谏者",中选者则授予官职。(见王利器主编《史记注译》卷十二)

张家英:贤良,本指有德行才能或是有德行才能的人,汉代成为选拔统治人才的一个重要科目。由皇帝提出要求,让各郡国推举文学之士充任。经皇帝考查后,对其优异者授予官职。《孝文本纪》:"令至,其悉思朕之过失及知见思之所不及,匄以告朕。及举贤良方正能直言极谏者,以匡朕之不逮。"《平准书》:"当是之时,招尊方正贤良文学之士,或至公卿大夫。"《平津侯主父列传》:"建元元年,天子初即位,招贤良文学之士。是时弘年六十,征以贤良为博士。"

如上所引,文帝时即要求举"贤良方正",被推举者要求"能直言极谏",陈述政治上的得失。武帝时又要求举"贤良"或"贤良文学"或"方正贤良文学"。这些名称虽有差异,性质却是相同的。《汉书·武帝纪》:元光元年五月,诏贤良曰:"贤良明于古今王事之体,受策察问,咸以书对,著之于篇,朕亲览焉。"被推举为"贤良"的人,要求写出"贤良文学对策",提交皇帝审览。《汉书》中即留下了晁错、董仲舒、公孙弘等人"举贤良文学对策"时所作的文字。

被征为"贤良"的人,有的颇为突出。如辕固生,"孝景时为博士","景帝以固为廉直,拜为清河王太傅"。武帝即位,"时固已九十余矣","复以贤良征固"。又如公孙弘,"建元元年……是时弘年六十,征以贤良为博士"。"元朔三年……以弘为御史大夫"。"元狩二年,弘病,竟以丞相终"。他位极人臣,被称为"举首"。(《〈史记〉十二本纪疑诂·孝武本纪》)

编者按:《汉书·武帝纪》:"建元元年冬十月,诏丞相、御史、列侯、中二千石、二千石、诸侯相举贤良方正直言极谏之士。丞相绾奏:'所举贤良,或治申、商、韩非、苏秦、张仪之言,乱国政,请皆罢。'奏可。"这大约是"罢黜百家,独尊儒术"的滥觞。这次御前会议在西汉历史上具有划时代的意义。首先,名为举贤良对策,实为海选人才,辅佐朝廷及王国,并由此形成了汉朝的察举制度。其次,所谓举贤良对策,实为第一次科举殿试,有开科举先河之功。再次,所谓对策,就是总结历史经验,探讨古今治国之道,为汉武帝制定大政方针出谋划策。这也是秉承先帝的遗志,问政于贤良文学之士。最后,这也是西汉历史上的第一次学术讨论会。通过"百家争鸣",初步确立了儒学在政治思想上的统治地位。这样的盛会,于元光元年(前134)五月、元光五年(前130)八月还举行过两次。

【汇评】

顾颉刚:建元元年(前140)冬十月,汉武帝诏丞相、御史、列侯等官各举贤良方正直言极谏之士,这是科举制的开头。举来了一百多人,天子把他们问了再问。策问的结果,以董仲舒为最优,这就是很有名的"天人三策"。他的第三策的末尾说:孔子作《春秋》,最看重一统。现在百家异说,各人有各人的主义,使得国家没法立出一定的法制,百姓也不知道走哪一条路好。据我的意见,以为凡不在《六经》里的,以及和孔子的道理不合的,都可以截住它前进的道路。等到邪说息了,然后政治可以划一,法制可以明定,人民也得到了正确的路了。武帝正心醉着儒家,他的话很中听。丞相卫绾奏说所举的贤良们,有的治商鞅、韩非的刑名之言,有的习苏秦、张仪的纵横之言,足以惑乱国政,请都黜退,于是这一次的选举就只剩下了儒家。五年(前136),他又置五经博士,提倡儒学的色彩愈加鲜明。人民为谋自己的出身计,大家涌进了这条路。儒家所提倡的大典,如巡狩、封禅、郊祀、改制等事,武帝莫不一一举行。自从他定了郊祀天地之礼,又集合了一个歌曲的班子,唤做"乐府",用李延年为协律都尉，命司马相如等数十人造作诗赋。每年正月第一个辛日，他在甘泉祭上帝时，童男女七十人一齐歌唱，从黄昏直唱到天亮。儒家鼓吹了几百年的礼乐，到他的手里而一齐实现。

但劝汉武帝罢黜百家的董仲舒，他真是孔子的信徒吗？听了董仲舒的话尊崇儒家的汉武帝，他真行孔子之道吗？这不劳我细说，只消把董仲舒所作的《春秋繁露》和记武帝事实最详细的《史记·封禅书》去比较《论语》，就会知道。（见《中国近代思想家文库·顾颉刚卷·汉代学术史略》）

⑦【汇注】

龚浩康：赵绾，代（今河北省蔚县东北）人，当时任御史大夫。王臧，兰陵（今山东省枣庄市东南）人，当时任郎中令。赵绾任御史大夫，是"三公"之一；王臧任郎中令，是"九卿"之一，所以合称"公卿"。（见王利器主编《史记注译》卷十二）

张家英："文学"在古代是一个多义语词。它最先的含义是"文章博学"，是孔门设立的四个科目之一，如《论语·先进》的"文学：子游、子夏"，如《仲尼弟子列传》的"孔子以为子游习于文学"。因为"文学"是孔门有名的四科之一，所以"文学"又可以成为儒学的代称。《李斯列传》："臣请诸有文学《诗》《书》百家语者，蠲除去之。""文学"还可以作为"学问"或"学术"的代名词，如《绛侯周勃世家》说："勃不好文学，每召诸生说士，东乡坐而责之：'趣（促）为我语！'"《魏其武安侯列传》说："（灌）夫不喜文学，好任侠，已然诺。"甚至可以特指有关狱讼的文书与文件而言。如《蒙恬列传》说："恬尝书狱典文学。"《索隐》云："谓恬尝学狱法，遂作狱官，典文学。"其中的"典"是"主持、掌管"一类的意思。

《史记》中使用"文学"一词约三十次，其中的多数系指"才学"包括"文才"而言。……

"文学"还可以成为官名，例如郡中可以有"文学卒史""文学掌故"；《汉官》中更载中央的卫尉、太仆、廷尉、大行、大鸿胪、大司农、执金吾等官员属下，设有"文学"多人，其秩百石。（《〈史记〉十二本纪疑诂·孝武本纪》）

逯耀东：汉武帝登基后的连串改革，因窦太后阻挠而失败。由田蚡举荐的王臧、赵绾，成为政争中的牺牲者。田蚡虽好儒术，却更喜黄老鬼神之事。而他所喜的黄老，又与窦太后所喜的有别，前者"迂诞依托"，多出汉武帝时方士之手；后者起于六国时，与老子近似。窦太后反对改革，既是为了保有其政治特权，也可能是恐田蚡假儒家之名，将年轻的汉武帝引入行鬼神之事的歧途。当窦太后死后，田蚡为丞相，先前窦太后反对的种种措施，纷纷恢复。汉武帝颁贤良诏、幸雍、祠五畤，并订定元年祭天、二年祭地、三年祭五畤的祠祀制度，同时在上林置神君。后来，田蚡因过于嚣张而见斥，但汉武帝好鬼神之祠，亦已积习难返。（《抑郁与超越：司马迁与汉武帝时代》导言）

【汇评】
凌稚隆：案：公卿用文学之士，自武帝始。（《史记评林·封禅书》）

⑧【汇注】
司马贞：城南，长安城南门外也。案：《关中记》云明堂在长安城门外，杜门之西也。（《史记索隐·孝武本纪》）

顾颉刚：再有一种明堂说，说天子应当住在一所特别的屋子里，这屋子的总名叫做明堂，东南西北各有一个正厅，又各有两个厢房。天子每一个月应当换住一地方，穿这一个月应穿的衣，吃这一个月应吃的饭，听这一个月应听的音乐，祭这一个月应祭的神祇，办理这一个月应行的时政；满十二个月转完这一道圈子。这大院子的中间又有一个厅，是天子孙季夏之月里去住的；另有一说是每一季里抽出十八天（所谓"土王用事"）去住的。这把方向的"东、南、中、西、北"和时令的"春、夏、□、秋、冬"相配，使天子按着"木、火、土、金、水"的运行去做"天人相应"的工作，真是五行思想的最具体的表现。记载这个制度的，叫做《十二纪》（《吕氏春秋》），又叫做《时则》（《淮南子》），又叫做《月令》（《礼记》）。

自汉兴到汉武帝之世已六十余年（前206—前140），鲁两生所说的"积德百年"的话已差不多了。汉武帝是一个好大喜功的人，他过不惯道家的淡泊生活，觉得儒家讲得"天花乱坠"的各种制度很有趣，所以他一即位就用赵绾、王臧等儒者为公卿。他们做了公卿，第一件事就是准备在城南造一个明堂，为皇帝朝见诸侯之用。这制度还保存于《礼记》。书上说：明堂是明诸侯的尊卑之堂，在这堂里，天子背着屏风，南向而立。三公站在中阶之前，北向；诸侯站在阼阶之东，西向；诸伯站在西阶之西，东向；诸子站在正门的东隅，诸男站在正门的西隅，都北向。九夷在东门外，西向；八蛮在南门外，北向；六戎在西门外，东向；五狄在北门外，南向；九州之牧在二重门外，北向。这样的"万国衣冠拜冕旒"，天子的尊严哪里想像得尽；再看叔孙通的朝会之礼，仅列文武百官的次序的，就觉其规模的狭小了。（见《中国近代思想家文库·顾颉刚卷·汉代学术史略》）

龚浩康：明堂，古代帝王宣明政教的地方，凡朝会、祭祀、庆赏、选士、养老、教学等大典，都在此举行。后来宫室渐备时，另在近郊东南面建明堂，以存古制。（见王利器主编《史记注译》卷十二）

⑨【汇注】
龚浩康："草巡狩"句：草拟的巡狩、封禅和改换历法、服色等计划没有实现。巡狩，指皇帝出巡，视察诸侯所守的封地，一般每五年一次。（见王利器主编《史记注译》卷十二）

【汇评】

程馀庆：此武帝言封禅之始。（《历代名家评注史记集说·封禅书》）

⑩【汇注】

龚浩康：窦太后，文帝的皇后，景帝即位后，尊她为皇太后，是武帝的祖母。黄老，即黄老学派，是战国和汉初的道家学派，以传说中的黄帝同老子相配，并同尊为道家学派的创始人。西汉初期，统治者采取"与民休息"恢复生产的政策，崇尚黄老"清静无为"的治术。（见王利器主编《史记注译》卷十二）

⑪【汇注】

裴　骃：徐广曰："纤微伺察之。"（《史记集解·孝武本纪》）

龚浩康：微，暗中察访。奸利事，指以非法手段牟取私利，如贪污受贿等情事。（见王利器主编《史记注译》卷十二）

张大可：御史大夫赵绾与郎中令王臧支持汉武帝向窦太后夺权，奏请武帝亲政，毋奏事东宫，窦太后借口赵、王贪赃枉法，下狱迫其自杀，阻止了汉武帝夺权。（《史记全本新注》卷二十八《封禅书第六》）

【汇评】

梁玉绳：案：奸利二字，《史》之曲笔也。（《史记志疑·封禅书第六》）

编者按："微得"，《史记·封禅书》作"微伺得"，意思更加明确。

⑫【汇注】

张守节：《汉书》孝武帝二年，御史大夫赵绾坐请无奏事太皇太后，及郎中令王臧皆下狱，自杀。应劭云："王臧，儒者，欲立明堂、辟雍，太后素好黄老术，非薄《五经》，因故绝奏事太后，太后怒，故令杀。"（《史记正义·孝武本纪》）

龚浩康：召案，传讯审查定罪。案，通"按"，考问。（见王利器主编《史记注译》卷十二）

【汇评】

程馀庆：《汉书》：武帝二年，御史大夫赵绾坐请无奏事太皇太后，及郎中令王臧皆下狱，自杀。按：如《汉书》所言，尊天子之义也，不为奸利，盖有司承太后皆坐之耳。（《历代名家评注史记集说·封禅书》）

⑬【汇评】

程馀庆：汉武事一，且顿住。（《历代名家评注史记集说·封禅书》）

编者按：此段言汉武帝实行新政，初试锋芒即遭失败。这不能完全归罪于后党的专制与顽固，也怪汉武帝太过年轻，治世经验不足。再加上用人不当，又不能妥善处理各种政治关系，特别是同后党的关系，仅凭单纯的爱好和一时的热忱行事，还想马到成功，这样，只能以失败而告终。后来，在其母王夫人等辈的劝诱下，才有所觉悟和妥协，总算坐稳了江山。同样，此次失败也不能完全归罪于黄老学说。黄老与儒家、刑名等学派的发展变化，本来就是一个相互为用、相得益彰的自然选择过程，如果人为地宣布"独尊儒术"，必然招致其他学派的反对和攻击，而儒家在当时正处于弱势地位，怎能不败？后来，汉武帝的新政终于得到实现，儒家的思想终于爬上统治地位，也不能将功劳完全记在汉武帝的账上，而只能说是历史发展的必然趋势，汉武帝不过是顺势而为罢了。

同年，汉武帝还先后颁布了《复高年子孙诏》《修山川之祠诏》和《省卫士苑马赐贫农诏》，大有弘扬孝悌之德、保护自然环境和精兵简政之高情雅意。

> 后六年①，窦太后崩。其明年②，上征文学之士公孙弘等③。

① 【汇注】

程馀庆：元光元年。（《历代名家评注史记集说·封禅书》）

龚浩康：后六年，指建元六年，即公元前 135 年。（见王利器主编《史记注译》卷十二）

② 【汇注】

张大可：其明年，元光元年，公元前 134 年。（《史记全本新注》卷二十八《封禅书第六》）

③ 【汇注】

班　固：（编者按：元光元年）五月，诏贤良曰："朕闻昔在唐虞，画象而民不犯，日月所烛，莫不率俾。周之成康，刑错不用，德及鸟兽，教通四海。海外肃眘，北发渠搜，氐羌徕服。星辰不勃，日月不蚀，山陵不崩，川谷不塞；麟凤在郊薮，河洛出图书。呜乎，何施而臻此与！今朕获奉宗庙，夙兴以求，夜寐以思，若涉渊水，未知所济。猗与伟与！何行而可以章先帝之洪业休德，上参尧舜，下配三王！朕之不敏，不能远德，此子大夫之所睹闻也。贤良明于古今王事之体，受策察问，咸以书对，著之于篇，朕亲览焉。"于是董仲舒、公孙弘等出焉。（《汉书·武帝纪第六》）

龚浩康：公孙弘（前 200—前 121），菑川薛（今山东省寿光县南）人。狱吏出身，学《春秋》杂说，武帝初征为博士。以熟习文法吏治，先后任御史大夫、丞相，封平津侯。曾建议设五经博士，置弟子员。（见王利器主编《史记注译》卷十二）

编者按：在参与建元、元光的政治改革中，董仲舒、公孙弘是两个标志性的贤良文学之士。前者因在第一次会议（这是司马光的观点，司马迁、班固或认为在第二次）

上发表《天人三策》而震动朝野，汉武帝对其一方面十分赏识，一方面又十分警惕和不满，因此，只采用其言而不重用其人。后者却因具体落实董仲舒的主张而取得汉武帝的信任。正如《史记·儒林列传》所言："公孙弘以《春秋》白衣为天子三公，封以平津侯。天下之学士靡然乡风矣。"他的博士入官之奏议经汉武帝批准实行后，"自此以来，则公卿大夫士吏斌斌多文学之士矣。"但是，二人在性格、德操上互不相同，因此，前者看不起后者，后者又极力排斥前者，从而在尊儒史上留下许多悖论。

【汇评】

夏之蓉：公孙弘开东阁，为时所称。然一董仲舒尚排挤之，何贤之能得？按：弘东阁招贤，有曰钦贤馆，以待大贤；曰翘材馆，以待大材；曰接士馆，以待国士。考汉时人材，未闻有出门下者，馆亦虚设耳，与废为马厩，何以异哉？（《读史提要录》卷一）

程馀庆：汉武事二。上已提明本旨，却又序乡儒术、招贤良、征文学等事，不肯遽入渎神求仙，笔法委蛇不迫。（《历代名家评注史记集说·封禅书》）

王国维：武帝始罢黜百家，专立五经，而博士之员大减。《汉书·武帝纪》："建元五年春，置五经博士。"（《百官公卿表·序》同）赵岐《孟子题辞》："后罢传记博士，独立五经而已。"

案：文、景时已有《诗》《书》《春秋》博士，则武帝所新置者，《易》与《礼》而已。《易》之有博士，始于田王孙，在武帝时。《礼》之有博士，可考者始于后苍，在昭、宣二帝之世，而苍又兼传《齐诗》，不知为《齐诗》博士与？《礼》博士与？疑武帝时，《礼》博士或阙而未补，或以他经博士兼之，未能详也。

又案：传记博士之罢，钱氏大昕以为即在置五经博士时，其说盖信。然《论语》《孝经》《孟子》《尔雅》虽同时并罢，其罢之之意则不同。《孟子》，以其为诸子而罢之也。至《论语》《孝经》，则以受经与不受经者皆诵习之，不宜限于博士而罢之者也。刘向父子作《七略》，六艺一百三家，于《易》《书》《诗》《礼》《乐》《春秋》之后，附以《论语》《孝经》《尔雅》，附小学三目。六艺与此三者，皆汉时学校诵习之书。以后世之制明之，小学诸书者，汉小学之科目；《论语》《孝经》者，汉中学之科目；而六艺则大学之科目也。武帝罢传记博士，专立五经，乃除中学科目于大学之中，非遂废中小学也。（见《中国近代思想家文库·王国维卷·汉魏博士考》）

罗义俊：董仲舒的建议，是要将博士制度与太学制度结合起来，进而确立以经术造士的教育制度。……以经师为博士的太学制度的建立，使博士的性质和构成同秦与汉初相比，发生了很大变化。首先，一定程度上说，使博士官从太常那里取得了分离，也就是恢复了战国时的独立性，并从宗教气氛中解放出来，学术性质大大增加。其次，博士取得了"掌教弟子"的职能，也就由掌通古今的侍从顾问学官而演变为主掌教

"五经"的国家学术教育机关的官员,成为"天下宗师"。最后,置五经博士实际上是把尊儒术制度化。置五经博士的反面就是凡治经外之学的一概丧失担任学官的资格,事实上原来博士官中治诸子传记学的全都被罢免。从此,西汉的博士一职由经学家独占,博士构成单一化了。这也就是习惯上称为"独尊儒术,罢黜百家"的真实结果和实际意义,所谓罢黜百家实指从学官中罢退。(《汉武帝评传》)

> 明年①,上初至雍②,郊见五畤③。后常三岁一郊④。是时上求神君⑤,舍之上林中蹏氏观⑥。神君者,长陵女子⑦,以子死悲哀⑧,故见神于先后宛若⑨。宛若祠之其室,民多往祠⑩。平原君往祠⑪,其后子孙以尊显。及武帝即位,则厚礼置祠之内中,闻其言,不见其人云⑫。

① 【汇注】

张大可:明年,元光二年。(《史记全本新注》卷二十八《封禅书第六》)

② 【汇注】

龚浩康:雍,县名,治所在今陕西省凤翔县南。(见王利器主编《史记注译》卷十二)

【汇评】

编者按:"初"字不仅仅表示"尤敬鬼神之祀"的开始,也是成就大业的开始。因为此时的汉武帝已经二十四岁,经过八年的执政磨练,政治障碍已经扫除,指导思想已经明确,大政方针已经制定,各级官吏已经备齐,因此,大干一番,势在必然。

③ 【汇注】

张守节:畤音止。《括地志》云:"汉五帝畤在岐州雍县南。孟康云畤者神灵之所止。"案:五畤者鄜畤、密畤、吴阳畤、北畤。先是文公作鄜畤,祭白帝;秦宣公作密畤,祭青帝;秦灵公作吴阳上畤、下畤,祭赤帝、黄帝;汉高祖作北畤,祭黑帝:是五畤也。(《史记正义·孝武本纪》)

龚浩康:郊,古代祭礼之一,即在郊外祭祀天地。五畤,古代祭祀天地五帝的五个固定处所。秦时建有密畤、上畤、下畤、畦畤,汉时建有北畤,分别祭祀古代传说中主管东南西北中五方的青帝、赤帝、白帝、黑帝、黄帝这五位天帝。地在今陕西凤翔县南。(见王利器主编《史记注译》卷十二)

【汇评】

姚苎田：亦从郊祀引入，是一书针线。(《史记菁华录·封禅书》)

[英] 鲁惟一：在春秋战国时期（前 722—前 221），当中国分成若干共存的王国时，周代诸王已难以号称具有上天单独直接委托给他们的统治权利。而其他的王，只要周王还存在（不管他的权力和领土已经变得多么小），也难以做到这点。在此期间，关于应受尘世诸王崇拜的上帝的思想已经发生变化。人们已经认识到，除了上帝，还有应享有祭祀的其他一些帝，但他们与各王室毫无关系。因此我们就见到，至迟从公元前 7 世纪起，秦国的统治者已经建坛供奉这些如称之为青帝或黄帝的神仙。帝与五色之一的认同，反映了五行之说日益增长的影响。

崇拜白、青、黄、赤四大帝的做法到秦帝国时代似乎已经确立。高帝在公元前 3 世纪最后几年建立汉朝后的最早几个活动之一就是通过制定对第五帝——黑帝的祭祀来扩大这些仪式，以确保被认为是控制宇宙的全部五种力量得到应有的承认。

可能直到公元前 31 年前后，对这五帝的崇拜形成了代表帝国的祈求者的主要活动。仪式一般在建于长安城西面的一个传统宗教中心雍的五坛举行，但有时也在其他地方举行。公元前 165 年，皇帝开始亲自参加祭祀仪式，虽然打算诸皇帝应每隔一定的时期亲临祭祀地，但这只在武帝时代实行过。在公元前 123 至前 92 年期间，武帝参加祭祀不下七次，他的继承者也在公元前 56、前 44、前 40 和前 38 年参加。(《剑桥中国秦汉史》第十二章)

④【汇注】

司马贞：案：《汉旧仪》云"元年祭天，二年祭地，三年祭五畤。三岁一遍，皇帝自行也"。(《史记索隐·封禅书》)

【汇评】

凌稚隆：杨慎曰：武帝封禅事神等事，盖睹符瑞见而臻太山，祇肃而过者也。(《史记评林·封禅书》)

⑤【汇注】

张守节：《汉武帝故事》云："起柏梁台以处神君，长陵女子也。先是嫁为人妻，生一男，数岁死，女子悼痛之，岁中亦死，而灵，宛若祠之，遂闻言宛若为生，民人多往请福，说家人小事有验。平原君亦事之，至后子孙尊贵。及上即位，太后延于宫中祭之，闻其言，不见其人。至是神君求出居，营柏梁台舍之。初，霍去病微时，自祷神君，及见其形，自修饰，欲与去病交接，去病不肯，谓神君曰：'吾以神君精洁，故斋戒祈福，今欲淫，此非也。'自绝不复往。神君惭之，乃去也。"(《史记正义·孝武本纪》)

龚浩康：神君，古代对神灵的敬称，这里指长陵女子。据《正义》转引《汉武帝故事》说，相传长陵女子嫁人后，生下一男夭折了，她也悲痛而死。死后常在她妯娌宛若身上显灵，宛若便立祠敬她。（见王利器主编《史记注译》卷十二）

【汇评】

浦起龙：捷接求神君，非若新垣自来矣。……大凡侈心人必好奇巫鬼神仙，长生久视其说最奇而动听。此处两是时，提起一神君，一少君，皆类不死者，有以开其兆而中其隐矣。然不死岂可得，计乃出于封禅以掩饰之。封禅者，依于巫与仙之类，辞夸而事可矫举，姑藉其事以结证其妄说也。（《古文眉诠》卷二十）

⑥【汇校】

梁玉绳：附案：《汉志》作"㘰"，有啼、斯二音，师古以斯音为是，谓其字从"石"从"虒"，则作"蹏"者非矣。（《史记志疑·封禅书第六》）

【汇注】

裴　骃：徐广曰："蹏音蹄。"（《史记集解·孝武本纪》）

司马贞：徐广音蹄，邹诞音斯，又音蹄，观名也。（《史记索隐·孝武本纪》）

龚浩康：上林，苑名，秦时所建，武帝加以扩大，周围达两百多里，内有离宫、馆、观七十多座，苑中放养各种禽兽，供皇帝春秋时打猎。故址在今陕西省西安市西及周至、户县界。蹏氏观，庙宇名，在上林苑中。（见王利器主编《史记注译》卷十二）

⑦【汇注】

龚浩康：长陵，县名，汉高帝陵墓所在，故址在今陕西省西安市西北。（见王利器主编《史记注译》卷十二）

⑧【汇校】

吴见思：多"悲哀"二字。（《史记论文·孝武本纪》）

【汇注】

姚苎田：即童死也。（《史记菁华录·封禅书》）

程馀庆：以产子而死也。（《历代名家评注史记集说·封禅书》）

李　笠：案：以子死者，谓因产子死也。《郊祀志》作"以乳死"。《集注》孟康曰"产乳死也"可证。许慎《说文叙》字者，挚乳而寝多也。子挚音义同。挚既训乳，故子亦为乳也。（《广史记订补》卷三《封禅书》）

⑨【汇校】

凌稚隆：案：《汉书》孟康注，"宛若"下有"字也"二字。（《史记评林·封禅书》）

【汇注】

裴　骃：孟康曰："产乳而死。兄弟妻相谓'先后'。宛若，字。"（《史记集解》）

司马贞：先后，邹诞音二字并去声，即今妯娌也。孟康以兄弟妻相谓也。韦昭云先谓姒，后谓娣也。宛音冤。（《史记索隐·孝武本纪》）

　　吴见思：诸解俱不明，大约宛若是人名也。（《史记论文·封禅书》）

⑩【汇评】

　　程馀庆：说神君一段鄙亵，正以著武帝陋也。（《历代名家评注史记集说·封禅书》）

⑪【汇注】

　　裴　骃：徐广曰："武帝外祖母也。"骃案：蔡邕曰："异姓妇人以恩泽封者曰君，仪比长公主。"（《史记集解·孝武本纪》）

　　司马贞：案：徐云武帝外祖母，则是臧儿也。（《史记索隐·孝武本纪》）

　　吴见思：武帝外祖母臧儿封平原君。（《史记论文·封禅书》）

　　姚苎田：平原君姓王氏，武帝之外祖母也。（《史记菁华录·封禅书》）

【汇评】

　　张大可：平原君，武帝外祖母王臧儿，秦末燕王臧荼之孙，没落后初嫁槐里王仲，生王信及两女；王仲死，又改嫁长陵田氏生子田蚡、田胜。臧儿长女即景帝王皇后，汉武帝之母。臧儿十分迷信，卜筮两女当贵，于是献之于太子宫。长女时已嫁为金氏，臧儿夺之。太子即景帝，果然宠信王氏，即位后废栗姬及太子刘荣，立王氏为皇后，立汉武帝为太子。武帝即位，臧儿被封为平原君，王氏满门贵幸。汉武帝好神仙，求长生，与他小时就受外祖母薰陶有很大关系。（《史记全本新注》卷二十八《封禅书第六》）

⑫【汇评】

　　程馀庆：此言求仙之始。汉武事四。（《历代名家评注史记集说·封禅书》）

　　编者按：这一节拉开了汉武帝求神访仙活动的序幕。求神访仙活动的思想文化渊源可以追溯到原始人类的灵魂不灭之信仰，而对汉武帝来说，还有更为直接的家庭历史之背景。他的九五之尊，就被当作是祖先——外祖母祭祀长陵神君的直接成果。因此，作为受益者，焉有不加倍祭祀之理？另外，长陵女子死而为神，可见中国的神是人变成的，而非本来就有。

　　据《汉书·武帝纪》载：（编者按：元光二年）"春，诏问公卿曰：'朕饰子女以配单于，金币文绣赂之甚厚，单于待命加嫚，侵盗亡已。边境被害，朕甚闵之。今欲举兵攻之，何如？'大行王恢建议宜击。夏六月，御史大夫韩安国为护军将军，卫尉李广为骁骑将军，太仆公孙贺为轻车将军，大行王恢为将屯将军，（大）[太]中大夫李息为材官将军，将三十万众屯马邑谷中，诱致单于，欲袭击之。单于入塞，觉之，走出。六月，军罢。将军王恢坐首谋不进，下狱死。""自是之后，匈奴绝和亲，攻当路塞，往往入盗于汉边，不可胜数。"（《史记·匈奴列传第五十》）由此汉武帝正式拉开了对匈奴长达四十多年的战争序幕。

　　是时而李少君亦以祠灶、谷道、却老方见上①，上尊之②。少君者，故深泽侯入以主方③。匿其年及所生长④，常自谓七十，能使物，却老⑤。其游以方遍诸侯。无妻子。人闻其能使物及不死，更馈遗之⑥，常馀金钱帛衣食⑦。人皆以为不治产业而饶给⑧，又不知其何所人⑨，愈信，争事之⑩。少君资好方⑪，善为巧发奇中⑫。尝从武安侯饮⑬，坐中有年九十馀老人，少君乃言与其大父游射处⑭，老人为儿时从其大父行，识其处⑮，一坐尽惊⑯。少君见上，上有故铜器，问少君。少君曰："此器齐桓公十年陈于柏寝⑰。"已而案其刻⑱，果齐桓公器⑲。一宫尽骇⑳，以少君为神㉑，数百岁人也㉒。

① 【汇注】
　　司马贞：如淳云："祠灶可以致福。"案：礼灶者，老妇之祭，盛于盆，尊于瓶。《说文》《周礼》以灶祠祝融。《淮南子》炎帝作火官，死为灶神。司马彪注《庄子》云髻，灶神也，如美女，衣赤。李弘范音诘也。（《史记索隐·孝武本纪》）
　　裴　骃：李奇曰："食谷道引。或曰辟谷不食之道。"（《史记集解·孝武本纪》）
　　龚浩康：是时，这时，当时。而，助词，起徐缓音节的作用，无实在意义。祠灶，祭祀灶神以求福安。古人迷信，以为灶神能向天帝报告人间善恶，掌管一家祸福。谷道，种谷得金的道术。一说不吃粮食而能生活，是长生不老的方术。却老，防止衰老，延长寿命。方，方术，道术。（见王利器主编《史记注译》卷十二）

② 【汇评】
　　凌稚隆：何孟春曰：季氏旅泰山，借诸侯之礼；汉武祀内灶，天子行大夫之职。冉求不能救，孔子责之。李少君之诬，罔其容诛乎？而当时廷臣不能一言议其罪也。（《史记评林·封禅书》）
　　姚苎田：两个"是时"，先提明其事，而后疏解之，此法乃于古文章开山手最为悍劲。……

少君是正案。用平原引入而以一"亦"字带转，最妙！……

史公文绝少排比处，惟此段前云"是时上求神君"，下接以"神君者云云"，后云"是时李少君"，下接以"少君者云云"，一排比法也。又叙武安侯事毕云"一坐尽惊"；叙齐桓公器毕云"一宫尽骇"，又一排比法，然极整齐处却正极疏宕，故奇。（《史记菁华录·封禅书》）

程馀庆：言祠丹灶之神，则致物及避谷道也。（《历代名家评注史记集说·封禅书》）

编者按：上一"是时"言求神，下一"是时"言献神，可谓前呼后应，上下相孚。如若靠实的话，"是时"当承上文之"明年"，即元光二年（前133），乃汉武帝"尤敬鬼神之祀"的起跑线。而李少君则是第一个蛊惑、怂恿汉武帝求神访仙而又被尊崇的人。他的登场，折射出汉武帝此举的历史渊源和社会基础。据《史记·封禅书》的前半部分记载："自齐威、宣之时，驺子之徒论著终始五德之运，及秦帝而齐人奏之，故始皇采用之。而宋毋忌、正伯侨、充尚、羡门高最后皆燕人，为方仙道，形解销化，依于鬼神之事。驺衍以阴阳《主运》显于诸侯，而燕齐海上之方士传其术不能通，然则怪迂阿谀苟合之徒自此兴，不可胜数也。"由此可见，李少君之流不过是燕齐海上方士一派的孝子贤孙罢了。他们此时此刻的活动，包括以后的极力鼓吹登封泰山、寻找海上三座神山，皆为"怪迂阿谀苟合"之事。除齐、燕地区以外，在当时的楚文化中，求神访仙之风也大行其道，这在《庄子》等著作中都有记载。如果再往前推的话，按照本文后面公孙卿假托齐国方士申功的说法："黄帝且战且学仙。患百姓非其道，乃断斩非鬼神者。百余岁然后得与神通"，可见中华民族的始祖就是求神访仙的始作俑者。这一说法自然是"烟涛微茫信难求"，但是，在战国时期的燕国、齐国等沿海地区及南方诸国，以方术之士为主而形成的以求神访仙、长生不老为目标的"神仙家"，却是不能排斥于诸子百家之外的，因为受他们影响的不仅仅是当时及后世的统治者，即使在民间的信仰中，尤其是后来兴起、至今仍然流传的道教中，也是以该家的宗旨为追求目标的。

③【汇注】

裴　骃：徐广曰："姓赵，景帝时绝封。"（《史记集解·孝武本纪》）

又：徐广曰："进纳于天子而主方。一云侯人主方。"骃案：如淳曰"侯家人主方药者也"。（同上）

司马贞：案：《表》深泽侯赵将夕，孙夷侯胡绍封。（《史记索隐·封禅书》）

龚浩康：深泽侯，赵胡，他继承祖爵为深泽侯。主方，主管方术医药之事。（见王利器主编《史记注译》卷十二）

④【汇注】

程馀庆：生长，谓其所生之郡县及居止处也。（《历代名家评注史记集说·封禅书》）

⑤【汇注】

裴　骃：如淳曰："物，鬼物也。"瓒曰："物，药物也。"（《史记集解·孝武本纪》）

李　笠：《集解》如淳曰："物，鬼物也。"瓒曰："物，药物也。"案：如说是。下文"祠灶则致物"，亦谓致鬼物，非药物。药物则不能云使、云致矣。《封禅书》："有物曰：'蛇，白帝子也，而来者赤帝子。'"（《郊祀志》同，师古曰："物，谓鬼神也。"）《秦本纪》："类物有害之者，并以物为鬼物也。"《齐悼惠王世家》："相舍人怪之，以为物，而伺之。"《索隐》："物，怪物。"《汉书·注》师古曰："物，谓鬼神。"《扁鹊传》："当知物矣。"《索隐》云："当见鬼物。"参互证之，知瓒说未确。（《广史记订补》卷二《孝武本纪》）

姚苎田：使物，致鬼神也。祠灶之余文。（《史记菁华录·封禅书》）

程馀庆：物，鬼物。先序欲老。（《历代名家评注史记集说·封禅书》）

【汇评】

张家英：《秦始皇本纪》：卢生说始皇曰："臣等求芝奇药仙者，常弗遇，类物有害之者。"《天官书》："所见天变，皆国殊窟穴，家占物怪，以合时应。"这里所举的两个"物"，和本篇下文的"皆致怪物与神通""依依震于怪物""其后令带奉祠侯神物"的"怪物""神物"同义，是"精怪、神灵"一类的意思。

秦始皇因为要"求仙人不死之药"，所以受到方士们的愚弄。汉武帝时，"李少君亦以祠灶、谷道、却老方见上，上尊之"。李少君吹嘘："祠灶则致物，致物而丹沙可化为黄金，黄金成以为饮食器则益寿，益寿而海中蓬莱仙者可见，见之以封禅则不死，黄帝是也。"在方士们的愚弄下，武帝甚至由衷地发出叹息："嗟乎！吾诚得如黄帝，吾视去妻子如脱躧耳。"在这方面，汉武帝比之秦始皇，可以说是有过之而无不及的。《孝武本纪》以写武帝求仙封禅为主体，对于暴露武帝的愚蠢，起了良好的作用。（《〈史记〉十二本纪疑诂·孝武本纪》）

⑥【汇注】

龚浩康：更，连续，纷纷。馈遗，赠送财物。（见王利器主编《史记注译》卷十二）

⑦【汇校】

张文虎：旧刻无"帛"字，与《封禅书》及《汉书·郊祀志》合。（《校刊史记集解索隐正义札记》卷一）

【汇评】

姚苎田：妙在写得极浅鄙，又极幻忽，真笔端有舌。（《史记菁华录·封禅书》）

⑧【汇注】

龚浩康：治，管理，经营。饶给，富裕。（见王利器主编《史记注译》卷十二）

⑨【汇评】

编者按：何所，什么地方。"不知其何所人"正是方士们的一大特点。他们有意隐瞒籍贯出处，无非是为了增加自己的神秘感罢了。方士之所以成为中国的"特产"，特就特在自欺欺人。因为不如此便不能满足他们的各种贪欲，尽管这种满足是暂时的，终归要落得个身败名裂的下场。然而，被欺者也有可欺之处。愚昧无知，痴心妄想，缺乏自信便是他们的软肋。宋人杨时所撰《二程粹言》有云："自谋不诚，则欺心而弃己；与人不诚，则丧德而增怨。"大概说的就是方士一类人吧！然而，方士作为一种文化现象，倒有深究的必要。

⑩【汇注】

龚浩康：事，侍奉。（见王利器主编《史记注译》卷十二）

⑪【汇注】

姚苎田：资性嗜好方术。（《史记菁华录·封禅书》）

龚浩康：资，资质，指人的天资禀赋。（见王利器主编《史记注译》卷十二）

张大可：资好方，凭藉好的方术。（《史记全本新注》卷二十八《封禅书第六》）

⑫【汇注】

裴　骃：如淳曰："时时发言有所中也。"（《史记集解·孝武本纪》）

姚苎田：能射覆中幽隐之事。（《史记菁华录·封禅书》）

龚浩康：巧发奇中，能用巧言猜中。（见王利器主编《史记注译》卷十二）

【汇评】

程馀庆：此言方伎之始。（《历代名家评注史记集说·封禅书》）

⑬【汇注】

司马贞：服虔云："田蚡也。"韦昭云："武安属魏郡也。"（《史记索隐·孝武本纪》）

龚浩康：武安侯田蚡，长陵人，景帝王皇后的弟弟。武帝时封武安侯，拜太尉，后迁丞相。（见王利器主编《史记注译》卷十二）

⑭【汇注】

程馀庆：大父，祖父也。（《历代名家评注史记集说·封禅书》）

⑮【汇注】

程馀庆：识，记也。（《历代名家评注史记集说·封禅书》）

⑯【汇评】

姚苎田：写得若真若诈，令人于言外领之。（《史记菁华录·封禅书》）

⑰【汇校】

梁玉绳：案：齐景公新成柏寝之台，见《晏子春秋·杂》下篇，桓公时安得有此台乎？少君甚妄。（《史记志疑·封禅书第六》）

【汇注】

裴　骃：服虔曰："地名，有台也。"瓒曰："《晏子书》柏寝，台名也。"（《史记集解·孝武本纪》）

张守节：《括地志》云："柏寝台在青州千乘县东北二十一里。《韩子》云景公与晏子游于少海，登柏寝之台而望其国。公曰：'美哉堂乎，后代孰将有此？'晏子云：'其田氏乎？'公曰：'寡人有国而田氏家，奈何？'对曰：'夺之，则近贤远不肖，治其烦乱，轻其刑罚，振穷乏，恤孤寡，行恩惠，崇节俭，虽十田氏其如堂何！'即此也。"（《史记正义·孝武本纪》）

程馀庆：柏寝台在青州府乐安县东北二十八里。（《历代名家评注史记集说·封禅书》）

龚浩康：齐桓公（？—前643），姜小白，春秋时齐国国君。前685年—前643年在位。他任用管仲进行改革，奋发图强，扩大实力，成为当时的第一个霸主。详见《齐太公世家》与《管晏列传》。柏寝，台名，齐桓公时所筑，故址在今山东省广饶县东北。（见王利器主编《史记注译》卷十二）

⑱【汇注】

程馀庆：铭记也。（《历代名家评注史记集说·封禅书》）

龚浩康：已而，随即。案，通"按"。查验。（见王利器主编《史记注译》卷十二）

张大可：案其刻，审查铜器上的刻字。（《史记全本新注》卷二十八《封禅书第六》）

⑲【汇评】

吴见思：自古术士决非一人做成，必要旁人帮衬。一则买嘱老人，一则私通宫竖耳。馈遗处说明，此处不说明，是史公欺人处。（《史记论文·封禅书》）

⑳【汇评】

凌稚隆：董份曰：上言"一坐尽惊"，此言"一宫尽骇"，太史公亦作对语耶。（《史记评林·封禅书》）

㉑【汇评】

吴见思：《书》"以为少君神"好。（《史记论文·孝武本纪》）

姚苎田： 老人游射之地，铜器款识之形固可访求，默识者其技本浅，而庸人辄靡然惑之。甚矣！其诞之足以饰诈也。（《史记菁华录·封禅书》）

㉒【汇评】

程馀庆： 是儿女子口耳传颂情景。应匿其年，总上一笔，冷隽。（《历代名家评注史记集说·封禅书》）

少君言于上曰："祠灶则致物①，致物而丹沙可化为黄金②，黄金成以为饮食器则益寿③，益寿而海中蓬莱仙者可见④，见之以封禅则不死⑤，黄帝是也⑥。臣尝游海上，见安期生⑦，食臣枣，大如瓜⑧。安期生仙者，通蓬莱中，合则见人⑨，不合则隐⑩。"于是天子始亲祠灶⑪，而遣方士入海求蓬莱安期生之属⑫，而事化丹沙诸药齐为黄金矣⑬。

①【汇注】

钱锺书： 按：上文又有"依物怪，欲以致诸侯"，下文又有"欲以下神，神未至而百鬼集矣"，"黄帝以上，封禅皆致怪物，与神通"，"震于怪物，欲至不敢。"合之《留侯世家》："太史公曰：'学者多言无鬼神，然言有物。'"则析言之，不仅鬼别于神，亦且"物"别于鬼神。旧注"物"为"鬼神"，尚非确谛。"物"盖指妖魅精怪，虽能通"神"，而与鬼神异类；《论衡·订鬼》所谓"老物之精"，《楞严经》卷九所谓"年老成魔"。观《太平广记》分门即知；《西游记》中捉唐僧者莫非"物"，《后西游记》则亦有"鬼"。《汉书·郊祀志》上："黄龙见成纪，……下诏曰：'有异物之神见于成纪。'"文义甚晰，"物"，龙也，"物之神"，龙精或龙怪也。《史记·齐悼惠王世家》："舍人怪之，以为物而伺之"，亦谓物妖。《陈涉世家》记吴广"卜有鬼"，陈胜、吴广"喜念鬼"；顾狐"呜呼"作人言，当属于"物"，殆用意如《左传》昭公八年"石言"于晋之鬼实"凭焉"耶？《庄子·达生》篇桓公"见鬼"，问皇子曰："有鬼乎？"皇子曰："有！"而所举罔象、委蛇之属，皆怪也，又曰："其为物也恶。"是则浑言之，"鬼"非特与"神"通用，亦与"物"通用耳。（《管锥编》第一册《史记会注考证五八则》）

又："物怪"与鬼异类，《周礼·春官》"凡以神仕者"一节部居井然不紊："以冬日至，致天神、人鬼；以夏日至，致地祇、物魅"；孙诒让《周礼正义》卷五三疏引《说文·鬼部》："魅，老精怪也。"又引《广雅·释天》："物神谓之魅。"而申说曰：

"即物之老而能为精怪者。"观《汉书·艺文志》所录《杂占十八家》中书名亦可知。其第六家为《人鬼精物六畜变怪》二十一卷,"精物""变怪"即后世所谓妖精、妖怪,不同于死而为厉作祟之"人鬼"者;第八家为《执不祥劾鬼物》八卷,"鬼物"乃"人鬼精物"之略言耳。《说文》有"魖"字,解曰:"鬼之神者也。"则非天神地祇之"神",乃人死成神,如阎罗王是鬼做耳,即范缜之所"不祀"也。(《管锥编增订》)

龚浩康: 致物,指招来鬼神。(见王利器主编《史记注译》卷十二)

② 【汇注】

龚浩康: 丹沙,即朱砂(硫化汞),矿物名,供药用,也可作颜料。古代方士说它可以炼制长生不老药或黄金。(见王利器主编《史记注译》卷十二)

③ 【汇评】

姚苎田: 幻诞无稽之极。(《史记菁华录·封禅书》)

编者按: 据《道教文化面面观》介绍,从李少君为汉武帝用丹砂炼金以来,社会上对术士们的作金便批评不断。特别是用与黄金根本不同的物品作金,涉及到凡物是否皆有神、变化是否有极限等认识论问题。对此,东晋葛洪所持的肯定观点成为整个道教炼丹术"点铁成金"的理论基础。他在《抱朴子内篇》中说:"金丹烧之愈久,变化愈妙。黄金入火百炼不消,埋之,毕天不朽。服此二物,炼入身体,故能令人不老不死"。显然,这里运用了我国中医"缺啥补啥,吃啥补啥"的补法,也有点儿唯意志论。

④ 【汇注】

龚浩康: 蓬莱,古代传说东海中的三座仙山之一。相传蓬莱、方丈、瀛洲三山,外形如壶,山上以黄金白银为宫殿,有不死之药,是神仙所居之地。战国时齐威王、宣王和燕昭王、秦始皇都曾派人入海求此仙山。(见王利器主编《史记注译》卷十二)

编者按: 关于海上仙山,《史记·封禅书》亦有记载:"自威、宣、燕昭使人入海求蓬莱、方丈、瀛洲。此三神山者,其传在渤海中,去人不远;患且至,则船风引而去。盖尝有至者,诸仙人及不死之药皆在焉。其物禽兽尽白,而黄金银为宫阙。未至,望之如云;及到,三神山反居水下。临之,风辄引去,终莫能至云。"对于这样的描述,如果运用科学的方法加以解释的话,很可能就是渤海上空经常出现的海市蜃楼现象。而这一现象的光怪陆离、变幻莫测等特征,恰好成为方士们编造各种神话、仙话、鬼话的第一手资料。然而,海市蜃楼终归是虚幻的东西,虽然可以开阔人们的眼界,激发人们的思维,然而,在现实生活中,怎么能靠得住呢?

⑤ 【汇评】

凌稚隆: 茅坤曰,"至是始以封禅为不死之术"。(《史记评林·封禅书》)

姚苎田： 一篇大关键语。（《史记菁华录·封禅书》）

❻【汇注】

钱锺书：《考证》（编者按：《史记会注考证》，下同）："茅坤曰：'至是始以封禅为不死之术。'"按：茅言是也。秦始皇封禅，而不死之方术则别求之海上三山；《淮南、衡山列传》中被述徐福"伪辞"，言之尤明，所谓"见海中大神，愿求延年益寿药"也。汉武乃二而一之，故下文公孙卿曰："封禅七十二王，唯黄帝得上泰山封；申公曰：'汉主亦当上封，上封则能登天矣。'"又丁公曰："封禅者，合不死之名也。"是泰岱之效，不减蓬瀛，东封即可，无须浮海。然以泰山为治鬼之府，死者魂魄所归，其说亦昉于汉。《后汉书·乌桓鲜卑传》："中国人死者，云魂神归岱山。"陆机《泰山吟》："幽涂延万鬼，神房集百灵。"《博物志》卷一引《孝经援神契》曰："泰山，天帝孙也，主召人魂。东方，万物之始，故知人生命之长短。"（《文选》刘桢《赠五官中郎将》第三首："常恐游岱宗，不复见故人。"李善注亦引此）。《日知录》卷三〇、《陔余丛考》卷三五、《茶香室丛钞》卷一六考汉魏时泰山治鬼之说，已得涯略（吴锡麒《有正味斋骈体文》卷一五《游泰山记》全本《日知录》）。经来白马，泰山更成地狱之别名，如吴支谦译《八吉祥神咒经》即云"泰山地狱饿鬼畜生道"，隋费长房《历代三宝记》卷九所谓"泰山"为"梵言"而强以"泰方岱岳"译之者。然则泰山之行，非长生登仙，乃趋死路而入鬼箓耳。封神治鬼，说皆不经，彼此是非，无劳究诘，而一事歧意，于汉武帝之贪痴非分，不啻促狭戏弄，又费锡璜论《封禅书》所未道矣。（《管锥编》第一册《史记会注考证五八则》）

【汇评】

吴见思： 一连作五叠，一气趋下，词源倒峡之妙。（《史记论文·封禅书》）

浦起龙： 是为第一次附会封禅之说，以神仙串合，正中本趣。摘出黄帝，又后来方士所争托者。（《古文眉诠》卷二十）

顾颉刚： 稍后于孟子的邹衍，他的历史说就从当时直序到黄帝，再推至窈窈冥冥的天地未生之际，可见他以为黄帝是尧舜以前的帝王，历史记载的开头。这一变便使上古史换了一个新面目。司马迁作《史记》，列《五帝本纪》于《夏本纪》之前，而以黄帝为其魁首，黄帝的历史地位就日益巩固，直到如今不曾动摇。

……至于阴阳家、道家、神仙家、医家、历家……都常说起黄帝，而且把他看作教主，因此他竟成了一个极伟大的偶像，由他开创了中国的全部文化。依我想，这完全是时代因缘的凑合。假使他的传说发生得早些，自会成了儒、墨二家崇拜的对象。假使尧舜传说发生得迟些，他们也就变为"百家不雅驯"的箭垛。这立言的诸子何尝像我们这样用功研究古史，他们只是拉了一个当时认为最古且最有力的人作为自己的学说的保护者而已。黄帝是一个怎样的人物，或只是天上的五色帝之一，或再有别的背景,均不可知;但他的传说普及于学术界是战国末年的事,其发展直到西汉,则是一个极明显的事实。(见《中国近代思想家文库·顾颉刚卷·汉代学术史略》)

编者按:灶神本为原始信仰中的火主神,只是到了后来,几经演变,才成了凡间的一个饮食小神。而李少君要炼成长生不老的仙丹妙药,必须借助于灶神的神火,这便自然而然地想到了灶神。由此还可见出原始火主神崇拜的痕迹。至于祠灶致物,并由此而发生的连锁反应,直到可使人长生不老,则完全是李少君的胡编乱造。但自此以后,灶神的神职和地位又发生了变化,成为一个掌管人间寿夭祸福的大神。

⑦【汇注】

司马贞:服虔曰:"古之真人。"案:《列仙传》云安期生,琅邪人,卖药东海边,时人皆言千岁也。(《史记索隐·孝武本纪》)

张守节:《列仙传》云:"安期生,琅邪阜乡亭人也。卖药海边。秦始皇请语三夜,赐金数千万,出,于阜乡亭,皆置去,留书,以赤玉舄一量为报,曰'后千岁求我于蓬莱山下'。"(《史记正义·孝武本纪》)

程馀庆:安期生,即与蒯通相善,以策干项羽而不用者。(《历代名家评注史记集说·封禅书》)

⑧【汇校】

司马贞:案:包恺"巨,或作'臣'"。(《史记索隐·封禅书》)

张文虎:旧刻、毛本并作"臣",是也。《封禅书》此字北宋本、旧刻本亦并作"臣",与《郊祀志》合。它本作"巨",误。(《校刊史记集解索隐正义札记》卷一)

【汇注】

梁玉绳:附案:既言巨,则不得复言大,必是误文。《汉志》作"食臣枣",《索隐》亦引包恺云"巨,或作'臣'"。考《田儋传·论》"安期生与蒯通相善,尝以策干项羽",则辨士之流,即其时见存,亦不过八九十岁人,安得以为古之真仙哉!言食安期大枣,犹言与九十余老人之大父游射也。《韩子·外储左篇》云"郑人有相与争年者,其一人曰我与黄帝之兄同年",少君其类是欤?(《艺文类聚》八十七引《史》作"大如瓠")(《史记志疑·封禅书第六》)

龚浩康:食,通"饲",给人吃。枣,传说中的仙果。(见王利器主编《史记注译》卷十二)

【汇评】

吴见思:《书》多一安期生,文致好。(《史记论文·孝武本纪》)

⑨【汇注】

龚浩康:合,和合,融洽,这里指道相合。(见王利器主编《史记注译》卷十二)

【汇评】

编者按：此言值得玩味。中国的神仙实为得道，即合道之人。此道包括天道、地道和人道。因此，欲成仙道，必先修道、得道，特别是得人道。汉武帝如能知此行此，不必求仙，亦可成仙。

⑩【汇评】

吴见思：突然又接出安期生，无伦无次，文法佳妙。（《史记论文·封禅书》）

姚苎田：其言不即不离，所以羁縻弗绝者，全赖此种伎俩。（《史记菁华录·封禅书》）

又：直至此始，以求仙封禅牵合为一事，前此未尝有也。史公笔力可恣，横七竖八说来，而意义自相贯属，看其点睛处即明。（同上）

程馀庆：合，道相合也。抬高安期身份，正名士躲闪法。（《历代名家评注史记集说·封禅书》）

⑪【汇评】

浦起龙：孝武求仙起于此。（《古文眉诠》卷二十）

姚苎田："亲祠灶"句特著失礼之极。（《史记菁华录·封禅书》）

⑫【汇注】

龚浩康：方士，方术之士，指古代求仙、炼丹，自称能长生不死的人。这些人常以修炼成仙和不死之药等方术骗取统治者的信任。（见王利器主编《史记注译》卷十二）

⑬【汇注】

司马贞：齐音剂。（《史记索隐·孝武本纪》）

【汇评】

吴见思：接连数句收完上少君所云。（《史记论文·封禅书》）

郭嵩焘：案：此著武帝信用方士之始。（《史记札记》卷三《封禅书第六》）

王子今：《史记·封禅书》说到"百鬼""诸鬼"，然而具体的鬼，似乎只有所谓"灶鬼"一例，即："（编者按：元狩二年）齐人少翁以鬼神方见上。上有所幸王夫人，夫人卒，少翁以方术盖夜致王夫人及灶鬼之貌云，天子自帷中望见焉。于是乃拜少翁为文成将军，赏赐甚多，以客礼礼之。"主管"灶"的鬼神，其地位虽然未必很高，但是崇祀却相当普及。《论语·八佾》："与其媚于奥，宁媚于灶。"《淮南子·氾论》说："故炎帝于火，而死于灶。"高诱注："炎帝神农，以火德王天下，死托祀于灶神。"《礼记·祭法》说，"王为群姓立七祀"，"王自为立七祀"，都包括"灶"。又说："庶士、庶人立一祀，或立户，或立灶。"郑玄注："此非大神所祈报大事者也，小神居人之间，司察小过，作谴告者尔。""'灶'，主饮食之事。"而灶神（灶鬼）在汉武帝时代受到特殊重视,又是有一定历史原因的。

《史记·封禅书》说:"是时李少君亦以祠灶、谷道、却老方见上,上尊之。"李少君用以迷惑汉武帝的方术中,"祠灶"列为第一。司马迁还写道:少君言上曰:"祠灶则致物,致物而丹沙可化为黄金,黄金成以为饮食器则益寿,益寿而海中蓬莱仙者乃可见,见之以封禅则不死,黄帝是也。……"于是天子始亲祠灶,遣方士入海求蓬莱安期生之属,而事化丹砂诸药齐为黄金矣。

原来李少翁在汉武帝面前夜致"灶鬼之貌",是有一定的文化意义的。汉武帝对"祠灶"的重视,是基于方士们所设计的这样一条迷信链的影响:祠灶—致物—朱砂炼金—黄金作饮食器—益寿—可见蓬莱仙者—封禅—不死这一富有奇妙诱惑力的神学方程式,吸引这位多欲而有为的最高统治者不惜搁置政务,而努力寻求其最后的解。于是汉武帝亲自"祠灶","事化丹沙诸药齐为黄金"。这种方士进行的早期化学实验,成为皇帝亲自关注的事。(《史记的文化发掘》)

编者按:据考证,李少君是我国历史上真正开始炼丹的有名姓可稽的第一个方士。因此,他的炼丹活动和炼丹术也就具有了开创性。从上文的记载看来,尽管他的炼丹还不是为了服用,而只是为了给饮食器皿镀金,但由此我们还可以得到一些其他信息:其一,说明当时的人已经初步懂得了某些金属对人体健康有好处的道理;其二,说明当时已经掌握了较为复杂的冶炼术和镀金术;其三,为研究道教方士的炼丹术找到了原始资料。其四,至少在汉武时期,方士的政治地位绝不亚于儒士。

居久之①,李少君病死②。天子以为化去不死也③,而使黄锤史宽舒受其方④。求蓬莱安期生莫能得⑤,而海上燕齐怪迂之方士多相效⑥,更言神事矣⑦。

① 【汇注】
龚浩康:居久之,过了许久。(见王利器主编《史记注译》卷十二)

② 【汇注】
张守节:《汉书起居》云:"李少君将去,武帝梦与共登嵩高山,半道,有使乘龙时从云中云'太一请少君',帝谓左右:'将舍我去矣。'数月而少君病死。又发棺看,唯衣冠在也。"(《史记正义·孝武本纪》)

③ 【汇注】
张大可:化,仙化,即尸解。(《史记全本新注》卷二十八《封禅书第六》)

【汇评】

姚苎田：语带调笑，深著其惑。（《史记菁华录·封禅书》）

④【汇注】

裴　骃：韦昭曰："人姓名。"《汉书音义》曰："二人皆方士。"（《史记集解·孝武本纪》）

又：徐广曰："锤音才恚反。锤县、黄县皆在东莱。"（《史记集解·封禅书》）

张守节：音直伪反。（《史记正义·孝武本纪》）

程馀庆：按：少君已死，何所从受？盖修其遗方耳。（《历代名家评注史记集说·封禅书》）

龚浩康：黄，县名，治所在今山东省黄县东。锤，县名，治所在今山东省文登县西。史，掌管文书的小吏。宽舒，后任祠官。（见王利器主编《史记注译》卷十二）

⑤【汇注】

凌稚隆：焦竑曰，《汉武内传》云："李少君，字云翼。齐国临菑人。好道，入泰山采药，修绝谷全身之术。遇安期生。少君疾，因叩头乞活。安期以'神楼散'一七（剂）与服之，即愈。乃以方干上。言'臣能凝澒成白银，飞丹砂成黄金，金成服之，百日升天，身生朱阳之翼，艳备员光之翼，悚则凌天，伏入无间，控飞龙而八遐遍，乘白鸿而九陔周。冥海之枣大如瓜，钟山之李大如瓶，臣以食之，遂生奇光。师安期投臣口诀，是以保万物之可成也'。于是上甚尊敬，为立屋第。"（《史记评林·封禅书》）

【汇评】

姚苎田：一求再求，写出可笑。（《史记菁华录·封禅书》）

⑥【汇注】

龚浩康：海上燕齐，指古代燕、齐两国靠近渤海之地，即今河北、山东等省沿海地区。（见王利器主编《史记注译》卷十二）

吴见思：《书》无"相效"字。（《史记论文·孝武本纪》）

【汇评】

凌稚隆：案："海上燕齐"句与前"周人言方士"句相应。（《史记评林·封禅书》）

⑦【汇评】

吴见思：神仙怪迂之事甚多，先出此二事作引，故结一句，拖一笔，少作一顿。后诸人皆从此生出章法。自武帝即位至此是第六节。（《史记论文·封禅书》）

邵泰衢：化金之说起，而丹砂铅汞殃。饮器益寿之言兴，而服食诡术售。独不见其病死乎？裴骃之注，亦迷于迂怪者也。刘向上书言黄金可成，致费帑金而论死。少翁以帛书饭牛，而以诈被诛。栾大尚主，而验之无实被诛。武帝曰自叹向时愚惑，为方士所欺，天下岂有仙人尽妖妄耳？卓哉！亲尝之而真知之也。世之论者往往以汉武媲之秦皇，不知秦皇焚弃诗书，汉武表章圣学，其相去本霄壤。但其穷奢欲而惑神仙，侈宫室而喜巡游，其匹耳。然有亡秦之失，卒无亡秦之祸者，有其本与。（《史记疑问》卷上）

郭嵩焘：案：此著方士言神鬼之始，皆李少君倡之。（《史记札记》卷三《封禅书第六》）

程馀庆：应前燕齐怪迂阿谀之徒，自此兴数句。汉武事五。（《历代名家评注史记集说·封禅书》）

姚苎田：妙。借"莫能"拖下"仙未至而怪迂来"矣。（《史记菁华录·封禅书》）

　　亳人薄诱忌奏祠泰一方①，曰："天神贵者泰一②，泰一佐曰五帝③。古者天子以春秋祭泰一东南郊，用太牢具，七日④，为坛开八通之鬼道⑤。"于是天子令太祝立其祠长安东南郊⑥，常奉祠如忌方⑦。其后人有上书，言"古者天子三年一用太牢具祠神三一：天一，地一，泰一⑧"。天子许之，令太祝领祠之忌泰一坛上，如其方⑨。后人复有上书，言"古者天子常以春秋解祠⑩，祠黄帝用一枭破镜⑪；冥羊用羊⑫；祠马行用一青牡马⑬；泰一、皋山山君、地长用牛⑭；武夷君用干鱼⑮；阴阳使者以一牛⑯"。令祠官领之如其方，而祠于忌泰一坛旁⑰。

① 【汇校】

裴　骃：徐广曰："一云亳人谬忌也。"（《史记集解·孝武本纪》）

司马贞：此文则衍"薄"字，而"谬"又误作"诱"矣。（《史记索隐·孝武本纪》）

陈　直：直按：《封禅书》及《汉书》，并作亳人谬忌。谬忌盖人名，此作诱忌而又衍薄字，盖为后人亳字之注音而阑入正文。古亳薄二字通用，《左》哀四年传"亳社灾，"《公羊传》作"薄社灾"是也。（《史记新证》）

【汇注】

司马贞： 亳，山阳县名。姓谬，名忌，居亳，故下称薄忌。（《史记索隐·孝武本纪》）

吴见思：《书》作"谬忌"。（《史记论文·孝武本纪》）

龚浩康： 亳，地名，有南亳（今河南省商丘县南）、北亳（今山东曹县南）、西亳（今河南省偃师县西）等几处，都曾为商朝的都城。薄诱忌：《索隐》认为"薄"是"亳"的衍文，"诱"是"谬"的误写，应作"谬忌"。《封禅书》和《汉书·郊祀志》都作"谬忌"。由于"亳"同"薄"，后文便将"亳人谬忌"省称为"薄忌"。（见王利器主编《史记注译》卷十二）

张大可： 太一，又写作泰一，北极神之别名，为天上最尊神。（《史记全本新注》卷二十八《封禅书第六》）

② **【汇注】**

司马贞：《乐汁徵图》曰："天宫，紫微。北极，天一、太一。"宋均云："天一、太一，北极神之别名。"《春秋佐助期》曰："紫宫，天皇曜魄宝之所理也。"石氏云："天一、太一名一星，在紫宫门外，立承事天皇大帝。"（《史记索隐·封禅书》）

【汇评】

张铭洽： 汉武帝登基后，"尤敬鬼神之祀"，也将中国历史上中央集权的封建专制制度推向成熟。"上帝"便在此时应运而生了。《史记·封禅书》记载："亳人谬忌奏祠太一方，曰：'天神贵者太一，太一佐曰五帝。'"把自古传说中认为最尊贵的五帝仅仅列为天神"太一"的辅佐。汉武帝当然立即采纳了这一说法。这使得中国古代天文学出现了一次革命。中国古代天文学自古就是与占星术联系在一起的，但无论是二十八宿也好，五大行星也好，或是其他一些奇异星象也好，在占星术中，它们仅仅起到了预示人间祸福的作用，都还不具有惟一最高神的身影。自从出现了"太一"，北极便归"太一"专有，称为"中宫"，"中宫天极星，其一明者，太一常居也"（《史记·天官书》）。"太一"也拥有了三公、后妃、藩臣、各种政府机构、车马、建筑等等，完全映照了地上的最高统治者——皇帝。北斗七星成为"太一"的专用工具，"斗为帝车，运于中央，临制四向。分阴阳，建四时，均五行，移节度，定诸纪，皆系于斗"（《史记·天官书》）。以前的占星术理论及方法（主要是楚文化中的内容）不仅全都被吸收、保留，而且得到了一次飞跃性的发展。这是自《甘石星经》问世以后中国古代天文学在南北文化大融合的背景下所出现的创造性成果。

"太一"最高神的确立，反映了专制主义意识形态的基本完善和走向成熟，也可以说是秦、汉祭祀崇拜意识中的最大不同。秦始皇可以藐视所有与己无干的神灵，独尊于天下，但却还不善于利用神灵的力量来巩固权力；而汉武帝之后的皇帝虽然看起来是率领天下臣民拜伏在一切神灵脚下，表现出对神灵的畏惧和服从，但神权却无处不在，帮助皇帝加强和巩固政权，这正是与天下臣民进一步拜伏在皇帝脚下相表里的。（《从〈史记·封禅书〉看秦汉之际的神灵崇拜》，见《司马迁与史记论集》第五辑）

③【汇注】

司马贞：其佐曰五帝，《河图》云"苍帝神名灵威仰之属也。（《史记索隐·孝武本纪》）

张守节：五帝，五天帝也。《国语》云"苍帝灵威仰，赤帝赤熛怒，白帝白招矩，黑帝叶光纪，黄帝含枢纽"。《尚书帝命验》云"苍帝名灵威仰，赤帝名文祖，黄帝名神斗，白帝名显纪，黑帝名云矩"。佐者，谓配祭也。（《史记正义·孝武本纪》）

龚浩康：佐，辅佐，指辅佐泰一的神。五帝，传说中的天上五方之帝：东方苍帝，名为灵威仰；南方赤帝，名为赤熛怒；中央黄帝，名为含枢纽；西方白帝，名为招拒；北方黑帝，名为叶光纪。一说五帝即太昊、炎帝、黄帝、少昊、颛顼。（见王利器主编《史记注译》卷十二）

④【汇校】

梁玉绳：附案：《史诠》谓"牢"下当有"具"字。然徐广曰"一云'日一太牢具七日'"，与《汉志》"日一太牢七日"合也。（《史记志疑·封禅书第六》）

【汇注】

裴　骃：徐广曰："一云日一太牢具，十日。"（《史记集解·孝武本纪》）

龚浩康：太牢，古代盛肉食用的器具叫牢，大的叫太牢。太牢用来盛牛、羊、猪三牲，因此也把祭祀时并用的三牲叫做"太牢"。（见王利器主编《史记注译》卷十二）

⑤【汇注】

司马贞：开八通鬼道。案：司马彪《续汉书·祭祀志》云："坛有八陛，通道以为门。"又《三辅黄图》云："上帝坛八觚，神道八通，广三十步。"（《史记索隐·封禅书》）

龚浩康：坛，土筑的高台，古代用来举行祭祀、朝会、盟誓等大事。八通之鬼道，坛的八方有通行的石阶，作为神鬼来往的走道。（见王利器主编《史记注译》卷十二）

张大可：闢坛坊，开通八方之鬼道。（《史记全本新注》卷二十八《封神书第六》）

⑥【汇注】

龚浩康：太祝，官名，掌管祭祀祈祷之事。（见王利器主编《史记注译》卷十二）

⑦【汇注】

吴见思：如谬忌所定方。（《史记论文·封禅书》）

【汇评】

程馀庆：此言神祠之始。汉武事六。（《历代名家评注史记集说·封禅书》）

⑧【汇校】

梁玉绳：附案：《史诠》曰："天、地、太一，所谓神三也（《汉志》缺"神"字，句读亦误），观下文作甘泉宫，画天、地、太一诸神可知矣。湖本读'祠神'句，而以三一、天一、地一、太一为四神，非也。"（盖因有三一之神而误）（《史记志疑·封禅书第六》）

【汇注】

顾颉刚：这种天神，无疑地发生于阴阳说：天一是阳神，地一是阴神；泰一更在阴阳之前，为阴阳所从出，所以谓之最贵。《易传》里说，"易有太极，是生两仪"。泰一便是太极，天一和地一便是两仪。……从此之后，泰一就是上帝之名，上帝就是泰一之位，终汉一代再也分不开来。（《中国近代思想家文库·顾颉刚卷·秦汉的方士与儒士》）

⑨【汇评】

程馀庆：汉武事七。（《历代名家评注史记集说·封禅书》）

编者按：汉武帝对方士们可谓言听计从，尤其是在元封元年前后在封禅问题上，简直是让他们牵着鼻子走。但是，他究竟还是一个很有主见的人。比如，他绝不允许方士们有意欺骗自己，一经发现，必以欺君之罪论处，如李少翁、栾大之流。他也并未愚昧迷信到底，而是不断地观察实效，直至最后觉悟。

⑩【汇注】

司马贞：谓祠祭以解殃咎，求福祥也。（《史记索隐·封禅书》）

吴见思：《书》无"秋"字。（《史记论文·孝武本纪》）

龚浩康：解祠，为了消灾解祸而举行祭祀。（见王利器主编《史记注释》卷十二）

张大可：解祠，祓除不祥之祭。《论衡·解除篇》评述古代解除之法。例如新屋落成，设土偶人致祭，解谢土神，名曰解土。凡解除，先设鬼形致祭，祭毕驱以刃杖，以为这样就驱除了恶鬼。王充抨击以为妄。古人迷信乃尔。（《史记全本新注》卷二十八《封禅书第六》）

⑪【汇注】

裴　骃：孟康曰："枭，鸟名，食母。破镜，兽名，食父。黄帝欲绝其类，使百物祠皆用之。破镜如貙而虎眼。或云直用破镜。"如淳曰："汉使东郡送枭，五月五日为枭羹以赐百官。以恶鸟，故食之。"（《史记集解·孝武本纪》）

龚浩康：枭，通"鸮"，传说中吃母的恶鸟。破镜，又叫"獍"，传说中吃父的恶兽。（见王利器主编《史记注译》卷十二）

张大可：用这类恶鸟恶兽祭祀黄帝，令天下人猎捕恶鸟恶兽使其无遗种。(《史记全本新注》卷二十八《封禅书第六》)

⑫【汇注】

裴　骃：服虔曰："神名也。"(《史记集解·孝武本纪》)

编者按：此处断句与《封禅书》有异。《封禅书》为"冥羊用羊祠"较为合适。因此句为五个排比句的首句，首句用了"祠"，以下便可因为句式相似而省去，语气、语意照样连贯，且与"祠黄帝用一枭破镜"在句式上有所变化，也不显得板滞。

⑬【汇注】

程馀庆：冥羊马行，二神名，后总序明。(《历代名家评注史记集说·封禅书》)

⑭【汇注】

裴　骃：徐广曰："泽，一作'皋'。"(《史记集解·封禅书》)

司马贞：此则人上书言古天子祭太一。太一，天神也。泽山，本纪作"皋山"。皋山君地长，谓祭地于皋山。同用太牢，故云"用牛"。盖是异代之法也。(《史记索隐·封禅书》)

张守节：丁文反。三并神名。(《史记正义·孝武本纪》)

吴见思：《书》作泽。(《史记论文·孝武本纪》)

梁玉绳：附案：《汉志》及《补今上纪》作"皋山山君"，此脱"山"字(《志》脱"地长"，《索隐》以祭地于皋山解之，非。湖本又讹"皋"为"峄")。徐广曰"泽，一作'皋'"。泽与皋古通，《诗》"九皋"，《传》"皋，泽也"。《列女传》皋陶之"皋"作"䍃"，《颜氏家训·书证篇》所云"皋，分泽片尔"。又《历书》引《大戴礼·诰志篇》"㮯鹞先㳿"(《礼》作"瑞䧹无释"，未测其旨)，《索隐》解"㳿"为"泽"(古释泽又通)。宋江休复《杂志》引此语云"夏英公文字中用'㳿'作'坡泽'之'泽'"(江更引宋子京《谢历表》作"呼号之号"，则误矣)。《天官书》"太白章大圜黄㳿"，注"音泽"，皆可互证。或以"泽"为"皋"之误，不然也。(《左传》襄十七"泽门"，《释文》言"或作'皋'误"，然《大雅·绵》疏作"皋门"，不得为误。《水经颍水注》"泽城即古城皋亭是"，亦一证也)。(《史记志疑·封禅书第六》)

⑮【汇注】

司马贞：顾氏案：《地理志》云建安有武夷山，溪有仙人葬处，即《汉书》所谓武夷君。是时既用越巫勇之，疑即此神。今案：其祀用干鱼，不缛牲牢，或如顾说也。(《史记索隐·封禅书》)

龚浩康：武夷君，武夷山神，武夷山在今福建省崇安县南。(见王利器主编《史记注译》卷十二)

⑯【汇注】
　　裴　骃：《汉书音义》曰："阴阳之神也。"（《史记集解·孝武本纪》）
【汇评】
　　凌稚隆：（黄洪宪）又曰："下一'以'字，代用字，盖文法变化如此。"（《史记评林·封禅书》）
⑰【汇评】
　　凌稚隆：黄洪宪曰："祠黄帝用某物，又倒一文法云冥羊用某物祠，以后只云用某物，而总之曰'令祠官领之各如其方'，有许多情景在里面。"（《史记评林·封禅书》）
　　程馀庆：汉武事八。三段俱以谬忌作主而各结以天子，令祠官三句伸缩倒换妙甚。（《历代名家评注史记集说·封禅书》）
　　郭嵩焘：案：武帝始信鬼神，淫祀所由起也，而郊祀一袭秦旧，至是创为太一之名，而滥及天地，繁为之名，杂天地之祠于诸淫祀中，则渎乱典礼为尤甚矣。此等皆由上书贸然言之，亦遂贸然行之，汉初君臣，不学无术如此，三代圣主之典礼，后世永不复能考见，此可叹也。（《史记札记》卷三《封神书第六》）

　　其后，天子苑有白鹿①，以其皮为币②，以发瑞应③，造白金焉④。

①【汇注】
　　龚浩康：天子苑，指当时的皇家园林上林苑。（见王利器主编《史记注译》卷十二）
②【汇注】
　　司马贞：案：《食货志》皮币以白鹿皮方尺，缘以缋，以荐璧，得以黄金一斤代之。又汉律皮币率鹿皮方尺，直黄金一斤。（《史记索隐·孝武本纪》）
　　龚浩康：币，指既作货币，又用以作垫璧礼品的白鹿皮币。（见王利器主编《史记注译》卷十二）
③【汇注】
　　龚浩康：瑞应，吉祥的征兆。古代迷信说法，认为帝王施行德政，上天就会有祥瑞的感应。（见王利器主编《史记注译》卷十二）
④【汇注】
　　司马贞：案：乐产云"谓龙、马、龟"。（《史记索隐·封禅书》）
　　又：案：《食货志》白金三品，各有差也。（《史记索隐·孝武本纪》）

张守节：白金三品，武帝所铸也。如淳曰："杂铸银锡为白金也。"《平准书》云："造银锡为白金。以为天用莫如龙，地用莫如马，人用莫如龟，故曰白金三品。其一曰重八两，圆之，其文龙，名曰白选，直三千；二曰重差小，方之，其文马，直五百；三曰复小，隋之，其文龟，直三百。"《钱谱》云："白金第一，其形圆如钱，肉好圆，文为一龙。白银第二，其形方小长，肉好亦小长，好上下文为二马。白银第三，其形似龟，肉好小，是文为龟甲也。"（《史记正义·孝武本纪》）

龚浩康：白金，银，这里指银锡合金。当时铸有龙、马、龟三种图形的白金币。（见王利器主编《史记注译》卷十二）

【汇评】

吴见思：汉武事九。皮币事闲甚，因瑞应，故序入。（《史记论文·封禅书》）

编者按：汉武帝在我国货币改革史上进行了开创性的工作，留下了不可磨灭的一页：其一，从元鼎四年（前113）开始，他将铸币权收归国家所有，实行铸币的国家垄断。这一措施，今天仍然沿用。其二，他下令铸造的五铢钱是我国历史上数量最多，流通最久的钱币。其三，他下令制作的白鹿皮币，乃是一种信用货币。当然，他也有过货币政策的失误。如改铸、发行三铢钱，就被认为是加紧盘剥国民，并造成通货膨胀的恶果。

从元光二年，汉武帝除了"尤敬鬼神之祀"外，在千古传颂的文治武功方面，还有哪些重要的举措呢？

一、内修法度，开局良好。

1. 三令五申实行选拔各种人才的察举制度，并于元朔元年下诏：凡不举荐孝廉者，都要受到惩罚。2. 在大力表彰孝道、仁术的同时，重用张汤等酷吏，严刑峻法，使"霸王道杂之"的"汉家制度"进一步明朗化。3. 元朔三年颁布"推恩令"，名为推广仁政，实为削弱王国势力。4. 改革朝廷组织机构，"中朝"（或"内朝"）的势力正在形成，丞相的权力不断弱化。5. 以处理窦婴、田蚡之党争为契机，采取多种措施，打击豪强游侠，力求稳固政权，稳定社会。6. 进一步改革兵制，加强中央军事力量，于元朔六年增置武功爵十一级。

二、外攘四夷，初见成效。

1. 元光二年冬，开始了大规模征讨匈奴的战争。2. 元光五年，以唐蒙发巴蜀卒治南夷道，遣中郎将司马相如谕抚开西夷，置一都尉十余县属蜀郡。3. 元朔元年，东夷秽君南闾举众降汉，以其地置苍海郡。4. 不断地帮助闽越、南越排忧解难，为其后的统一奠定了基础。5. 张骞第一次出使西域，经过十二年的艰难曲折，经于在元朔三年回到长安。

三、广开财路，力渡难关。

1. 采纳董仲舒"限民名田,以澹不足,塞兼并之路,然后可善治也"的建议,改革土地占有、使用和管理制度,以保证农牧业生产收入的不断增加。2. 重视水利建设。如采纳大司农郑当时的奏议,开始修建集灌溉运输于一体的漕渠;接受庄熊罴的建议,开始修建具有世界历史意义的用井渠法输水灌溉的龙首渠。同时,大力治河救灾,减少经济损失。如元光三年,发兵十万,堵塞濮阴瓠子的黄河决口。3. 根据市场实际情况变更货币形式,为统一全国货币做准备。4. 增加税种和税量。如元光六年冬,"初算商车,租及六畜"。5. 卖官鬻爵,出货赎罪和免役。如元朔二年,"令民入奴婢得复,入羊为郎";元朔六年,"令民得买爵及赎禁锢免减罪"。可以说,有汉以来,汉武帝将这些措施用得最滥,因而争议也最大。6. 募民开边。如元朔二年夏,募民十万徙朔方。

四、以文治国,特点突出。

1. 初步确立了以儒家思想为主,又悉延百端之学的文化教育方针和选拔人才的原则。2. 元朔五年,颁"劝学诏",从公孙弘请定太学制度置博士弟子员,又令天下郡国皆立学校官。3. 任用司马谈为太史令,除负责修史外,还有一项重要的职责就是收集、整理、研究各种遗书。《隋书·经籍志》对此有详细记载。4. 自建元五年置五经博士后,西汉的经学研究日渐兴盛起来。5. 由于汉武帝的喜好与倡导,汉赋的创作和乐府诗的采集都取得了辉煌的成就。

其明年①,郊雍,获一角兽②,若麃然③。有司曰④:"陛下肃祗郊祀⑤,上帝报享⑥,锡一角兽⑦,盖麟云⑧。"于是以荐五畤⑨,畤加一牛以燎⑩。赐诸侯白金,以风符应合于天地⑪。

① 【汇注】
　裴　骃:徐广曰:"武帝立已十九年。"(《史记集解·封禅书》)
【汇评】
　凌稚隆:案:篇中凡"其明年""其后某年""某来年""其春""其冬""并是岁"等语俱略不详。(《史记评林·封禅书》)
② 【汇注】
　龚浩康:一角兽,长着一只角的野兽。(见王利器主编《史记注译》卷十二)
③ 【汇注】
　裴　骃:韦昭曰:"楚人谓麋为麃。"(《史记集解·孝武本纪》)
　司马贞:麃音步交反。韦昭曰"体若麕而一角,《春秋》所谓'有麕而角'是也。

楚人谓麋为麔"。又《周书·王会》云"麔者若鹿"。《尔雅》云"麠,大鹿也,牛尾一角"。郭璞云汉武获一角兽若麠,谓之麟是也。(《史记索隐·孝武本纪》)

凌稚隆：余有丁曰："案：《武纪》'若麠然',《汉书》诏'获驳麠',此'若麟然'正明其非麟也"。(《史记评林·封禅书》)

吴见思：《书》作"若麟然"。(《史记论文·孝武本纪》)

龚浩康：麠,同"麃"。古代鹿的一种,据说外形像獐,牛尾,一角。(见王利器主编《史记注译》卷十二)

张大可：其明年,元狩元年(前122)。获一角兽,《汉书·武帝纪》作"获白麟"。麠,鹿属,形似麏,牛尾一角。(《史记全本新注》卷二十八《封禅书第六》)

编者按："麠"字,龚、张二人都用了颜师古的释义,读音似以páo为准,但"同'麃'"一说,明显不合原文之义。

④【汇注】

龚浩康：有司,即主管官吏。古代设官分职,诸事各有专人主管,所以称有关主管官员为"有司"。(见王利器主编《史记注译》卷十二)

⑤【汇注】

龚浩康：陛下,臣下对帝王的尊称。肃祗,庄严恭敬。(见王利器主编《史记注译》卷十二)

⑥【汇注】

龚浩康：报享,报答对他的祭祀。(见王利器主编《史记注译》卷十二)

⑦【汇注】

龚浩康：锡,赐,给予。(见王利器主编《史记注译》卷十二)

⑧【汇校】

梁玉绳：案：获麟在元狩元年,而造白金及皮币在元狩四年,此误也。《汉志》删"其后天子"二十一字,改"其明年"为"后二年"。"若麟"当依《汉志》及《补纪》作"若麠",观下文"盖麟"之言可见矣。考元狩元年骐牙出建章宫后阁重楼中,与获麟同时,此符瑞之一也,故马卿《封禅书序》云"囿驺虞之珍群",《颂》云"般般之兽,乐我君囿"。马、班皆不载其事,仅见褚生所续《滑稽传》内。又：元狩元年作《白麟歌》,元鼎四年作《宝鼎天马歌》,元封二年作《瓠子》《芝房歌》,五年作《盛唐枞阳歌》,太初四年作《西极》《天马歌》,太始三年作《朱雁歌》,四年作《交门歌》,《史》讫太初,自不及《朱雁》《交门》,《瓠子》载《河渠书》,其余《白麟》《宝鼎》《芝房》《盛唐枞阳》等歌,皆宜入《封禅书》,史公略而不载,未知其故。两《天马歌》宜入《大宛传》,亦不载。(《乐书》后人所续,不足据)。(《史记志疑·封禅书第六》)

【汇注】

张守节：《汉书·终军传》云"从上雍，获白麟。"一角戴肉，设武备而不为害，所以为仁。（《史记正义·孝武本纪》）

凌稚隆：苏轼曰："史迁书'获一角兽，盖麟云'，'盖'之为言疑之也。夫兽而一角固麟矣，何疑焉？岂求之武帝而未见所以致麟者欤？"（《史记评林·封禅书》）

程馀庆：《汉书·终军传》：从上幸雍祠五畤，获白麟一角而五蹄。（《历代名家评注史记集说·封禅书》）

龚浩康：盖，大概，副词。麟，麒麟，古代传说中的一种动物，外形像鹿，独角，全身生鳞甲，牛尾。一般认为是吉祥的象征，与龙、凤、龟一起称为"四灵"。（见王利器主编《史记注译》卷十二）

【汇评】

凌稚隆：案："盖麟云"与管仲言"麒麟来"暗应。（《史记评林·封禅书》）

程馀庆：若麟盖麟之者，皆疑辞也。与前管仲言麒麟不来句暗应。（《历代名家评注史记集说·封禅书》）

钱锺书：《考证》引洪迈曰："东坡作《赵德麟字说》云：'汉武帝获白麟，司马迁、班固书曰：获一角兽，盖麟云；盖之为言，疑之也。'予观《史》《汉》所记事，或曰'若'，或曰'云'，或曰'焉'，或曰'盖'，其语舒缓含深意。姑以《封禅书》《郊祀志》考之，漫记于此。"按：马迁此篇用"云"字最多，如"其详不可得而纪闻云"、"其牲用骝驹、黄牛、羝羊各一云"、"夜致王夫人及灶鬼之貌云"、"或曰郊上帝诸神祠所聚云"、"则若雄鸡其声殷殷云"、"凤辄引去，终莫能至云"、"闻其言不见其人云"、"闻若有言'万岁'云"、"三元以郊得一角兽曰'狩'云"、"东入海求其师云"、"因以祭云"、"乃遣望气佐候其气云"、"食群神从者及北斗云"、"见大人迹云"。复出叠见，语气皆含姑妄言而姑妄听之意，使通篇有惝恍迷茫之致。然苏轼语诚是矣，尽惬则犹未也。《封禅书》原文曰："郊雍，获一角兽，若麟然；有司曰：'……上帝报享，锡一角兽，盖麟云'。"一"若然"，一"盖云"，字不苟下。《孔子世家》："俱适周问礼，盖见老子云"；《伯夷列传》："余登箕山，其上盖有许由冢云"。合观则辞旨益明。一角之兽，曾获其物，而为麟与否，有司迎合，不可必也；孔子适周，尝有其事，而果问礼老子与否，传说渺悠，不得稽也；箕山有冢，马迁目击，而真埋许由之骨与否，俗语相沿，不能实也。"云"之为言，信其事之有而疑其说之非尔。常谈所谓"语出有因，查无实据"也。（《管锥编》第一册《史记会注考证五八则》）

⑨【汇注】

龚浩康：荐，进献。（见王利器主编《史记注译》卷十二）

张大可：荐，祭。（《史记全本新注》卷二十八《封禅书第六》）

⑩【汇注】
　　张守节：力召反，焚也。（《史记正义·孝武本纪》）
　　龚浩康：燎，焚柴祭天的祭礼。（见王利器主编《史记注译》卷十二）

⑪【汇校】
　　李　笠：案：依文"地"当作"也"。又：上云上帝报享，获一角兽，此符应合于天未合于地也。盖也与地形近，又涉天字而误耳。《书》《志》并不误。（《广史记订补》卷三《封禅书》）

【汇注】
　　裴　骃：晋灼曰："符瑞也。"瓒曰："风示诸侯以此符瑞之应。"（《史记集解·孝武本纪》）
　　吴见思：以符应风诸侯也。（《史记论文·封禅书》）
　　龚浩康：风，通"讽"，暗示。符应，古代迷信，以所谓天降祥瑞来附会人事，称为符应，又叫"瑞应。"地，当作"也"，《封禅书》与《汉书·郊祀志》都作"也"。（见王利器主编《史记注译》卷十二）

【汇评】
　　凌稚隆：刘廷兰曰："君子玄览往籍，迄睹兹纪，为吁嗜嗟慨焉，曰嗟乎咄哉！其不讲于搜狩之术也，甚哉！其不知物也。得一兽而嬖之，彼乃以是为休征也。夫古者天子大礼，春搜夏苗秋狝冬狩，皆于农隙以讲武也，以数军实、昭文章、明贵贱、辨等列、顺少长、习威仪也。得其物不足喜，不得不足异也。在书文王不敢盘于游田以万民，惟正之供，左师摩厉而鸣祈招之音，楚灵为之叹息，卒以不终狩，何取乎？其又何夸于元而名之也。且夫岐山之凤、郊椒之麟、洛水之神龟，生有异质而亦有定名，不闻其以若称也。而独不知有南方之昭明若凤，周幽王之鼋鼋若龙若龟耶！物若矣，乃休灾，亦判之一角之谓何以若麟而麟焉，其真不识麟者耶。我闻之《诗》曰'麟之趾，振振公子'，又曰'振振公姓'，夫亦其非物之谓，人之谓耳。不以人瑞而以物瑞，帝乃淫于其末矣。不然均麟也，岂其麟于周而公子振振，汉麟之而竟以来巫蛊之祸，何以故？吾故曰元狩之得一角兽也，搜狩之术，不讲物则不辨，而妄言休征，以诳天下万世，其主与臣均有责云。"（《史记评林·孝武本纪》）
　　程馀庆：上云以发瑞应造白金，今因获白麟赐诸侯白金，风示以符瑞之应，合于天也。拖一笔逸韵正有讽刺。汉武事十。（《历代名家评注史记集说·封禅书》）

　　于是济北王以为天子且封禅①，乃上书献泰山及其旁邑②。天子受之，更以他县偿之。常山王有罪③，迁④，天子封其弟于真定⑤，以续先王祀⑥，而以常山为郡。然后五岳皆在天子之郡⑦。

① 【汇注】

龚浩康：济北王，刘胡，汉高帝曾孙。国辖今山东省平阴、泰安等县地，都城在卢县（今长清县南）。且，将要。（见王利器主编《史记注译》卷十二）

【汇评】

吴见思：又为封禅再引起。（《史记论文·封禅书》）

浦起龙：是为第二次附会封禅以符瑞串合，于是太山地从侯国来归，脚地已立。（《古文眉诠》卷二十）

程馀庆：济北成王胡。紧接上风符应，合于天句。以为封禅引起，所谓未有睹符瑞见而不臻乎泰山者也。用笔有渴骥奔泉之势。（《历代名家评注史记集说·封禅书》）

② 【汇注】

龚浩康：泰山，山名，在今山东省中部，古称东岳，主峰玉皇顶在今泰安市北。古代帝王常在泰山举行封禅大典。（见王利器主编《史记注译》卷十二）

③ 【汇注】

班　固：（编者按：元鼎四年）常山王舜薨。子勃嗣立，有罪，废，徙房陵。（《汉书·武帝纪》）

龚浩康：常山王，刘勃，汉景帝之孙。国辖今河北省西南部分地区，都城在元氏（今元氏县西北）。（见王利器主编《史记注译》卷十二）

④ 【汇注】

龚浩康：迁，流放。（见王利器主编《史记注译》卷十二）

⑤ 【汇注】

龚浩康：真定，县名，在今河北省正定县南。武帝置真定国，都城设此。（见王利器主编《史记注译》卷十二）

⑥ 【汇注】

裴　骃：徐广曰："元鼎四年时。"（《史记集解·封禅书》）

⑦ 【汇校】

梁玉绳：附案：《汉志》及《补今上纪》并作"天子之郡"，疑"邦"字乃"郡"之讹。（《史记志疑·封禅书第六》）

辛德勇：《史记·封禅书》原文："……然后五岳皆在天子之邦。"……昔清人顾炎武尝谓："凡作书者，莫病乎其以前人之书改窜而为自作也。班孟坚之改《史记》，必不如《史记》也。"《汉书》相关文字既然是直接脱胎于《史记》，也就更不必非改易早出的《史记》本文不可。

若从修辞上看，上句已言"以常山为郡"，若继之复云"然后五岳皆在天子之郡"，"郡"字连续重复，文辞呆滞，不如写作"天子之邦"有错落的韵致；又"天子之郡"是一句大白话，不过直书其事，而"天子之邦"语出《诗经》，故新改者又不如原文沉着庄重。

再从其实质性内容上看，当时汉廷移改诸侯王封地，将其从像五岳这样具有神圣象征意义的名山大川所在的区域迁出，这本来是汉武帝地域控制措施的一个重要环节，即用以凸显天子至高无上的尊严和权威；相对来说，也就是贬损诸侯王的地位。因此，司马迁借用《诗经》"天子之邦"这一语句来反映大汉朝廷对这些宗教性圣地的控制，其意图便是提升天子直辖区域相对于东方诸侯之国的尊崇地位。以"天子之邦"来暗对"诸侯之国"，谓五岳皆端居于"天子之邦"而不再错置于"诸侯之国"，此亦顾炎武所说《史记》较诸《汉书》"令人读之感慨有余味"处。知此历史蕴涵，尤其不应轻易更改旧文。（《史记新本校勘》）

【汇注】

龚浩康：当时北岳恒山在今河北省曲阳县西北，因避文帝讳改名常山。故改常山为郡后，五岳皆在天子之郡。（见王利器主编《史记注译》卷十二）

【汇评】

程馀庆：汉讳邦、雉与恒，此书不讳，误也。小收应前伏后。汉武事十一。（《历代名家评注史记集说·封禅书》）

编者按：元狩元年的大事还有：

一、因猎获白麟而改元元狩，汉武帝正式建立年号由此开始。

二、十一月，淮南王安、衡山王赐谋反，诛，二国除。党与死者数万人。

三、立刘据为皇太子。

四、关心民生疾苦，诏遣谒者巡行天下，存问致赐。

其明年①，齐人少翁以鬼神方见上②。上有所幸王夫人③，夫人卒，少翁以方术盖夜致王夫人及灶鬼之貌云④，天子自帷中望见焉⑤。于是乃拜少翁为文成将军⑥，赏赐甚多，以客礼礼之⑦。文成言曰："上即欲与神通⑧，宫室被服不象神，神物不至⑨。"乃作画云气车，及各以胜日驾车辟恶鬼⑩。又作甘泉宫⑪，中为台室，画天、地、泰一诸神，而置祭具以致天神⑫。居岁馀，其方益衰⑬，神不至⑭，乃为帛书以饭牛⑮，详弗知也⑯，言此牛腹中有奇⑰。杀而视之，得书，书言甚怪，天子疑之。有识其手书，问之人⑱，果（为）〔伪〕书⑲。于是诛文成将军而隐之⑳。

① 【汇注】
　　张大可：其明年，据《资治通鉴》文成被诛在元狩四年，以下文"居岁余"被诛来推计，文成见武帝当在元狩二年或三年之间。（《史记全本新注》卷二十八《封禅书第六》）

② 【汇注】
　　张守节：《汉武故事》云少翁年二百岁，色如童子。（《史记正义·孝武本纪》）
　　程馀庆：少翁姓李。（《历代名家评注史记集说·封禅书》）
　　龚浩康：少翁，即"少年老人"的意思。齐人长相如少年，自称年已两百多岁以骗人。（见王利器主编《史记注译》卷十二）

③ 【汇校】
　　张守节：《汉书》作"李夫人"。（《史记正义·孝武本纪》）
　　【汇注】
　　裴　骃：徐广曰："齐怀王闳之母也。"骃案：桓谭《新论》云武帝有所爱幸姬王夫人，窈窕好容，质性孅佞。（《史记集解·孝武本纪》）
　　又：徐广曰："《外戚传》曰赵之王夫人幸，有子，封为齐王。"（《史记集解·封禅书》）
　　张大可：王夫人，汉武帝宠姬，赵人，齐王刘闳之母。（《史记全本新注》卷二十八《封禅书第六》）

④ 【汇校】
　　梁玉绳：附案：《史》作"王夫人"，故徐广以赵之王夫人为证，见《外戚世家》及《汉·外戚传》（各本徐注有讹），而《郊祀志》及《外戚传》却作"李夫人"。潘岳《悼亡诗》"独无李氏灵，仿佛睹尔容"。白居易有《新乐府·李夫人篇》，用《汉书》也。但李夫人卒时，少翁之死已久，必《汉书》误（晋葛洪《抱朴子·论仙篇》谓"《史记》《汉书》皆云李夫人"，乃记录谬耳）。又《拾遗记》谓是李少君致李夫人于纱幕中，唐陈鸿《长恨歌传》亦作"李少君"，皆误以少翁为李少君耳。而《拾遗》之误从桓谭《新论》来，李善注安仁《悼亡》引《新论》曰"李夫人死，方士李少君言能致其神"。（裴骃于《补记》，《索隐》于《外戚世家》并引《新论》作"王夫人"，此处引《新论》同，与《选》注不合。又《索隐》称李少翁谓出《汉书》，少翁

姓李，《汉书》未见，恐小司马误。《居易录》引《拾遗记》作"董仲君"，亦所未闻）。(《史记志疑·封禅书第六》)

⑤【汇注】

凌稚隆：光缙曰：案：《汉书》："武帝思念李夫人不已，少翁言能致其神。乃夜设灯烛帷幄，而令帝居他帐，遥见望好女如夫人之貌而不得就视，益悲感。为作诗令乐府诸音家弦歌之曰：'是耶非耶，立而望之，偏娜娜，何姗姗其来迟。'"盖帝之迷惑如此。(《史记评林·封禅书》)

龚浩康：帷，帐幕。(见王利器主编《史记注译》卷十二)

【汇评】

程馀庆：按：李夫人卒时，少翁死已久矣。《史》以为王夫人是。幻极隐约得妙。(《历代名家评注史记集说·封禅书》)

⑥【汇注】

龚浩康：拜，授与官职。(见王利器主编《史记注译》卷十二)

⑦【汇注】

龚浩康：礼之，以礼节接待他。(见王利器主编《史记注译》卷十二)

⑧【汇注】

龚浩康：即，如果，假使。(见王利器主编《史记注译》卷十二)

张大可：即欲，如欲。(《史记全本新注》卷二十八《封禅书第六》)

⑨【汇评】

程馀庆：联宫室衣服，与求仙为一。(《历代名家评注史记集说·封禅书》)

⑩【汇注】

裴　骃：《汉书音义》曰："如火胜金，用丙与丁日，不用庚辛。"(《史记集解·孝武本纪》)

司马贞：案：乐产云："谓画青车以甲乙，画赤车丙丁，画玄车壬癸，画白车庚辛，画黄车戊己。将有水事则乘黄车，故下云'驾车辟恶鬼'是也。"(《史记索隐·封禅书》)

吴见思：青云车以戊己日驾。余同。(《史记论文·封禅书》)

张家英：(胜日)本例又见于《封禅书》，文字全同。《索隐》"案：乐产云：'谓画青车以甲乙，画赤车丙丁，画玄（黑）车壬癸，画白车庚辛，画黄车戊己。'将有水事则乘黄车，故下云'驾车辟恶鬼'也。"顾炎武《日知录》卷二十七云："胜日谓五行相克之日也。《索隐》非。"

"胜日"确实指"五行相克之日"，其中"胜"之义同"克"。古代五行学说中，以"金、木、水、火、土"配十天干，其组合为：甲乙木，丙丁火，戊己土，庚辛金，壬癸水。五行可以相生，亦可以相克。其相生的顺序是：木生火，火生土，土生金，金生水，水生木。相克的顺序则是：水克火，火克金，金克木，木克土，土克水。"相克"也叫"相胜"。《集解》引《汉书音义》的说法，用的即是"五行相克"的思想。当要解决"金"的问题时，只能用丙丁，因为丙丁属"火"，"火克金"；不能用庚辛，因为庚辛属"金"，金与金不能克，只能互相壮大。

五行学说又将五行与五方、五色、五味、五音等相配，以组合为变化的复杂关系。上举《索隐》所引乐产的说法，将五行与五色相配，即将"木、火、土、金、水"配以"青、赤、黄、白、黑"。"有水事则乘黄车"，黄色属"土"，取"土克水"之义。（《〈史记〉十二本纪疑诂·孝武本纪》）

龚浩康： 胜日，指干支五行相胜（克）之日。如甲乙日驾青车，丙丁日驾赤车占居优势；又驾青车办土事，驾赤车办金事占居优势之类。（见王利器主编《史记注译》卷十二）

张大可： 胜日，五行相克之日。甲乙为木，丙丁为火，戊己为土，庚辛为金，壬癸为水，如水胜金，用丙丁日而不用庚辛。丙丁为火，赤色，出行乘赤色车，可以避恶鬼。（《史记全本新注》卷二十八《封禅书第六》）

⑪【汇注】

龚浩康： 甘泉宫，宫名，又叫云阳宫。故址在今陕西省淳化县甘泉山。（见王利器主编《史记注译》卷十二）

【汇评】

凌稚隆： 光缙曰，以后凡"又"字皆见武帝甘得之心（编者按："甘得之心"化用《史记·封禅书》"世主莫不甘心焉"句意）不息。（《史记评林·封禅书》）

⑫【汇评】

吴见思： 极写兴作纷纷。（《史记论文·封禅书》）

⑬【汇注】

龚浩康： 益衰，越发不见灵验。（见王利器主编《史记注译》卷十二）

⑭【汇评】

程馀庆： 扫兴。（《历代名家评注史记集说·封禅书》）

⑮【汇注】

张守节： 饭，房晚反。书绢帛上为怪言语，以饲牛。（《史记正义·孝武本纪》）

程馀庆： 为怪语书帛上杂草中以饭牛。（《历代名家评注史记集说·封禅书》）

龚浩康： 饭牛，喂牛，指将帛书让牛吞食下去。（见王利器主编《史记注译》卷十二）

⑯【汇注】

龚浩康：详，通"佯"，假装。（见王利器主编《史记注译》卷十二）

⑰【汇评】

程馀庆：幻。与新垣平玉杯事相似而拙。（《历代名家评注史记集说·封禅书》）

⑱【汇注】

吴见思：《书》作"天子识其手书，问其人。"（《史记论文·孝武本纪》）

程馀庆：文成役使之人。（《历代名家评注史记集说·封禅书》）

⑲【汇校】

张文虎：北宋、中统、游、王、柯、毛并作"为"，此亦古字之仅存者。凌本改"伪"，非。（案：中华本为便利读者，改"为"为"伪"）。（《校刊史记集解索隐正义札记》卷一）

编者按：点校本二十四史修订本《史记》改为"为"。

⑳【汇注】

张守节：《汉武故事》云："文成诛月馀，有使者籍货关东还，逢之于漕亭，还见言之，上乃疑，发其棺，无所见，惟有竹筒一枚，捕验间无踪迹也。"（《史记正义·孝武本纪》）

【汇评】

凌稚隆：屠隆曰："'隐之'二字甚有着，为下'文成食马肝死耳'张本。"（《史记评林·封禅书》）

吴见思：前欺武帝者多矣，独诛文成，盖怪书之中有言及国祚，要挟武帝也。（《史记论文·封禅书》）

程馀庆：隐之者，将以求方士，冀遇其真也，痴得妙已。为下悔文成蚤死，并文成食马肝勾伏案。（《历代名家评注史记集说·封禅书》）

编者按：李少翁有意造假固然可恨，然而更可恨的是汉武帝竟将早已被秦始皇等人证明为不可能实现的虚幻境界当成终身奋斗目标，而且还要兴师动众，孜孜以求，即使撞了南墙也不回头（汉武帝在他的晚年虽然对自己的愚蠢举动有所觉醒，但是，由此而造成的巨大损失却是难以挽回的）。因此，他只能识破方士一时一事的欺骗行为，却不能识破这些行为的本质，更不能认识到自己的奋斗目标——长生不老的虚假性。而这一虚假性正好是李少翁造假的真正根源。

元狩四年是汉武帝历史上又一个不平凡的年份。

一、这年冬天，徙关东灾区贫民七十二万五千口于陇西、北地、西河、上郡、会稽，县官衣食振业，又遣使虚郡仓廪振贫，募豪富相假贷，尽力解决灾荒问题。

二、以卫青为大司马大将军、霍去病为大司马骠骑将军，统兵数十万人，与匈奴进行了漠北大决战，从此以后，两国开始进入休战缓和时期。

三、"汉之飞将军"李广自杀。

四、大司农令郑当时提议盐铁官营。

五、颁发告缗令，初算缗钱。

六、毁四铢半两钱，改铸三铢钱，并造皮币、金币。这是汉武帝的第三次货币政策。

七、张骞第二次出使西域。

其后则又作柏梁、铜柱、承露仙人掌之属矣①。

① 【汇注】

裴　骃：徐广曰："元鼎二年时。"（《史记集解·封禅书》）

又：苏林曰："仙人以手掌擎盘承甘露也"。（《史记集解·孝武本纪》）

司马贞：服虔云："用梁百头。"案：今字皆作"柏"。《三辅故事》云"台高二十丈，用香柏为殿，香闻十里。"（《史记索隐·孝武本纪》）

又：《三辅故事》曰"建章宫承露盘高三十丈，大七围，以铜为之。上有仙人掌承露，和玉屑饮之。"故张衡赋曰"立修茎之仙掌，承云表之清露"是也。（《史记索隐·孝武本纪》）

龚浩康：柏梁，台名，台高二十丈，相传以香柏为梁，所以称"柏梁台"，故址在今陕西省长安县西北。铜柱承露仙人掌，汉武帝在建章宫神明台建铜柱，高二十丈，大七围，上有仙人掌承接露水。他迷信，以为用这种露水和着玉石的粉末调制成"玉露"，经常服用，就能长生不老。（见王利器主编《史记注译》卷十二）

【汇评】

程馀庆：又因甘泉一句，带序柏梁承露等。为后作宫观作引。汉武事十二。（《历代名家评注史记集说·封禅书》）

文成死明年①，天子病鼎湖甚②，巫医无所不致，（至）不愈③。游水发根乃言曰④："上郡有巫⑤，病而鬼下之⑥。"上召置祠之甘泉⑦。及病，使人问神君⑧。神君言曰⑨："天子毋忧病⑩。病少愈，强与我会甘泉⑪。"于是病愈，遂幸甘泉⑫，病良已⑬。大赦天下⑭，置寿宫神君⑮。神君最贵者（大夫）〔太一〕⑯，其佐曰大禁、司命之属，皆从之⑰。非可得见，闻其音，与人言等⑱。时去时来，来则风肃然也⑲。居室帷中。时昼言，然常以夜⑳。天子祓，然后入㉑。因巫为主人㉒，关饮食㉓。所欲者言行下㉔。又置寿宫、北宫㉕，张羽旗㉖，设供具，以礼神君。神君所言，上使人受书其言，命之曰"画法"㉗。其所语，世俗之所知也，毋绝殊者㉘，而天子独喜㉙。其事秘，世莫知也㉚。

① 【汇注】
姚苎田：文成将军死之明年。（《史记菁华录·封禅书》）

② 【汇注】
裴　骃：晋灼曰："在湖县。"韦昭曰："地名，近宜春。"（《史记集解·孝武本纪》）

司马贞：案：鼎湖，县名，属京兆，后属弘农。昔黄帝採首阳山铜铸鼎于湖，曰鼎湖，即今之湖城县也。韦昭（云）以为近宜春，亦甚疏也。（《史记索隐·孝武本纪》）

又：案：《三辅黄图》"鼎湖，宫名，在蓝田"。韦昭云"地名，近宜春"。案：湖本属京兆，后分属弘农，恐非鼎湖之处也。（《史记索隐·封禅书》）

梁玉绳：附案：《日知录》二十七谓"湖"当作"胡"，宫名，《扬雄传》"南至宜春、鼎湖"是也。然余考《史》《汉》及《黄图》《水经注》，四皆作"湖"，乃古通用字，如湖陵县，《史》《汉》多作"胡陵"，"风胡子"《吴越春秋》作"湖"，可证。又《汉志》京兆湖县注云"故曰胡，武帝建元元年更名湖"，《通典》曰"鼎湖即此"。（《史记志疑·封禅书第六》）

龚浩康：鼎湖，宫名，故址在今陕西省蓝田县境，地近宜春（今陕西省长安县南）；一为地名，在今河南省灵宝县，此说似不确。（见王利器主编《史记注译》卷十二）

张大可：汉武帝病鼎湖在元狩五年，即公元前118年。鼎湖，行宫名，因建在鼎湖而得名。鼎湖在今河南灵宝县西南荆山脚下，传说黄帝采首阳山之铜铸鼎于湖，曰鼎湖。（《史记全本新注》卷二十八《封禅书第六》）

③【汇校】

张文虎："至"字疑即上"致"字讹衍，《封禅书》《郊祀志》并无。（《校刊史记集解索隐正义札记》卷一）

④【汇注】

裴　骃：服虔曰："游水，县名。发根，人名姓。"晋灼曰："《地理志》游水，水名，在临淮淮浦也。"（《史记集解·孝武本纪》）

司马贞：颜师古以游水姓，发根名。盖或因水为姓。服虔亦曰发根，人姓字。或曰发树根者也。（《史记索隐·孝武本纪》）

龚浩康：游水发根，姓游水，名发根。一说游水即"油水"，水名，在今河南省信阳县西。（见王利器主编《史记注译》卷十二）

⑤【汇注】

龚浩康：上郡，郡名，辖今陕西省北部和内蒙古河套以南地区，郡治在肤施（今陕西省榆林县东南）。（见王利器主编《史记注译》卷十二）

⑥【汇注】

张大可：病而鬼下之，能使病巫之神附身。（《史记全本新注》卷二十八《封禅书第六》）

【汇评】

姚苧田："病"字非狂惑而何？（《史记菁华录·封禅书》）

⑦【汇注】

编者按：甘泉宫是汉武帝在秦林光宫的基础上扩建而成的，本为其避暑、接见诸侯王、郡国上计吏及外国宾客之用，如今又多了一项功能：敬养方士，求神访仙。

⑧【汇注】

裴　骃：韦昭曰："即病巫之神"。（《史记集解·孝武本纪》）

龚浩康：神君，指巫师所说的鬼。（见王利器主编《史记注译》卷十二）

【汇评】

姚苧田：即病巫所凭，又一神君也。神君之称，前后数见，各就其事尊称之，想见不根之甚。（《史记菁华录·封禅书》）

⑨【汇评】

编者按：如将神君解释为鬼，则以下所言，皆为鬼语。但从其效果来看，则此上郡巫显然是在以前治疗的基础上，又用了某种心理暗示的手段而已。

⑩【汇注】

龚浩康：毋，莫，不用。（见王利器主编《史记注译》卷十二）

⑪【汇注】
　　龚浩康：强，勉强，勉强支持。（见王利器主编《史记注译》卷十二）
⑫【汇注】
　　龚浩康：幸，封建时代称帝王亲临。（见王利器主编《史记注译》卷十二）
⑬【汇注】
　　裴　骃：孟康曰："良已，善已，谓愈也。"（《史记集解·孝武本纪》）
　　龚浩康：良，的确，真的，副词。已，止。（见王利器主编《史记注译》卷十二）
　　张大可：病良已，病果然好了。（《史记全本新注》卷二十八《封禅书第六》）
⑭【汇注】
　　梁玉绳：案：是年为元狩五年，不闻有大赦之事。（《史记志疑·封禅书第六》）
⑮【汇校】
　　梁玉绳：（编者按：金陵本无"酒"字）案："酒"字衍，《补纪》《汉志》无。注"更立此宫也"。（各本注中有误脱）。（《史记志疑·封禅书第六》）
　　郭嵩焘：案：《汉书·郊祀志》亦作"置寿宫神君"，玩文义，当作"置酒寿宫"，班氏盖误也。《史记》"置酒寿宫神君"，以上下文义求之，实不误。武帝祠神君甘泉，自在病前，即此所云寿宫也。神君言："天子病少愈，与我会甘泉。"于是上幸甘泉，置酒寿宫以应其言，所谓"因巫为主人关饮食"，则置酒时情事也。下云"置寿宫北宫"，别是一事，不可因此遂谓先置寿宫，又置寿宫北宫也。（《史记札记》卷三《封禅书第六》）
　　张文虎：疑当作"置神君寿宫"，故孟康曰"更立此宫也"。下云"又置寿宫北宫"，是其证。然《郊祀志》文与此《纪》同，《封禅书》正作"神君寿宫"，而其上又作"置酒寿宫"，疑"酒寿宫"三字后人所增。（《校刊史记集解索隐正义札记》卷一）
　　【汇注】
　　裴　骃：服虔曰："立此便宫也。"瓒曰"宫，奉神之宫也。《楚辞》曰：'蹇将澹兮寿宫'。"（《史记集解·孝武本纪》）
　　程馀庆：言置酒于寿宫，以享神君也。（《历代名家评注史记集说·封禅书》）
　　【汇评】
　　姚苎田：了鼎湖一案，下特就神君详记一番。《汉武纪》置寿宫神君无"酒"字，其言可从。今即作"置酒食于寿宫，以酹神君"，亦自有致，古文如此等处须各以意会之，正不必定求画一也。（《史记菁华录·封禅书》）
⑯【汇校】
　　王叔岷：余嘉锡《太史公书亡篇考》云："昔者，屈原放逐沅、湘之间，因其俗信鬼而好祠，为作《九歌》以乐神，即巫觋所事之神也。第一篇为《东皇太一》，其辞

曰:'吉日兮良辰,穆将愉兮上皇。'夫尊之曰'东皇',曰'上皇',不可谓非最贵者矣。《封禅书》云:'置寿宫神君。寿宫神君最贵者太一。'而《九歌》第二《云中君》云:'蹇将憺兮寿宫。'其第五、第六曰《大司命》《少司命》。是此诸神皆'寿宫神君'之一,所谓'太一之佐'也。《武纪》作'大夫',形近致讹耳。"

案:《汉纪》者下亦有曰字,"大夫"亦作"太一"。余氏以作"太一"为是,是也。惟谓《武纪》作"大夫"为"形近致讹",则尚可商榷。盖太、大固形近,一、夫则非形近也。窃以为太,古多作大,"太一"之作"大夫",盖由写者联想而致耳。(《史记斠证·孝武本纪第十二》)

⑰【汇注】

程馀庆:为神君从者。(《历代名家评注史记集说·封禅书》)

⑱【汇注】

程馀庆:应神君言。(《历代名家评注史记集说·封禅书》)

张大可:指太一、大禁、司命等神,不能看见它,却能听得见它们的声音,与平常人说话一样。(《史记全本新注》卷二十八《封禅书第六》)

【汇评】

姚苧田:幻得可笑,令人自思之。(《史记菁华录·封禅书》)

⑲【汇评】

编者按:以上描述,云里雾里,扑朔迷离。是当时的神话传说,巫师的装神弄鬼,魔法师的幻觉技艺,还是纯粹的文学想象,如今都无法确指。但是,有一点则可以肯定:它真实地反映了方士文化丰富、神秘、奇幻性的冰山一角。

⑳【汇注】

姚苧田:偶然昼言,而夜言则其常也。(《史记菁华录·封禅书》)

【汇评】

吴见思:倒句俊妙。序神君处有是邪非邪姗姗来迟之态。(《史记论文·封禅书》)

㉑【汇注】

裴 骃:《汉书音义》曰:"祟絜,自被除然后入。"(《史记集解·孝武本纪》)

龚浩康:祓,为除灾去邪而举行的一种祭礼。(见王利器主编《史记注译》卷十二)

㉒【汇评】

编者按:为了求神访仙,长生不老,巫师可以反宾为主,神权可以大于君权,真所谓君权神授也。难道汉武帝真的愿意这样低三下四吗?

㉓【汇注】

龚浩康:关,领取。(见王利器主编《史记注译》卷十二)

㉔【汇校】
　　梁玉绳：附案：《补纪》作"所欲者言行下"，《汉志》作"所欲言行下"。钱唐汪绳祖曰："'所以'当作'以所'，讹倒耳。"（《史记志疑·封禅书第六》）
　　【汇注】
　　裴　骃：李奇曰："神所欲言，上辄为下之。"（《史记集解·孝武本纪》）
　　张大可：《武帝纪》作"所欲言者行下"，指神君所想说的话，就下传于巫，即由巫的口中说出。（《史记全本新注》卷二十八《封禅书第六》）
　　【汇评】
　　姚苎田：盖神君以天子为客而享之，则如是真弄武帝如婴儿矣！"所以言，行下"，谓神君所言，天子即为行之于臣下也。（《史记菁华录·封禅书》）

㉕【汇注】
　　司马贞：《括地志》云："寿宫、北宫皆在雍州长安县西北三十里长安故城中。《汉书》云武帝寿宫以处神君。"（《史记正义·孝武本纪》）
　　姚苎田：寿宫、北宫，盖神君之别馆。多其宫观以礼重之。（《史记菁华录·封禅书》）
　　龚浩康：北宫，宫名，旧址在今陕西省长安县西北。（见王利器主编《史记注译》卷十二）

㉖【汇注】
　　龚浩康：羽旗，用羽毛作装饰的旗帜。（见王利器主编《史记注译》卷十二）

㉗【汇校】
　　梁玉绳：附案：《汉志》作"画法"，孟康曰"策画之法也"。此与《补纪》作"书法"非，《正义》书音获，尤非。（《史记志疑》卷十六《封禅书第六》）
　　【汇注】
　　裴　骃：《汉书音义》曰："或云策画之法也。"（《史记集解·孝武本纪》）
　　张守节：画音获。案，画一之法。（《史记正义·孝武本纪》）
　　龚浩康：画法，记下法术。（见王利器主编《史记注译》卷十二）
　　张大可：画法，有符图的法语。（《史记全本新注》卷二十八《封禅书第六》）

㉘【汇注】
　　程馀庆：附言人关言语，非尊贵鬼神也。故所知识者少，言无绝殊者。（《历代名家评注史记集说·封禅书》）

㉙【汇注】
　　龚浩康：独，单独；独自。（见王利器主编《史记注译》卷十二）

㉚【汇评】

凌稚隆：王维桢曰，以汉武之雄而昏迷至此，其病根总只贪为若海。故曰人主之心不可有所蔽，蔽则譬之而啬矣。（《史记评林·封禅书》）

姚苎田：他语以含蓄为妙，此却直说破，而其妙愈见。（《史记菁华录·封禅书》）

程馀庆：既云所语，世俗之所知，又云其事秘，世莫知，尽情嘲笑，此段句句直序，句句曲折，言外之旨，隐然显然。按：赞文此事，是史公所亲见，故言之，尤亲切有味云。汉武事十三。（《历代名家评注史记集说·封禅书》）

黄历鸿：此处所言，是武帝病请神君而愈。病之初，大概来势较猛，巫医什么方法都用了，仍不见愈。古时称"巫"者，所指远泛于今日，医生、神巫、占卜相面者、炼丹、练气功者等等皆统称巫，而以法术奇方奏效者，又称"方术之士"。此处"巫医"，多半应指当时之宫中御医。既然御医无法，有个叫游水发根的臣属进言说，上郡有一方士，有通神驱鬼之术。武帝即召方士入，并供养其神于甘泉宫中。病发作时，请方士问神君。此"神君"，有人疑为即上陵因乳病而死之女子，前文述武帝迎此民间小神入奉上林蹄氏观中。方士传神君之答道：皇上之疾病不要紧，待稍好些，振作精神与我在甘泉宫相会吧。武帝闻此言，"于是病愈"。此处甚费解，有说武帝之病经御医治疗，已近将愈，闻神君言而病愈"遂起"，实属巧合；亦有说武帝之病乃心病所引，诛杀文成将军少翁，给他心理打击极大，女巫一折腾，竟兴奋而疾祛。总之，人之疾病，机理颇深奥，今人尚多有不明，况乎古人。有人戏言，一人患病，先后服食十种方子的中药，终于痊愈。若探究到底是何种药方有效，恐无以回答。但直观的经验却多半认定最后一方为优，因服下即愈。可以设想武帝求神君而病愈，神君者，或许即最后一方药。武帝病愈即赴甘泉与神君会，欣喜至极而大赦天下，将神君安置在寿宫。按方士的说法，他大概是能让神君附身的人，替神君传达神意。所以武帝会神君，其实就是与方士会，方士反成了主人，他传述神君的食谱祭品，要求为神君立寿宫、北宫，树羽毛旗帜，陈设供具。神君所言，方士转达，武帝命人认真记录，称为"画法"，大概是一种法术之词。按《史记》的记述，这位神君的话"世俗之所知也，无绝殊者"，只是众所周知的普通法术，并无特殊之处，但"天子心独喜"，武帝偏爱。最后，司马迁口吻神秘地说："其事秘，世莫知也。"此乃作史之人惯用的隐讳笔法。（《泰山封禅》）

编者按：这一年，汉武帝进行了第四次货币改革。《史记·平准书》说："乃更请诸郡国铸五铢钱，周郭其下，令不可磨取。"这是为了防止盗铸假币而采用的新举措。

其后三年①，有司言元宜以天瑞命②，不宜以一二数③。一元曰建元④，二元以长星曰元光⑤，三元以郊得一角兽曰元狩云⑥。

① 【汇注】
　　张大可：指元狩六年。（《史记全本新注》卷二十八《封禅书第六》）
② 【汇注】
　　程馀庆：得诸瑞以名年。（《历代名家评注史记集说·封禅书》）
　　龚浩康：元，开始，这里指纪元。天瑞，古人迷信，将自然界出现的某种奇异现象附会为吉祥之兆，称为"天瑞"。（见王利器主编《史记注译》卷十二）
③ 【汇注】
　　裴　骃：苏林曰："得黄龙凤凰诸瑞，以名年。"（《史记集解·孝武本纪》）
　　张守节：孝景以前即位，以一二数年至其终。武帝即位，初有年号，改元以建元为始。（《史记正义·孝武本纪》）
　　张大可：古代有年数而无年号，文帝、景帝改元以前元、中元、后元别之，武帝即位改元频繁，以一元、二元、三元等为称。至此，有司建言年号应与天降祥瑞相应，于是追改一元、二元、三元、四元为建元、元光、元朔、元狩等名。（《史记全本新注》卷二十八《封禅书第六》）
④ 【汇注】
　　程馀庆：建元元年。（《历代名家评注史记集说·封禅书》）
　　龚浩康：建元，我国古代第一个年号。汉武帝以前，帝王纪年只有年数，没有年号。到武帝元狩年间，才开始采用年号纪年，并追定建元以来的年号。（见王利器主编《史记注译》卷十二）
⑤ 【汇注】
　　程馀庆：以有星光之瑞，改曰元光元年。（《历代名家评注史记集说·封禅书》）
　　龚浩康：长星，彗星的一种。（见王利器主编《史记注译》卷十二）
⑥ 【汇校】
　　钱大昕：案：元光之后尚有元朔，则元狩乃四元，非三元。班史改以为今无三元字，盖得之矣。言建元、元光而不言元朔者，建以斗建为名，光以长星为名，皆取天象。若元朔纪年，应邵解朔为苏，取品物繁息之义，不主天瑞，故不及之耳。说者谓建元、元光之名，亦此时追命之，恐未然也。《武帝纪》建下多元字，光上、狩上亦有元字，此后人妄增。（《廿二史考异·史记》）
　　陈　直：《考证》（编者按：《史记会注考证》，下同）：顾炎武曰：建元、元光之号，皆自后追为之，而武帝即位之初，亦但如文景之元，尚未有年号也。直按：建元、元光两年号，并非追记。西安南郊曾出土有"建元四年高（下缺）"陶尊。又《藤花亭镜谱》卷一四页，有汉元光元年五月丙午铜镜，均可证明。（《史记新注》）

辛德勇：今案：汉武帝"三元"亦即第三个纪元，本名元朔，四元才是元狩，所以上面这段文字在"二元"与"三元"之间，必有脱文，清朝学者周寿昌等早已指出这一点。盖"四"字古文写作积四横划，作"亖"形，与"三"字字形极易混淆，清人王引之在《经义述闻》中总结古书形近致讹的规律，即将"'四'字古文与'三'相似而误书为'三'"列为一种常见的数字讹误用例；段玉裁在《说文解字注》中也举述有诸多"三""亖"混淆的例证。今本《史记·封禅书》这处脱漏，应系抄录《史记》者因疏忽而误将"三元"与"亖元"相混淆，复以两字上下邻近而误将三元、四元两条记述牵合为一体使然。即《史记·封禅书》原文，应当大致如下：

三元［以□□□曰"朔"，三（四）元］以郊得一角兽曰"狩"云。

"［］"里添补的就是今本《史记》漏掉的文字，只是具体佚失多少个字，现在已经无从考究。

宋人王应麟叙述武帝元狩以前诸元得名缘由，谓"一元曰'建'，二元以长星曰'光'，六年更始而曰'朔'，郊得一角兽曰'狩'"，这实际上就是用"六年更始"四字，来臆补《史记·封禅书》佚失的文字。又《史记·封禅书》继此"有司言元宜以天瑞命"事下，记云"其明年"冬武帝始立后土祠于汾阴并"亲望拜"，武帝尚"始巡郡县"；同年夏，复得宝鼎于后土祠旁，而核诸《汉书·武帝纪》等文献，可知这些均属元鼎四年的事情。从而可以判定，此有司建言以天瑞命诸元事，应当发生在元鼎三年，亦即武帝第五纪元之第三年。所以，《史记·封禅书》在这里自应如此一并论及一、二、三、四诸元。（《史记新本校勘》）

【汇注】

裴　骃：徐广曰："案：诸《纪》元光后有元朔，元朔后得元狩。"（《史记集解·孝武本纪》）

程馀庆：此不言元朔，而以元狩为三元，盖脱缺也。《郊祀志》云："今郊得一角兽。"曰"狩"云，亦脱元朔不言。以二书考之，当云一元曰"建"，二元以长星曰"光"，三元曰"朔今郊得一角兽"曰"狩"云。盖年若起于元狩，以前年号则因有司言追命也。其始但曰"一元二元三元而已"。此处入建年号，冷甚，实为前后机祥瑞事作点衬也。汉武事十四。（《历代名家评注史记集说·封禅书》）

龚浩康：三元，武帝的第三个年号为"元朔"，第四个年号才是"元狩"。此处史文有错漏。元狩，即上文所叙武帝元狩元年在雍县郊祀五帝时获得独角兽一事，因附会为天赐麒麟，所以定年号为"元狩"。（见王利器主编《史记注译》卷十二）

张大可："三元"二字，当从《汉书·郊祀志》更为"今郊"。即今元因郊得一角

兽而得名"元狩"。(《史记全本新注》卷二十八《封禅书第六》)

编者按：这里的元指纪元的名称，即年号。封建帝王设置年号，就是从汉武帝开始的，可谓创举也。其命名的依据，鲁惟一在《剑桥中国秦汉史》中认为有以下三条："这一制度之使用部分地是出于方便；部分地是确认王朝宣布的某些特点、特性或目的；部分地是为了纪念一些重要事件。"但是，这三条显然与有司所说的"宜以天瑞命"的根本依据并不完全相符。"宜以天瑞命"，就是说纪年的名称应该根据上天所降示的祥瑞征兆来确定。这是天人感应观的又一具象化。

这一年，汉武帝继元光五年、元狩元年后，再次下诏，遣博士褚大等六人循行天下，举独行之君子，问寡贷贫。从此确立了汉定"征召制"之选官制度。这一年，经过长期苦心经营的，由将军、近臣和尚书组成的"中朝"（"内朝"）制度已经完全确立。

接下来的元鼎二年（前115）十一月，张汤因罪自杀。夏天，以桑弘羊为大农丞，开始试行均输。同时，关东发生水灾。九月，诏令山林池泽之饶与民共之，派遣博士循行赈救贫民。是年还铸造发行了"赤侧钱"（一称"赤仄钱"），算是第五次货币改革。这一年乌孙使者数十人跟随张骞第一次来到汉朝。

元鼎三年（前114）十一月，诏令民告缗者以其半与之。夏四月，雨雹，关东十余郡国发生饥荒，出现人食人的惨象。是年，张骞去世，大宛、康居、大月氏、大夏、安息、身毒、于寘诸国纷纷派遣使者跟随张骞的副手来到汉朝，汉朝也由此而开始了交通西域的热潮。

【汇评】

赵　翼：古无年号……至武帝始创为年号。朝野上下俱便于纪载，实为万世不易之良法，然武帝非初登极即建年号也。……是帝至元狩始建年号，从前之建元、元光等号，乃元狩后重制嘉号，追记其岁年也。……又按武帝自建元至元封，每六年一改元，太初至征和，每四年一改元，征和四年后，但改为后元年，而无复年号，盖帝亦将终矣。（《廿二史札记》卷二"武帝年号系元狩以后追建"）

其明年冬①，天子郊雍，议曰："今上帝朕亲郊②，而后土毋祀③，则礼不答也④。"有司与太史公、祠官宽舒等议⑤："天地牲角茧栗⑥。今陛下亲祀后土，后土宜于泽中圜丘为五坛⑦，坛一黄犊太牢具，已祠尽瘗⑧，而从祠衣上黄⑨。"于是天子遂东⑩，始立后土祠汾阴脽上⑪，如宽舒等议。上亲望拜⑫，如上帝礼。礼毕，天子遂至荥阳而还⑬。过雒阳⑭，下诏曰："三代邈绝⑮，远矣难存。其以三十里地封周后为周子南君⑯，以奉先王祀焉⑰。"是岁，天子始巡郡县，侵寻于泰山矣⑱。

① 【汇注】
　　程馀庆：元鼎四年十月。（《历代名家评注史记集说·封禅书》）
　　张大可：其明年，元鼎四年，即公元前113年。（《史记全本新注》卷二十八《封禅书第六》）

② 【汇注】
　　编者按：汉武帝所说的上帝，并非基督教信奉的造物主，而是中国人原始信仰中的天神。它与地神为对偶神，或如顾颉刚先生所说的阴阳神。按照"一阴一阳之谓道"的原理，只有二神同祭才合礼数，因而才能生效，故下文有"则礼不答"之议。而天神非常之众，故有"贵者泰一"之说（此乃亳地方士谬忌之发明，汉武帝只是盲从而已）。后土则是地神的象征物，又称之为社。

③ 【汇注】
　　龚浩康：后土，地神。（见王利器主编《史记注译》卷十二）

④ 【汇注】
　　龚浩康：答，回报，引申为周全。（见王利器主编《史记注译》）
　　张大可：答，相对，相等。谓只祭天而不祭地，于礼不答，不周全。（《史记全本新注》卷二十八《封禅书第六》）
　　【汇评】
　　程馀庆：郊天而不祀地，失对偶之义。（《历代名家评注史记集说·封禅书》）

⑤ 【汇注】
　　裴　骃：韦昭曰："说者以谈为太史公，失之矣。《史记》称迁为太史公者，是外孙杨恽所称。"（《史记集解·孝武本纪》）
　　司马贞：韦昭云谈，司马迁之父也。说者以谈为太史公，失之矣。《史记》多称太史公，迁外孙杨恽称之也。姚察案：迁传亦以谈为太史公，非恽所加。又按：虞喜《志林》云："古者主天官皆上公，自周至汉，其职转卑，然朝会坐位犹居公上，尊天之道，其官属仍以旧名，尊而称公，公名当起于此。"故如淳云："太史公位在丞相上，天下郡国计书先上太史公，副上丞相，"其义是也。而桓谭《新论》以为太史公造书，书成示东方朔，朔为平定，因署其下。太史公者，皆朔所加之者也。（《史记索隐·孝武本纪》）

钱大昕：案：《封禅书》两称太史公与祠官宽舒连文而不著名，为其父讳也。是年郊雍为元鼎四年。其明年冬至郊拜泰一，皆谈为太史公时事。谈以元封元年卒，卒后迁始继之。《汉志》称谈名得其实矣。以太史公为太史令，则据后官制追改之。（《廿二史考异·史记》）

陈　直：直按：即上文黄腄人之史宽舒。金石索，金属，印玺之属，有"沛祠祀长"印，盖为郡国之祠祀官，此为太史令之属官。（《史记新证》）

⑥【汇注】

程馀庆：牛角或如茧或如栗，言小也。（《历代名家评注史记集说·封禅书》）

龚浩康：天地牲角茧栗，祭祀天地用的牛，其角要小如蚕茧或板栗。古代祭祀，用牛以小为贵。角如茧栗，形容牛角初生，牛尚幼小。（见王利器主编《史记注译》卷十二）

⑦【汇注】

程馀庆：郊天有五时，故祠后土亦用五坛也。（《历代名家评注史记集说·封禅书》）

龚浩康：圜丘，祭天的坛，因外形圆如天体，高如小丘，所以称"圜丘"。圜，同"圆"。（见王利器主编《史记注译》卷十二）

⑧【汇注】

龚浩康：瘗，埋葬。（见王利器主编《史记注译》卷十二）

张大可：瘗，埋于地下，令后土歆享。（《史记全本新注》卷二十八《封禅书第六》）

⑨【汇注】

程馀庆：侍祠之人皆著黄衣。（《历代名家评注史记集说·封禅书》）

龚浩康：从祠，陪祭，这里指陪祭者。上，通"尚"，崇尚。（见王利器主编《史记注译》卷十二）

【汇评】

凌稚隆：卢舜治曰：郊雍，乃封泰山张本；祀后土，乃禅梁父张本。后段一一相应。盖此时尚未巡狩，后始巡郡县，浸寻于泰山矣。（《史记评林·封禅书》）

⑩【汇注】

龚浩康：东，向东，东行，用如动词。（见王利器主编《史记注译》卷十二）

⑪【汇注】

裴　骃：徐广曰："元鼎四年时也。"骃案：苏林曰"脽音谁"。如淳曰"河之东岸特堆堀，长四五里，广二里余，高十余丈。汾阴县在脽之上，后土祠在县西。汾在脽之北，西流与河合也。"（《史记集解·孝武本纪》）

司马贞：脽，丘，音谁。《汉旧仪》作"葵丘"者，盖河东人呼"谁"与"葵"同故耳。(《史记索隐·孝武本纪》)

凌稚隆：案：《汉书》云：天子东幸汾阴，男子公孙滂洋等见汾阴旁有光如绛，遂立后土祠于汾阴。(《史记评林·封禅书》)

程馀庆：脽，音谁。脽丘以形高起，如人尻脽，故名。脽长四五里，广二里，高十余丈。在河东岸，汾阴县在脽上，后土祠在县西，汾水在脽北，在今蒲州府宋河县北十里。《汉书》："天子东幸汾阴，男子公孙滂洋等，见汾旁有光如绛，上遂立后土祠于汾阴脽上。"(《历代名家评注史记集说·封禅书》)

龚浩康：汾阴脽，即汾脽，汾阴县治（今山西省万荣县西南）所在地。长四五里，宽约二里，高十余丈。县西后土祠，为武帝时所建。(见王利器主编《史记注译》卷十二)

[英] **鲁惟一**：在武帝时期，还举行了其他的一些帝国崇拜。在继续履行对五帝的祭祀的同时，武帝开始举行对后土和泰一的崇拜仪式。在河东郡汾阴专门设计和建造的场所以牛、羊、猪三牲祭祀后土。武帝在公元前114年亲自参加第一次祭祀，并且至少参加过其他五次；他以后的几个继承者到公元前37年为止参加过五次这样的仪式。(《剑桥中国秦汉史》第十二章)

⑫【汇注】

龚浩康：望拜，遥望远方，拜祭神灵。(见王利器主编《史记注译》卷十二)

⑬【汇注】

龚浩康：荥阳，县名，在今河南省荥阳县东北。(见王利器主编《史记注译》卷十二)

⑭【汇注】

龚浩康：雒阳，都邑名，在今河南省洛阳市东北，当时是河南郡的郡治。雒，三国时改作"洛"。(见王利器主编《史记注译》卷十二)

⑮【汇注】

龚浩康：三代，指夏、商、周三代。邈，遥远。(见王利器主编《史记注译》卷十二)

⑯【汇校】

梁玉绳：案：《封周后诏》与《汉书·武纪》迥异，何也？(《史记志疑·封禅书第六》)

【汇注】

龚浩康：周子南君，指周朝的后代姬嘉。"子南"是他的封邑名，在今河南省临汝县东。(见王利器主编《史记注译》卷十二)

⑰【汇评】

程馀庆：周后，姬嘉也，附笔宾中之宾。（《历代名家评注史记集说·封禅书》）

编者按：汉武帝此举并非"宾中之宾"，而是"为政以德""治国以礼"的外在需要。自古以来，敬奉祖先就是每个部族、每个国家、每个家庭的神圣职责，以至于成为一种传统、一种美德，甚至于一种崇拜。其目的只在于弘扬祖德祖业，保佑子孙世代平安兴旺罢了。否则，便会数典忘祖，"礼崩乐坏"，天下大乱。

⑱【汇注】

裴　骃：晋灼曰："遂往之意也。"（《史记集解·孝武本纪》）

司马贞：侵寻即浸淫也。故晋灼云"遂往之意也"。小颜云"浸淫渐染之义"。盖寻淫声相近，假借用耳。师古叔父游秦亦解《汉书》，故称师古为"小颜"也。（《史记索隐·孝武本纪》）

张家英："侵寻"为"渐进"或"逐步发展"之义，晋灼解为"遂往"是不确的；颜师古解"浸淫"为"渐染"，《索隐》取颜说以解"侵寻"，倒颇为合适。"侵寻"与"浸淫"，双双迭韵，古人是将其视为谜语即连绵词的。

"浸淫"一语，《史记》中未见，亦未见"侵淫"。与"侵寻"含义相同的，只有"浸浔"和"侵浔"。其用例为：《齐悼惠王世家》的"事浸浔（不得）闻于天子"。《司马相如列传》的"八方之外，浸浔衍溢"与"嫚侵浔而高纵兮，纷鸿涌而上厉"。其中二例无注，惟"浸浔衍溢"句下，《索隐》云："浸淫。案：浸淫犹渐浸。"因此，说"侵寻"与"浸淫、浸浔、侵浔"异形同义是没有问题的。（《〈史记〉十二本纪疑诂·孝武本纪》）

【汇评】

凌稚隆：案："天子始巡"句与"始皇始巡郡县"句相应。（《史记评林·封禅书》）

浦起龙：是为第三次封禅，由巡狩揣合。（《古文眉诠》卷二十）

郭嵩焘：案：本以封禅为名，而由鬼神杂小祀以及太一、天、地，而后浸浔以至泰山，相与贸贸然行之，以明其无征也。（《史记札记》卷三《封禅书第六》）

程馀庆：浸，渐也；寻，就也。二字妙有情理。是又以后土联洽封禅也，与始皇东巡郡县，至乎泰山下相应，是封禅根本。将言封禅前以少君作一引。再以济北王献郡作一引，此又因幸汾阴一引。节节点次，有马迹蛛丝之妙。（《历代名家评注史记集说·封禅书》）

其春①，乐成侯上书言栾大②。栾大，胶东宫人③，故尝与文成将军同师④，已而为胶东王尚方⑤。而乐成侯姊为康王后⑥，毋子⑦。康王死⑧，他姬子立为王。而康后有淫行，与王不相中（得）⑨，相危以法⑩。康后闻文成已死，而欲自媚于上，乃遣栾大因乐成侯求见言方⑪。天子既诛文成，后悔恨其早死，惜其方不尽⑫，及见栾大，大悦⑬。大为人长美，言多方略⑭，而敢为大言⑮，处之不疑⑯。大言曰："臣尝往来海中，见安期、羡门之属⑰。顾以为臣贱⑱，不信臣。又以为康王诸侯耳，不足予方⑲。臣数言康王，康王又不用臣⑳。臣之师曰：'黄金可成，而河决可塞㉑，不死之药可得，仙人可致也㉒。'臣恐效文成，则方士皆掩口，恶敢言方哉㉓！"上曰："文成食马肝死耳㉔。子诚能修其方㉕，我何爱乎㉖！"大曰："臣师非有求人，人者求之㉗。陛下必欲致之，则贵其使者㉘，令有亲属㉙，以客礼待之，勿卑㉙，使各佩其信印㉚，乃可使通言于神人㉛。神人尚肯邪不邪㉜。致尊其使㉝，然后可致也㉞。"于是上使先验小方，斗旗㉟，旗自相触击㊱。

① 【汇注】
　　编者按：此为倒叙。先说"其明年冬"，再说"是岁""其春"，应为元鼎四年，即公元前113年之春。

② 【汇注】
　　裴　骃：徐广曰："姓丁，名义。后与栾大俱诛也。"（《史记集解·孝武本纪》）
　　司马贞：韦昭云："河间县。"案：《郊祀志》乐成侯登，而徐广据《表》姓丁名义，未详。（《史记索隐·孝武本纪》）

③ 【汇注】
　　裴　骃：服虔曰："王家人。"（《史记集解·孝武本纪》）
　　龚浩康：胶东，指当时的胶东王，景帝之子刘寄。宫人，官名，掌管诸侯王的日常生活事务。（见王利器主编《史记注译》卷十二）

④ 【汇评】
　　程馀庆：伏恐效文成案。（《历代名家评注史记集说·封禅书》）

⑤【汇注】

　　程馀庆：主乐方。(《历代名家评注史记集说·封禅书》)

　　张家英："宫人"是在宫中负责王的日常生活事务的下级官吏。《周礼·天官·序》："宫人中士四人，下士八人。"贾公彦疏："宫人在此者，案其职云：掌王之六寝之脩，又供王沐浴扫除之事，是安息王身，故在此也。"《孝景本纪》：出宫人归其家，复无所与。《外戚世家》：武帝择宫人不中用者，斥出归之。《韩王卢绾列传》：燕王绾悉将其宫人家属骑数千居长城下候伺，幸上病愈，自入谢。"宫人"通常指宫女妃嫔等女性，如上引一、二两例，第三例中的"宫人"，则既含男性，亦含女性。

　　"尚方"之"尚"，为"掌管、主持"之义。《文雅·释诂三》："尚，主也。"王念孙《疏证》："尚之言掌也。"朱骏声《说文通训定声·壮部》，"尚"可假借为"掌"。此"尚"当读为 zhǎng。《绛侯周勃世家》：条侯子为父买工官尚方甲楯五百被可以葬者。《司马相如列传》：厮征伯侨而役羡门兮，属岐伯使尚方。前一例之"尚方"，是制造帝王所用器物的官署。《索隐》云："工官即尚方之工，所作物属尚方，故云工官尚方。"后一例的"尚方"，是掌管方药。《集解》引《汉书音义》曰："尚，主也。岐伯，黄帝太医，属使主方药。"本例中的"尚方"属于后一义。

　　古代宫中为帝王生活服务的机构，多称为"尚"。《新唐书·百官二》：殿中省设监一人，少监二人，丞二人。"监掌天子服御之事。其属有六局，曰尚食、尚药、尚衣、尚乘、尚舍、尚辇。"《史记》中可见者，除了"尚方"之外，还有"尚符节"、"尚衣轩"、"尚食监"。(《〈史记〉十二本纪疑诂·孝武本纪》)

　　陈　直：为胶东王尚方令也，汉初王国设官，都如汉朝。《小校经阁金文》卷十三六十一页，有胶东食官金刀亦其证。(《史记新证》)

　　龚浩康：尚方，官名，掌管配制药方等事务。(见王利器主编《史记注译》卷十二)

　　张大可：尚方，专为宫廷制造器具的官署，王国亦有尚方，此指栾大为尚方吏。(《史记全本新注》卷二十八《封禅书第六》)

⑥【汇注】

　　裴　骃：孟康曰："胶东王后也。"(《史记集解·孝武本纪》)

　　司马贞：康王名寄也。(《史记索隐·封禅书》)

　　龚浩康：康王，刘寄的谥号。(见王利器主编《史记注译》卷十二)

⑦【汇注】

　　龚浩康：毋，通"无"。(见王利器主编《史记注译》卷十二)

⑧【汇注】

　　裴　骃：徐广曰："以元狩二年薨。"(《史记集解·封禅书》)

⑨【汇校】
　　张文虎：不相中即不相得，盖读者旁注"得"字，混入正文。《封禅书》《郊祀志》并无。《考异》云衍。（《校刊史记集解索隐正义札记》卷一）
　【汇注】
　　司马贞：案：《三苍》云"中，得也"。（《史记索隐·封禅书》）
　　龚浩康：中，投合。（见王利器主编《史记注译》卷十二）
　　张大可：不相中，不相和睦。（《史记全本新注》卷二十八《封禅书第六》）
⑩【汇注】
　　程馀庆：以罪法相倾危。（《历代名家评注史记集说·封禅书》）
　　龚浩康：危，危害，倾轧。（见王利器主编《史记注译》卷十二）
　　张大可：互相揭短，以法相威胁。（《史记全本新注》卷二十八《封禅书第六》）
⑪【汇注】
　　龚浩康：因，凭借，通过。（见王利器主编《史记注译》卷十二）
　【汇评】
　　吴见思：曲曲写来正是破法，宁有此仙人乎？（《史记论文·封禅书》）
⑫【汇评】
　　姚苎田：文成以为妄被诛，而天子乃以为惜。昏惑至此，总源于一念之贪。……"惜其方不尽"句直从下"子诚能修其方"句倒掬出来，夫栾大之方非文成之方也，而武帝悦栾大，直谓之能修文成之方，于是知其每饭不忘文成也。其为栾大所罔，不亦宜乎！（《史记菁华录·封禅书》）
　　程馀庆：序栾大辄牵连成照顾映带有情。（《历代名家评注史记集说·封禅书》）
⑬【汇评】
　　吴见思：前曲写栾大来踪，此曲写武帝心事。对照。（《史记论文·封禅书》）
⑭【汇注】
　　龚浩康：方略，计谋策略。（见王利器主编《史记注译》卷十二）
　【汇评】
　　姚苎田：二句是真本领。（《史记菁华录·封禅书》）
⑮【汇评】
　　凌稚隆：屠隆曰："不大言不足以欺人主，战国策士之习皆然。如下文'黄金可成，河决可塞，不死之药可得，仙人可致'，率空语无事实耳。"（《史记评林·封禅书》）
　　浦起龙：栾大技尤出诸人下，史公特详具来踪猥贱，而以"大言"二字观之，后则故极陈其宠异也。（《古文眉诠》卷二二）

⑯【汇注】

龚浩康：处之不疑，指说谎话而神色自若。疑，犹豫，惶惑。（见王利器主编《史记注译》卷十二）

张大可：处之不疑，指栾大说谎话（大言）就像真的一样。（《史记全本新注》卷二十八《封禅书第六》）

【汇评】

吴见思：写得磊落轩畅。与诸公不同，故动人主，取富贵独多。（《史记论文·封禅书》）

姚苎田：二句是其作用，写得尽情。（《史记菁华录·封禅书》）

⑰【汇注】

司马贞：韦昭云："仙人。"应劭云："名子乔。"（《史记索隐·孝武本纪》）

⑱【汇注】

龚浩康：顾，但，不过。（见王利器主编《史记注译》卷十二）

⑲【汇评】

姚苎田：蓬莱岂有势利神仙耶？其术亦易见矣！而武帝英主，信之不疑，即前所谓"甘心"者也。（《史记菁华录·封禅书》）

⑳【汇评】

吴见思：仙人与方必择贵贱，必天子而后仙。仙人绝矣！奇谈！（《史记论文·封禅书》）

程馀庆：要以尊官，动以宠任。（《历代名家评注史记集说·封禅书》）

㉑【汇评】

姚苎田：李少君言求仙，忽阑入封禅，可谓诞矣。栾大之求仙，又忽阑入"河决可塞"，其诞愈甚。盖少君进说之时，方议封禅；栾大进说之时，方忧河决。于是小人巧舌依附，各视所急而中之。史公特写个榜样，以为万世炯戒。（《史记菁华录·封禅书》）

程馀庆：又联治河，与神仙为一。（《历代名家评注史记集说·封禅书》）

㉒【汇注】

龚浩康：致，求得。（见王利器主编《史记注译》卷十二）

【汇评】

姚苎田：栾大实无伎俩，故但托"师言"，而惟以其身任使者，因而诳得富贵，可谓巧矣。（《史记菁华录·封禅书》）

程馀庆：连用四可字句法，文势一滚而下，错综天子心坎上语，而以"臣之师曰"领之，何等空灵。（《历代名家评注史记集说·封禅书》）

郭嵩焘：案：此文绝是支离有意味。(《史记札记》卷三《封禅书第六》)

㉓【汇评】
吴见思：开口先防此一着，安有畏死之仙人哉？(《史记论文·封禅书》)
姚苎田：又豫为要约，以塞祸萌。(《史记菁华录·封禅书》)
程馀庆：又预杜后祸。(《历代名家评注史记集说·封禅书》)

㉔【汇注】
司马贞：案：《论衡》云"气热而毒盛，故食走马肝杀人"。《儒林传》云"食肉无食马肝"是也。(《史记索隐·封禅书》)
凌稚隆：茅坤曰：案：《洞冥记》云："郅支国贡马肝石如马肝，春以和九转之丹，用拭发，白者皆黑。帝坐群臣于甘泉，有白发者赐拭皆黑。齐人李少翁以神仙惑帝，帝乃以马肝石赐少翁，少翁死，即文成也。今人见景帝有食肉不食马肝，为不知味之语，遂谓文成食马之肝而死，非也。"(《史记评林·封禅书》)
龚浩康：马肝，相传马肝有毒，人吃了会丧命。(见王利器主编《史记注译》卷十二)

【汇评】
朱　翌：汉武杀文成，而曰文成食马肝死。霍去病射杀李广之子敢，武帝又为之讳曰鹿触死。赏罚国之纪纲，既已自欺，又为人欺，何也？
李陵降匈奴，武帝戮其妻子，而司马迁会召问，诉其冤，至下狱而其说不变，……武帝怒李陵降，是已；不能存其妻子，以须陵所为，遽杀之，亦忍矣！迁纵为陵游说，亦无大过，下蚕室，虐哉！(《猗觉寮杂记》卷下)
姚苎田：马肝有毒，托词忸怩之甚。(《史记菁华录·封禅书》)

㉕【汇注】
龚浩康：诚，果真，如果，副词。(见王利器主编《史记注译》卷十二)

㉖【汇注】
司马贞：上语栾大，言子诚能修文成方，我更何所爱惜乎！谓不吝金宝及禄位也。(《史记索隐·封禅书》)
龚浩康：爱，吝惜，舍不得。(见王利器主编《史记注译》卷十二)

【汇评】
吴见思：正答"我何爱乎"，将富贵拓开一步，正是深入一层。(《史记论文·封禅书》)
程馀庆：言不吝金宝禄位也。应惜其方不尽，应甘心。(《历代名家评注史记集说·封禅书》)

㉗【汇评】
　　姚苎田：见其甚不易求。（《史记菁华录·封禅书》）
㉘【汇评】
　　吴见思：自为之地。（《史记论文·封禅书》）
　　姚苎田：所谓"敢为大言"实际处。（《史记菁华录·封禅书》）
㉙【汇评】
　　程馀庆：大惩文成见诛，令有亲属者，欲结婚帝室也。不知汉主多更适，尚主反易得罪也。（《历代名家评注史记集说·封禅书》）
㉙【汇评】
　　吴见思：伏示不臣。（《史记论文·封禅书》）
　　姚苎田：三句含三意，下逐段分应。（《史记菁华录·封禅书》）
㉚【汇评】
　　吴见思：伏佩六印。（《史记论文·封禅书》）
㉛【汇评】
　　吴见思：伏入海求神。（《史记论文·封禅书》）
　　姚苎田：反照前"以臣为贱"句。（《史记菁华录·封禅书》）
㉜【汇注】
　　龚浩康：邪，语助词，表疑问。不，同"否"。（见王利器主编《史记注译》卷十二）
㉝【汇注】
　　龚浩康：致尊，尽量尊重他的使者。致，尽其情。（见王利器主编《史记注译》卷十二）
㉞【汇注】
　　程馀庆：言神人肯则已，不肯则更加尊其使，乃可致也。（《历代名家评注史记集说·封禅书》）
　【汇评】
　　凌稚隆：董份曰：君讳言臣死而托之马肝，臣欲要君而妄希亲属。武帝非不英明，而一为方溺，则闇愚如此，其得不亡幸也。（《史记评林·封禅书》）
　　吴见思：两宕作疑词，正是决词。下一句挽入一时口语如见。（《史记论文·封禅书》）
　　姚苎田：此所以月余配四印，有加无已也。（《史记菁华录·封禅书》）
㉟【汇校】
　　梁玉绳：附案：此与《汉志》作"棋"，《补纪》作"旗"，张守节谓"旗"本或

作"棋",故《索隐》引《毕万术》,《正义》引高诱《淮南子》注并作棋解。而《通鉴》独作"旗"。《考异》引《汉武故事》证之云"栾大尝于殿前树旍数百杖,令旍自相击,繙繙竟庭中,去地十余丈,观者皆骇"。两解均有据,存参。(《史记志疑·封禅书第六》)

【汇注】

张守节:音其。文本或作"綦"。《说文》云:"綦,博綦也。"高诱注《淮南子》云:"取鸡血与针磨捣之,以和磁石,用涂碁头曝干之,置局上,即相拒不止也。"(《史记正义·孝武本纪》)

龚浩康:斗旗,方士利用磁性相斥相引的作用,使棋子在棋盘上自相触击,用这种魔术手段来骗人。旗,通"棋"。(见王利器主编《史记注译》卷十二)

㊱【汇注】

司马贞:顾氏案:《万毕术》云"取鸡血杂磨针铁杵,和磁石棋头,置局上,即自相抵击也"。(《史记索隐·封禅书》)

【汇评】

吴见思:与致王夫人一样。(《史记论文·封禅书》)

姚苎田:方士动人本领。(《史记菁华录·封禅书》)

　　是时上方忧河决①,而黄金不就②,乃拜大为五利将军③。居月馀,得四金印④,佩天士将军、地士将军、大通将军、天道将军印⑤。制诏御史⑥:"昔禹疏九江⑦,决四渎⑧。间者河溢皋陆⑨,隄繇不息⑩。朕临天下二十有八年⑪,天若遗朕士而大通焉⑫。《乾》称'蜚龙','鸿渐于般'⑬,意庶几与焉⑭。其以二千户封地士将军大为乐通侯⑮。"赐列侯甲第⑯,僮千人⑰。乘舆斥车马帷帐器物以充其家⑱。又以卫长公主妻之⑲,赍金万斤⑳,更名其邑曰当利公主㉑。天子亲如五利之第㉒。使者存问所给,连属于道㉓。自大主将相以下㉔,皆置酒其家,献遗之㉕。于是天子又刻玉印曰"天道将军"㉖,使使衣羽衣㉗,夜立白茅上㉘,五利将军亦衣羽衣,立白茅上受印㉙,以示弗臣也㉚。而佩"天道"者,且为天子道天神也㉛。于是五利常夜祠其家，欲以下神㉜。神未至而百鬼集矣㉝，然颇能使之㉞。其后治装行㉟，东入海，求其师云㊱。大见数月㊲，佩六印㊳，贵振天下㊴，而海上燕齐之间，莫不搤捥而自言有禁方㊵，能神仙矣㊶。

① 【汇注】
龚浩康：方，正当。河，黄河。（见王利器主编《史记注译》卷十二）
【汇评】
姚苎田：点睛法。（《史记菁华录·封禅书》）
编者按：河决为国家大难，武帝岂敢不忧？此虽一笔带过，却是闪光之处。故姚氏曰"点睛法"。事实上，汉武帝确有关心民生疾苦的胸襟和举措。这也是尊奉儒术、实行德政的基本要求，不独汉武帝如此。

② 【汇注】
张守节：炼丹砂铅锡为黄金不就。（《史记正义·孝武本纪》）
龚浩康：黄金不就，指用丹砂、铅锡来提炼黄金的事没有成功。（见王利器主编《史记注译》卷十二）
【汇评】
程馀庆：炼丹砂铅锡为黄金，不成也。验小方后，遂认真河决可塞，黄金可成，打动无限痴想。乃武帝溺惑受病之根。（《历代名家评注史记集说·封禅书》）

③ 【汇评】
姚苎田：使者贵矣。（《史记菁华录·封禅书》）

④ 【汇注】
司马贞：谓五利将军、天士将军、地士将军、大通将军为四也。（《史记索隐·封禅书》）

⑤ 【汇校】
梁玉绳：栾大四印合五利为四，而乃并天道玉印为四金印。（《史记志疑·今上本纪第十二》）
【汇注】
姚苎田：各配其信印矣。（《史记菁华录·封禅书》）
【汇评】
吴见思：写栾大一时富贵逼人，气势赫奕。佩印一。（《史记论文·封禅书》）
又：《书》无"天道将军"字，盖后有玉印，此不宜重。（《史记论文·孝武本纪》）

姚苎田：汉法：非军功不侯，非出征不加将军号。今以一方士佩五将军印，且封侯，其名又多不典，何处索解？妙！载制词一首而其义约略尽见，真千古绝高手笔。(《史记菁华录·封禅书》)

⑥【汇注】

龚浩康：御史，官名，掌管文书记事，相当于皇帝的秘书。(见王利器主编《史记注译》卷十二)

⑦【汇校】

梁玉绳：案："江"乃"河"之误，《汉志》是"九河"。(《史记志疑·封禅书第六》)

【汇注】

龚浩康：禹，古代部落联盟领袖，也称大禹、夏禹，姓姒，原为夏后氏部落领袖，奉舜之命治理洪水有功，被舜选为继承人，舜死后担任部落联盟领袖。九江，指长江在今湖北省境内的九条水道，《汉书·郊祀志》作"九河"，则是指黄河在河北省境内的九条水道。(见王利器主编《史记注译》卷十二)

⑧【汇注】

龚浩康：决，开道引水。四渎，古代对四条独流入海的大川的总称，即是江（长江）、河（黄河）、淮（淮河）、济（济水）四水。(见王利器主编《史记注译》卷十二)

【汇评】

姚苎田：从河决起，寻个冠冕题目，益见大之巧于说。(《史记菁华录·封禅书》)

⑨【汇注】

龚浩康：间者，指近年以来。皋陆，高地，指河岸。皋，通"高"。(见王利器主编《史记注译》卷十二)

张大可：河溢皋陆，河水泛溢，淹没了河岸（皋）及岸边陆地。(《史记全本新注》卷二十八《封禅书第六》)

⑩【汇注】

张守节：颜师古云："皋，水旁地也。广平曰陆。言水大泛溢，自皋及陆，而筑作堤，徭役甚多，不暇休息。"(《史记正义·孝武本纪》)

程馀庆：言水旁乃平地，筑堤之繇役，不暇休息也。(《历代名家评注史记集说·封禅书》)

龚浩康：堤繇，修筑堤防的劳役。繇，通"徭"，劳役。(见王利器主编《史记注译》卷十二)

【汇评】
　　姚苎田：言治堤之徭役也。句古甚。（《史记菁华录·封禅书》）
⑪【汇注】
　　裴　骃：徐广曰："元鼎四年也。"（《史记集解·封禅书》）
　　龚浩康：临，统管，治理。（见王利器主编《史记注译》卷十二）
⑫【汇注】
　　司马贞：韦昭曰："言栾大能通天意，故封乐通。"乐通在临淮高平县也。（《史记索隐·孝武本纪》）
　　龚浩康：通，通晓，指了解天意。（见王利器主编《史记注译》卷十二）
【汇评】
　　程馀庆：解天士大通二号，恍惚可笑。（《历代名家评注史记集说·封禅书》）
⑬【汇注】
　　裴　骃：骃案：《汉书音义》曰"般，水涯堆也。渐，进也"。武帝云得栾大如鸿进于般，一举千里，得道若飞龙在天。（《史记集解·孝武本纪》）
　　龚浩康：《乾》称"蜚龙"，"鸿渐于般"，称赞获得了道术，如飞龙在天上游弋，腾跃自如；找到了方士，似鸿鸟渐近涯岸，高飞远翔。乾，《易》卦名。蜚，通"飞"。般，水边的高岸。（见王利器主编《史记注译》卷十二）
　　张大可：《周易·乾卦》所说"飞龙在天"，《渐卦》所说"鸿渐于般"，差不多说的就是今天的君臣相遇吧！"飞龙在天，利见大人"，为《乾卦》九五爻辞，"鸿渐于般，饮食衎衎"，为《渐卦》六二爻辞。汉武帝赞栾大如飞龙在天，如鸿鸟之进于阜堆，一举千里。（《史记全本新注》卷二十八《封禅书第六》）
【汇评】
　　姚苎田：《乾》称"蜚龙"二句，隐寓上仙之旨，微妙之甚。盖飞龙者，升天之义，渐般者，阶梯之象，庶几旦夕通之，言得栾大而仙人冀也，自来无人会得此旨。（《史记菁华录·封禅书》）
⑭【汇注】
　　龚浩康：庶几，也许，差不多，表希望推测之词。与，赞许。（见王利器主编《史记注译》卷十二）
【汇评】
　　程馀庆：荒谬附会借极摹写。（《历代名家评注史记集说·封禅书》）
⑮【汇注】
　　裴　骃：韦昭曰："乐通，临淮高平也。"（《史记集解·孝武本纪》）
　　龚浩康：其，应当，祈使副词。乐通，地名，在今江苏省泗洪县东南。（见王利器

主编《史记注译》卷十二)

吴见思：封侯二。(《史记论文·封禅书》)

【汇评】

程馀庆：取乐于通仙意。(《历代名家评注史记集说·封禅书》)

⑯【汇注】

裴　骃：《汉书音义》曰："有甲乙第次，故曰第。"(《史记集解·孝武本纪》)

龚浩康：列侯，秦汉时二十等爵位的最高一级，又称彻侯，后因避汉武帝刘彻名讳，改为通侯。甲第，上等房屋。旧时官僚住宅有甲乙等第之分，所以称豪华住宅为甲第。(见王利器主编《史记注译》卷十二)

⑰【汇注】

龚浩康：僮，奴仆。(见王利器主编《史记注译》卷十二)

⑱【汇注】

裴　骃：《汉书音义》曰："或云斥不用也。"韦昭曰："尝在服御。"(《史记集解·孝武本纪》)

司马贞：孟康云"斥不用之车马"是也。(《史记索隐·孝武本纪》)

凌稚隆：杨慎曰："斥，充斥也。音'拓'。言拓车马等以充其家。"(《史记评林·封禅书》)

程馀庆：举车同，斥不用也。言分乘车之物，充其家也。(《历代名家评注史记集说·封禅书》)

郭嵩焘：案：蔡邕《独断》："天子所御车马、衣服、器械、百物曰乘舆。"言车马、帷幄、器物，皆视天子乘舆而以充其家。斥，盖指视之意。《后汉书·孔融传》"拟斥乘舆"语本此。李贤注《后汉书》云："斥，指也。"(《史记札记》卷三《封禅书第六》)

龚浩康：乘舆，帝王乘坐的车辆。斥，剩余的，不用的。帷帐，宫室的帐幕，借指宫廷。(见王利器主编《史记注译》卷十二)

【汇评】

吴见思：赐第物三。(《史记论文·封禅书》)

⑲【汇校】

梁玉绳：附案：孟康云"卫太子妹"。如淳云"卫太子姊"。师古据《外戚传》是"姊"，以孟说为非。但帝女称公主，姊妹称长公主，此帝女而云长公主，故裴骃曰"未详"也。《索隐》谓："是卫后长女，非如长公主之例。"此解甚通，若《刘敬传》称鲁元公主为长公主，《外戚世家》称文帝女嫖为长公主矣。(《史记志疑·封禅书第六》)

【汇注】

裴　骃：孟康曰："卫太子妹。"如淳曰："卫太子姊也。"蔡邕曰："帝女曰公主，仪比诸侯。姊妹曰长公主，仪比诸侯王。"骃案：此帝女也，而云长公主，未详。（《史记集解·孝武本纪》）

司马贞：案：卫子夫之子曰卫太子，女曰卫长公主。是卫后长女，故曰长公主，非如帝姊曰长公主之例。（《史记索隐·封禅书》）

龚浩康：卫长公主，武帝卫皇后的长女。妻，以女嫁人，动词。（见王利器主编《史记注译》卷十二）

【汇评】

凌稚隆：董份曰："因大言当有亲属，遂以卫长公主妻之，昏何甚也。"（《史记评林·封禅书》）

又：罗大经曰："汉武帝刻意求仙，至以爱女妻方士，可谓颠倒之极。末年乃忽悔悟曰：'世岂有仙者，节食服药，差可少病耳！此论却甚确。'"刘潜夫诗云："但闻方士腾空去，不见童男入海回。无药能令炎帝在，有人曾哭老聃来。"（《史记评林·孝武本纪》）

吴见思：妻公主四。（《史记论文·封禅书》）

⑳【汇校】

梁玉绳：案：《汉志》作"十万斤"。（《史记志疑·封禅书第六》）

【汇注】

程馀庆：谓遣嫁之资。（《历代名家评注史记集说·封禅书》）

龚浩康：赍，赠送，赐给。（见王利器主编《史记注译》卷十二）

㉑【汇注】

裴　骃：《地理志》云东莱有当利县。（《史记集解·孝武本纪》）

姚苎田：栾大食邑在当利，故以卫长公主之名从之。（《史记菁华录·封禅书》）

龚浩康：当利，县名，治所在今山东省掖县西南。（见王利器主编《史记注译》卷十二）

㉒【汇注】

龚浩康：如，往，去，动词。（见王利器主编《史记注译》卷十二）

㉓【汇校】

龚浩康：所，当依《封禅书》和《汉书·郊祀志》作"供"。（见王利器主编《史记注译》卷十二）

【汇注】

龚浩康：存问，慰问，省视。（见王利器主编《史记注译》卷十二）

程馀庆：亲如存问五，以客礼待之矣。（《历代名家评注史记集说·封禅书》）

㉔【汇注】

裴　骃：徐广曰："武帝姑也。"骃案：韦昭曰"窦太后之女也"。（《史记集解·孝武本纪》）

程馀庆：大主，武帝姊，平阳公主之属。（《历代名家评注史记集说·封禅书》）

㉕【汇评】

吴见思：置酒献遗六。栾大一时倾倒通国如此，为之一笑。（《史记论文·封禅书》）

㉖【汇注】

姚苎田："道"字作引导解。（《史记菁华录·封禅书》）

㉗【汇注】

龚浩康：使使，派遣使者。衣，穿，动词。羽衣，用鸟羽制成的衣服，后用来称道士的衣服。（见王利器主编《史记注译》卷十二）

张大可：羽衣，仙人所服之衣。（《史记全本新注》卷二十八《封禅书第六》）

㉘【汇注】

龚浩康：白茅，多年生野草。古代常用来包裹祭祀用的礼物。（见王利器主编《史记注译》卷十二）

㉙【汇评】

姚苎田：做作极矣。千古读之，无不失笑。（《史记菁华录·封禅书》）

㉚【汇注】

程馀庆：羽衣以鸟羽为衣，取神仙飞翔之意。致尊其使矣。（《历代名家评注史记集说·封禅书》）

编者按：弗臣，指受印者不是天子的臣下。

㉛【汇注】

张大可：道天神，引荐天神。道，读导。（《史记全本新注》卷二十八《封禅书第六》）

【汇评】

吴见思：序栾大富贵极盛矣，又落天道玉印。另作一段写以为姿致：两白茅羽衣，两夜立，俊雅之极。（《史记论文·封禅书》）

姚苎田：又拖一句作注，妙甚。（《史记菁华录·封禅书》）

㉜【汇注】

龚浩康：下，使动用法。（见王利器主编《史记注译》卷十二）

【汇评】

凌稚隆：案：人主富贵极矣，所垂涎者神仙耳。大既能致神役鬼，宁不为其所惑

耶？（《史记评林·封禅书》）

㉝【汇评】
　　程馀庆：接上三夜字看，觉笔底有阴森惨淡之气。（《历代名家评注史记集说·封禅书》）

㉞【汇评】
　　姚苎田：与"斗棋"一段遥应作章法。无数做作，却并不见其通言于神人也。故特插"使鬼"一小段与前"斗棋"作应，总见其小技诳人处。（《史记菁华录·封禅书》）

㉟【汇注】
　　龚浩康：治装，整理行装。（见王利器主编《史记注译》卷十二）

㊱【汇评】
　　吴见思：写栾大不可方物。（《史记论文·封禅书》）
　　姚苎田：盖世荣华，只为此一句耳。收得淡然，而其妙愈见。大之狂，帝之惑，俱跃然矣。（《史记菁华录·封禅书》）

㊲【汇注】
　　龚浩康：见，被引见。（见王利器主编《史记注译》卷十二）

㊳【汇注】
　　司马贞：更加乐通侯及天道将军印，为六印。（《史记索隐·封禅书》）
　　张大可：佩六印，栾大身兼六职，即五利将军、天士将军、地士将军、大通将军、乐通侯、天道将军六印。（《史记全本新注》卷二十八《封禅书第六》）

㊴【汇注】
　　龚浩康：振，通"震"，震惊。（见王利器主编《史记注译》卷十二）
【汇评】
　　程馀庆：又总一笔，摹写殆尽。（《历代名家评注史记集说·封禅书》）

㊵【汇注】
　　裴　骃：服虔曰："满手曰搹。"瓒曰："搹，执持也。"（《史记集解·孝武本纪》）
　　张大可：搹捥，握持手腕，表示奋激。这里指燕齐方士都奋激自称有招来神仙的秘方。（《史记全本新注》卷二十八《封禅书第六》）

㊶【汇评】
　　吴见思：一路言祠祭及神仙，其文已多。至栾大极盛矣，再发便为累坠，故借势一结，又扬一笔，若断不断。下又序宝鼎事以闪开，间隔之，是《史记》章法。自谬忌至此是第七节。（《史记论文·封禅书》）
　　姚苎田：收笔与少君段应。（《史记菁华录·封禅书》）
　　高　嵣：第六截落到孝武，是主中主。言祷祀，言符瑞，言巡狩，先为封禅作挑逗，而大旨尤在方士进用。两神君，一少君，一谬忌。拜少翁为文成将军，拜栾大为五利将军，以此事神，以此求仙，又皆封禅之缘起也。文内两言海上燕齐方士，大旨若揭。（《史记钞》卷二）

程馀庆：搚，执持也，捥，腕同。只搚捥二字，写方士热中技痒，情状如见。汉武事十六。（《历代名家评注史记集说·封禅书》）

其夏六月中，汾阴巫锦为民祠魏脽后土营旁①，见地如钩状②，掊视得鼎③。鼎大异于众鼎④，文镂毋款识⑤，怪之，言吏。吏告河东太守胜⑥，胜以闻⑦。天子使使验问巫锦得鼎无奸诈，乃以礼祠，迎鼎至甘泉，从行，上荐之⑧。至中山⑨，晏温⑩，有黄云盖焉。有麃过⑪，上自射之，因以祭云⑫。至长安，公卿大夫皆议请尊宝鼎⑬。天子曰："间者河溢，岁数不登⑭，故巡祭后土，祈为百姓育谷。今年丰庑未有报⑮，鼎曷为出哉⑯？"有司皆曰："闻昔大帝兴神鼎一⑰，一者一统⑱，天地万物所系终也⑲。黄帝作宝鼎三，象天地人也⑳。禹收九牧之金㉑，铸九鼎，皆尝鬺烹上帝鬼神㉒。遭圣则兴㉓，迁于夏商㉔。周德衰，宋之社亡㉕，鼎乃沦伏而不见㉖。《颂》云'自堂徂基㉗，自羊徂牛㉘；鼐鼎及鼒㉙，不虞不骜㉚，胡考之休'㉛。今鼎至甘泉，光润龙变㉜，承休无疆㉝。合兹中山㉞，有黄白云降盖㉟，若兽为符㊱，路弓乘矢㊲，集获坛下㊳，报祠大飨㊴。惟受命而帝者心知其意而合德焉㊵。鼎宜见于祖祢㊶，藏于帝廷㊷，以合明应㊸。"制曰："可㊹。"

① 【汇注】

裴　骃：应劭曰："锦，巫名。"（《史记集解·孝武本纪》）

又：应劭曰："魏，故魏国也。脽，若丘之类。"（同上）

凌稚隆：案：汾阴故魏地，故曰"魏脽"。（《史记评林·封禅书》）

龚浩康：巫，古代称能够以舞降神的人，女的称巫，男的称觋。锦，人名。魏脽，

即汾阴脽，因原属魏国，所以称魏脽。营，祠庙周围的界限。（见王利器主编《史记注译》卷十二）

② 【汇评】

编者按：地异藏宝乃中国风水堪舆术的一般信条，然而，缺少科学依据，碰运气者居多。看来，此巫锦真是一个幸运儿。

③ 【汇校】

梁玉绳：附案：《汉书·武纪》《水经注》六言元鼎元年先已得鼎汾阴，此元鼎四年为重得之。然《封禅书》《郊祀志》皆不载元年得鼎事，必是误出，《通鉴考异》辨之矣。（《史记志疑·封禅书第六》）

【汇注】

司马贞：《说文》："捊，抱也。"音步沟切。（《史记索隐·孝武本纪》）

凌稚隆：王维桢曰："元鼎、元封之间，燕齐之士争言神仙，故淫祠于汉世为多。虽当时名儒继登宰辅，亦莫能正之者。元成之秦衡潭用事，始奋然欲尽去淫祠以正古义，又幸世主从之，其事行矣。未几，以刘向一言而祷祠复兴，惜哉。"（《史记评林·封禅书》）

张大可：其夏云云，此元鼎元年事。《封禅书》所载时间有其明年、其后某年、其来年、其春、其夏、其冬、是岁等语，皆行文所至或追书、或穿插，以文情纬文，而不是严格的编年，故时间不明，后人不明史公书法，以此处为错简，非是。魏脽，即汾阴脽丘，古属魏地，故又名魏脽。捊视，扒开泥土察看。（《史记全本新注》卷二十八《封禅书第六》）

【汇评】

浦起龙：此下入得汾鼎、郊太一两事，直走封禅正旨矣。文极浩烦，意有专注，到后方知。

本段叙得汾鼎，即孝武所欲祠出之，以为封禅之符者。乃今既得之，是宜亟行封禅也。（《古文眉诠》卷二十）

④ 【汇注】

程馀庆：《汉书》："鼎大八尺一寸，高三尺六寸。"（《历代名家评注史记集说·封禅书》）

⑤ 【汇注】

司马贞：韦昭云："款，刻也。"案：识犹表识也。（《史记索隐·孝武本纪》）

张大可：文镂无款识，鼎上只有刻纹，没有款识。镂，刻。天子诸侯之鼎皆有款识，此鼎为新垣平等人伪造，故无款识。（《史记全本新注》卷二十八《封禅书第六》）

【汇评】

吴见思：另起一头序宝鼎，由宝鼎及鼎书，由鼎书及封禅，是此节主意。（《史记论文·封禅书》）

⑥【汇注】

龚浩康：河东，郡名，辖今山西省西南部地区，郡治在安邑（今夏县西北）。太守，官名，郡的最高行政长官。胜，人名。（见王利器主编《史记注译》卷十二）

⑦【汇注】

龚浩康：闻，传报。（见王利器主编《史记注译》卷十二）

⑧【汇注】

裴　骃：如淳曰："以鼎从行，上至甘泉，将荐之于天也。"（《史记集解·孝武本纪》）

张大可：上荐之，汉武帝将鼎进献（荐）给上帝和祖先。（《史记全本新注》卷二十八《封禅书第六》）

【汇评】

郭嵩焘：案："迎鼎至甘泉，从行，上荐之"十字，曲尽当时情事。下云至中山、至长安，则于其中另叙此二段，以烘托之。迎鼎者，上自迎也；从行者，既迎而遂从上以行也；至甘泉荐之，谓进而置之甘泉宫中也。下言有司议谓"宜见于祖、祢，藏于帝廷"，则亦荐告之祖庙而已。《汉书》如淳注谓"以鼎从行上至甘泉，将荐之于天"者，非也。（《史记札记》卷三《封禅书第六》）

⑨【汇注】

裴　骃：徐广曰："《河渠书》凿泾水自中山西。"（《史记集解·孝武本纪》）

司马贞：此山在冯翊谷口县西，近九嵕山，土人呼为中山。《河渠书》韩使水工郑国说秦凿泾水自中山西，即此山。（《史记索隐·孝武本纪》）

龚浩康：中山，山名，在今陕西省淳化县东南。（见王利器主编《史记注译》卷十二）

张大可：中山，又名仲山，在今陕西淳化县西北。（《史记全本新注》卷二十八《封禅书第六》）

⑩【汇注】

司马贞：如淳云："三辅俗谓日出清济为晏。晏而温，故曰晏温。"许慎注《淮南子》云："晏，无云也。"（《史记索隐·孝武本纪》）

凌稚隆：杨慎云："凡日出太早则阴雨，稍晏则晴霁。故曰晴为晏"。（《史记评林·封禅书》）

张大可：㬉腽，即晏温，古陕北土语，指天空晴朗，风和日丽。（《史记全本新注》

卷二十八《封禅书第六》)

⑪【汇注】

程馀庆：麃，音庖，似獐，牛尾，一角。(《历代名家评注史记集说·封禅书》)

⑫【汇注】

裴　骃：徐广曰："上言从行荐之，或曰祭鼎(乎)〔也〕。"(《史记集解·孝武本纪》)

【汇评】

程馀庆：祭鼎也。于鼎上又添色泽，伏冷案。(《历代名家评注史记集说·封禅书》)

⑬【汇注】

龚浩康：大夫，官名，名目甚繁，多系中央要职和顾问。(见王利器主编《史记注译》卷十二)

⑭【汇注】

龚浩康：登，庄稼成熟。(见王利器主编《史记注译》卷十二)

【汇评】

程馀庆：灾异事即从诏中补出，微辞。(《历代名家评注史记评注·封禅书》)

⑮【汇注】

程馀庆：庑，音无，草木盛貌。言虽祈谷而未获丰年蕃庑之报。(《历代名家评注史记集说·封禅书》)

龚浩康：丰庑，丰收。庑，茂盛。报，报赛，农事完毕之后举行的祭祀。(见王利器主编《史记注译》卷十二)

⑯【汇注】

龚浩康：曷为，为何，为什么。(见王利器主编《史记注译》卷十二)

张大可：今岁丰收还未曾报祭天地，天地为何又出宝鼎呢？(《史记全本新注》卷二十八《封禅书第六》)

【汇评】

吴见思：先作一谦让，而以聪明语出之。(《史记论文·封禅书》)

编者按：汉武帝此句的意思十分明显：因为己德尚缺，故而宝鼎出非其时。这里，他首先申明，近年频繁巡察后土，当然也包括敬奉其他鬼神的目的不过是"祈为百姓育谷"，即办好事。如果加上以前的致鬼（招魂）、致物（炼金）、消灾、却老，特别是后来的效法黄帝，封禅登仙，可见他"尤敬鬼神之祀"的目的是不断变化升级的，且由为民逐渐演变到为己，但仍以为民作基础。因为只有为老百姓办好事，才能取得民心；只有取得民心，才能感动上天，赐降祥瑞，从而获得封禅的资格。这也是本文经常将治水救灾与祭祀封禅结合起来叙写的基本原因。

⑰【汇注】

司马贞：颜师古以大帝即太昊伏羲氏，以在黄帝之前故也。（《史记索隐·孝武本纪》）

又：案：孔文祥云"泰帝，太昊也"。（《史记索隐·封禅书》）

龚浩康：大帝，也作"泰帝"，传说中的太昊伏羲氏。兴，制作。神鼎，对宝鼎的美称。（见王利器主编《史记注译》卷十二）

编者按：鼎由食器、礼器发展为权力、国家，乃至"天地万物所系终"的象征，逐渐形成了我国的鼎文化崇拜。而崇拜的核心不过是王朝的最高权力和大一统的理想罢了。因此，这里"神鼎"的"神"字，更有神秘无比、神力无穷的意义。

⑱【汇注】

张大可：一者壹统，只作神鼎一，一的意思就是一统天地。（《史记全本新注》卷二十八《封禅书第六》）

编者按：这里的"一者一统"，也即董仲舒在《举贤良对策》中所说的"《春秋》大一统者，天地之常经，古今之通谊也"。这是汉武帝及一切胸怀高远的帝王们最为推许的信条。

⑲【汇校】

梁玉绳：案："终"字误，《汉志》作"象"是。（《史记志疑·封禅书第六》）

吴汝纶：梁云《汉志》终作象，《武纪》亦作终。某疑终乃络之误。（《点勘史记读本》）

【汇注】

龚浩康：系终，归结。（见王利器主编《史记注译》卷十二）

⑳【汇注】

龚浩康：象，象征，代表。（见王利器主编《史记注译》卷十二）

【汇评】

吴见思：向插九鼎，此又添黄帝三鼎，总属无稽，然黄帝鼎书正从此起。（《史记论文·封禅书》）

㉑【汇注】

龚浩康：九牧，即九州。牧，原指州的长官。（见王利器主编《史记注译》卷十二）

㉒【汇校】

张文虎：《封禅书》作"亨鬺"，《集解》《索隐》皆先释烹，后释鬺，似当如《封禅书》。然《郊祀志》作"鬺亨"，注引服虔曰"以享祀上帝也"。盖此文当以"皆尝鬺亨上帝鬼神"为句，古享字烹字皆作"亨"，致相混耳。疑《史》文当作"鬺亨"。

(《校刊史记集解索隐正义札记》卷一)

【汇注】

裴　骃：徐广曰："烹，煮也。鬺音觞。皆尝以烹牲牢而祭祀也。"（《史记集解·孝武本纪》）

司马贞：言鼎以烹牲而飨尝也。"鬺"字又作"觞"字，音殇。《汉书·郊祀志》云鼎空足曰鬲，以象三德。鬲音历，谓足中不实者名之也。（《史记索隐·孝武本纪》）

龚浩康：鬺烹，烹煮，特指烹煮牲畜以祭祀。（见王利器主编《史记注译》卷十二）

㉓【汇注】

张守节：遭，逢也。鼎虽沦泗水，逢圣兴起，故出汾阴，西至甘泉也。（《史记正义·孝武本纪》）

龚浩康：兴，兴起，出现。（见王利器主编《史记注译》卷十二）

程馀庆：言鼎逢圣人在上，则兴起。（《历代名家评注史记集说·封禅书》）

㉔【汇注】

程馀庆：谓夏德衰，鼎迁于商。商德衰，鼎迁于周也。（《历代名家评注史记集说·封禅书》）

㉕【汇注】

张守节：社主民也。社以石为之。宋社即亳社也。周武王伐纣，乃立亳社，以为监戒，覆上栈下，不使通天地阴阳之气。周礼衰，国将危亡，故宋之社为亡殷复也。（《史记正义·孝武本纪》）

【汇注】

龚浩康：宋，国名。周武王灭商后，封商纣之子武庚于商的旧都亳（今河南省商丘县北）。周成王时，武庚因叛乱被杀，又以其地封给商纣之庶兄微子，建为宋国。辖地在今河南省东部及山东、江苏、安徽三省之间。社，祭祀土神的场所，古代诸侯建国必先立社。（见王利器主编《史记注译》卷十二）

㉖【汇校】

梁玉绳：案：史公述有司议，缺略不具，当以《汉志》校之，得失自见。然"周德衰"下有"鼎迁于秦，秦德衰"二语，社亡鼎没，不在秦衰之时，议者未免失词。又考禹铸九鼎虽不见于经典，而相传为禹铸。《易林》小畜之益、《说文·鼎部》及杜注《左传》、王嘉《拾遗记》皆称是禹，惟《墨子·耕柱篇》言夏启所铸，并载白云之谣，恐单说不可信，而金氏《前编》因之，何与？（《史记志疑·封禅书第六》）

【汇注】

龚浩康：见，通"现"，出现。（见王利器主编《史记注译》卷十二）

【汇评】

凌稚隆：光缙曰："案：野史云：汉得汾阴鼎，而帝嘉之。群臣上寿，贺陛下得周鼎。吾丘寿王独谓非周鼎而对上曰：'周德始后稷成文武，其报祯应鼎为周出，名曰周鼎。今汉自高祖继周至于陛下，功德愈盛，天瑞并至，宝鼎自出，非周鼎也。'夫武王克商，迁鼎于雒阳。而吾丘寿王曰鼎为周出，诬罔甚矣，当时附会之谈宁独一吾丘哉？"（《史记评林·孝武本纪》）

㉗【汇注】

张守节：此以下至"胡考之休"是《周颂·丝衣》之诗。自堂，从内往外。基，门内塾也。郑玄云："门侧之堂谓之塾。绎礼轻，使士升堂，视壶濯及笾豆之属，降往于塾。牲自羊徂牛，告充已，乃举鼎告絜，礼之次也。"（《史记正义·孝武本纪》）

㉘【汇注】

张守节：自堂往塾，先视羊，后及牛也。毛苌云："先小后大也。"（《史记正义·孝武本纪》）

㉙【汇注】

裴　骃：韦昭曰："《尔雅》曰鼎绝大谓之鼐，圜奄上谓之鼒。"（《史记集解·孝武本纪》）

㉚【汇注】

司马贞：《毛传》云："虞，哗也。"姚氏案：何承天云"虞"当为"吴"，音洪霸反。又《说文》以"吴，一曰大言也"。此作"虞"者，与吴声相近，故假借也。或者本文借此"虞"为欢娱字故也。（《史记索隐·孝武本纪》）

钱大昕：古文虞与吴通。汉碑亦有"不虞不扬"之文。今《封禅书》作不吴，乃后人据《毛诗》称改。（《廿二史考异·史记》）

㉛【汇注】

龚浩康：《颂》，指《诗经》中的《周颂·丝衣》。徂，往，到。基，指门外两侧房屋的地基。鼐，大鼎。鼒，小鼎。虞，喧哗。骜，通"傲"，傲慢。胡考，长寿。休，福禄。（见王利器主编《史记注译》卷十二）

张大可：《颂》云：引自《周颂·丝衣》。意谓周祭典之官在祭礼之前，要从堂至门塾，察看羊牛牲品以及大小祭器是否整洁如仪，在祭祀时不喧哗，不怠慢，所以才能得到寿考的福气。丝衣，祭服。旧注认为《丝衣》是周公成王太平之时的祭祀乐歌。徂，往。基，门内塾。鼐，大鼎。鼒，小鼎。不吴，读不虞，不喧哗。不骜，不怠慢。胡考，寿考。（《史记全本新注》卷二十八《封禅书第六》）

㉜【汇注】

吴见思：光润其色，龙变其文也。（《史记论文·封禅书》）

龚浩康： 光润，指鼎的外表光彩华美。龙变，龙是古代传说中的一种神异动物，能上天下海，变化莫测，这里用"龙变"来形容鼎的光彩的变幻神奇。（见王利器主编《史记注译》卷十二）

㉝【汇注】

凌稚隆： 杨慎曰："鼎虽沦没泗水，逢圣则兴起，故出汾阳（编者按：据本节开头之"汾阴巫锦"，此阳当为阴之误）西至甘泉也"。（《史记评林·封禅书》）

张大可： 鼎至甘泉，焕发光彩，空中出现龙形的云气变化，象征着大汉承受无边无尽的休美。（《史记全本新注》卷二十八《封禅书第六》）

【汇评】

程馀庆： 言鼎至甘泉之后，其色光润，其文龙变，承此休福无穷竟也。（《历代名家评注史记集说·封禅书》）

㉞【汇注】

裴　骃： 徐广曰："关中亦复有中山也，非鲁中山。"（《史记集解·封禅书》）

㉟【汇注】

裴　骃： 韦昭曰："与中山所见黄云之气合也。"（《史记集解·孝武本纪》）

梁玉绳： 附案：服虔云"云若兽，在车盖也"。晋灼云"盖，辞也"。师古云"二说非，盖发语辞也"（颜即晋说）。《史诠》云"降盖句，即上文'黄云盖焉'是也"。《史诠》说胜旧注。（《史记志疑·封禅书第六》）

㊱【汇注】

裴　骃： 服虔曰："云若兽，在车盖也。"晋灼曰："盖，辞也。或云符谓瑞应也。"（《史记集解·孝武本纪》）

龚浩康： 符，祥瑞，吉祥之兆。（见王利器主编《史记注译》卷十二）

㊲【汇注】

裴　骃： 韦昭曰："路，大也。四矢为乘。"（《史记集解·孝武本纪》）

程馀庆： 路，大也。四矢曰乘。言上亲以弓矢，获麃于坛下也。应上自射之。（《历代名家评注史记集说·封禅书》）

㊳【汇注】

龚浩康： 集，会聚。（见王利器主编《史记注译》卷十二）

㊴【汇注】

裴　骃： 徐广曰："一云大报享祠与。"（《史记集解·孝武本纪》）

龚浩康： 大飨，古代帝王诸侯合祭历代祖先的祭礼。（见王利器主编《史记注译》卷十二）

张大可： 报祠大享，用大享酒礼祭祀，回报天地。（《史记全本新注》卷二十八

《封禅书第六》）

【汇评】

凌稚隆：陈文烛曰：案：《汉武故事》云，武帝祀甘泉，至渭泉，有女子浴于渭水，乳长七尺，上怪其异，遣问之。女曰："帝后第七车侍中知我所来。"时，张宽在第七车，对曰："天星主祭祀者，斋戒不严，则女人星见。"余谓此与老人黄犬之说，俱属荒唐，姑述所闻如此。（《史记评林·封禅书》）

㊵【汇注】

裴　骃：服虔曰："高祖受命知之也，宜见鼎于其庙。"（《史记集解·孝武本纪》）

龚浩康：合德，天人互相感应。迷信者认为天能干预人事，人的行为也能感动上天。（见王利器主编《史记注译》卷十二）

【汇评】

吴见思：心知妙犹天子独喜也。（《史记论文·封禅书》）

㊶【汇注】

龚浩康：祖祢，祖先。古代父死，神主进入祖庙以后称"祢"。（见王利器主编《史记注译》卷十二）

张大可：祖祢，祖考之庙。（《史记全本新注》卷二十八《封禅书第六》）

编者按：神主，书写着死者身份、姓名的牌位，一般用木片做成，呈"且"字形，是供奉和祭祀的直接对象。

㊷【汇注】

龚浩康：帝廷，指甘泉宫内供奉天帝的殿廷。（见王利器主编《史记注译》卷十二）

㊸【汇注】

龚浩康：明应，上天所降符瑞的应验。明，神明，神灵。（见王利器主编《史记注译》卷十二）

【汇评】

程馀庆：祢，文庙。帝廷，甘泉天神之廷。言武帝受命，而帝心知其意，而与天合德，宜见此鼎于祖祢之庙也。（《历代名家评注史记集说·封禅书》）

㊹【汇注】

龚浩康：制，称帝王的命令。（见王利器主编《史记注译》卷十二）

【汇评】

程馀庆：汉武事十七。（《历代名家评注史记集说·封禅书》）

编者按：从本段看来，汉武帝对于封禅成仙之事，在开始的时候，还是心中无数，疑虑重重，没有信心的。只是后来在公卿大夫、文武官员的极力劝谏下，他才制曰：

"可。"因此，封禅之过，绝不能全怪汉武，也不能全怪方士，还应该追究朝廷官员的蛊惑教唆罪。

> 入海求蓬莱者，言蓬莱不远①，而不能至者，殆不见其气②。上乃遣望气佐候其气云③。

① 【汇注】
张守节：蓬莱、方丈、瀛洲，渤海中三神山也。(《史记正义·孝武本纪》)
【汇评】
程馀庆：无端接入求仙，笔法灵奇冷妙。(《历代名家评注史记集说·封禅书》)

② 【汇注】
龚浩康：殆，大概。(见王利器主编《史记注译》卷十二)
【汇评】
吴见思：昔犹望见，今并不见其气。玄之又玄。(《史记论文·封禅书》)
姚苎田：既不见其气，又何从知其不远？语荒唐入妙。(《史记菁华录·封禅书》)

③ 【汇注】
姚苎田：令善望气者佐之，占候也。(《史记菁华录·封禅书》)
龚浩康：望气佐，指善于望气的官员。候，等候观察。(见王利器主编《史记注译》卷十二)
编者按：望气亦称候气。它是古代方士通过观察云气的形状、色彩及其变化情况来预测人事吉凶福祸的一种占卜术。这自然是神秘主义的"天人感应论"的主观臆断和牵强附会，但在汉代却得到了空前的发展。《史记》中写到望气活动的，除了本篇外，还有《项羽本纪》《孝文本纪》《李将军列传》等。《史记·天官书》中更有大量的关于望气的理论与实践的叙述。此时，望气不但成了一个专门职业，而且在朝廷中还设置了相应的官员。望气时，似乎还要举行隆重的仪式。鲁惟一在《剑桥中国秦汉史》中写道："称之为'候气'的仪式旨在确定那些赋予自然界生命的气在流动时发生了什么变化。观察和记下这些变化是必要的，这样人的相应的气和活动就能与自然界的秩序和节奏的变化相一致。大部分这样的典礼在举行时是非常庄重的，其标志是参加的国家高级官员都得遵照规定的先后程序；举行的仪式无疑是很正规的。"
【汇评】
吴见思：遥接入海求蓬莱，下即插入神仙事。(《史记论文·封禅书》)
程馀庆：又作不了语，妙。汉武事十八。(《历代名家评注史记集说·封禅书》)

其秋，上幸雍，且郊①。或曰"五帝，泰一之佐也，宜立泰一而上亲郊之"。上疑未定②。齐人公孙卿曰③："今年得宝鼎，其冬辛巳朔旦冬至④，与黄帝时等。⑤"卿有札书曰⑥："黄帝得宝鼎宛（侯）〔朐〕⑦，问于鬼臾区⑧。区对曰：'（黄）帝得宝鼎神筴⑨，是岁己酉朔旦冬至，得天之纪⑩，终而复始。'于是黄帝迎日推筴⑪，后率二十岁得朔旦冬至⑫，凡二十推⑬，三百八十年，黄帝仙登于天。⑭"卿因所忠欲奏之⑮。所忠视其书不经⑯，疑其妄书⑰，谢曰⑱："宝鼎事已决矣，尚何以为！⑲"卿因嬖人奏之⑳。上大说㉑，召问卿。对曰："受此书申功㉒，申功已死㉓。"上曰："申功何人也？"卿曰："申功，齐人也。与安期生通㉔，受黄帝言，无书，独有此鼎书㉕。曰'汉兴复当黄帝之时。汉之圣者在高祖之孙且曾孙也㉖。宝鼎出而与神通，封禅㉗。封禅七十二王㉘，唯黄帝得上泰山封'㉙。申功曰：'汉主亦当上封，上封则能仙登天矣㉚。黄帝时万诸侯，而神灵之封居七千㉛。天下名山八，而三在蛮夷㉜，五在中国㉝，中国华山、首山、太室、泰山、东莱㉞，此五山黄帝之所常游，与神会。黄帝且战且学仙㉟。患百姓非其道㊱，乃断斩非鬼神者㊲。百馀岁然后得与神通㊳。黄帝郊雍上帝，宿三月㊴。鬼臾区号大鸿㊵，死葬雍，故鸿冢是也㊶。其后黄帝接万灵明廷㊷。明廷者，甘泉也㊸。所谓寒门者，谷口也㊹。黄帝采首山铜，铸鼎于荆山下㊺。鼎既成，有龙垂胡髯下迎黄帝㊻。黄帝上骑㊼，群臣后宫从上龙七十馀人，龙乃上去㊽。馀小臣不得上，乃悉持龙髯，龙髯拔，堕黄帝之弓㊾。百姓仰望黄帝既上天，乃抱其弓与龙胡髯号㊿，故后世因名其处曰鼎湖㈤¹，其弓曰乌号。㈤²'"于是天子曰："嗟乎㈤³！吾诚得如黄帝，吾视去妻子如脱躧耳㈤⁴。"乃拜卿为郎㈤⁵，东使候神于太室㈤⁶。

① 【汇校】

　　梁玉绳：附案：上，常称也；幸雍，常事也。只因《汉志》偶脱"幸"字，师古遂造为雍地形高之说，以上雍释，而小司马袭之，何无识也。（《史记志疑·封禅书第六》）

　　【汇注】

　　司马贞：上雍，以雍地形高，故云上。（《史记索隐·孝武本纪》）

　　龚浩康：且，将要。（见王利器主编《史记注译》卷十二）

　　编者按：郊，古代祭礼，即郊祀，指在郊外祭祀天地，又称郊社。在冬至日祭天于南郊称为郊，夏至日祭地于北郊称为社，合称"郊社"。郊祀、郊社都是古代帝王的重大活动。

② 【汇评】

　　姚苧田：郊社之礼，乃天子绝大之事，而小人至，欲以矫诬荒诞之说立坛，令天子亲郊，无忌惮极矣。然武帝于方士之言，无不如石投水，独于亲郊太一一事疑而稍绌之，盖犹有君人之道焉。（《史记菁华录·封禅书》）

　　又：前云"神君最贵者太一"，兹更以五帝为太一之佐，盖太一即太极也。五帝即五行也。理本寻常，但以鬼道附会之，则可嗤耳。（同上）

③ 【汇注】

　　龚浩康：公孙卿，方士。（见王利器主编《史记注译》卷十二）

④ 【汇注】

　　龚浩康：其冬辛巳，朔旦冬至。这年仲冬辛巳日是朔日，早晨交冬至中气。朔，指月亮运行到太阳与地球之间和太阳同时出没时所呈现的新月月相，这种现象通常出现在夏历每月初一，所以一般称初一为朔日。（见王利器主编《史记注译》卷十二）

⑤ 【汇评】

　　凌稚隆：徐中行曰，"观公孙卿所言，则知汾阴鼎必其所为，以欺武帝者"。（《史记评林·封禅书》）

　　浦起龙：上叙得鼎，尚未与封禅搭连。此言得鼎之年，与黄帝朔旦冬至合，适相凑泊矣。又恰当与少君言封禅不死，黄帝是也相印。（《古文眉诠》卷二十）

　　姚苧田：另起一头，以黄帝作话柄，以宝鼎作证明。（《史记菁华录·封禅书》）

⑥ 【汇注】

　　龚浩康：札书，写在木简上的文章。（见王利器主编《史记注译》卷十二）

　　【汇评】

　　程馀庆：以下详公孙卿出处，亦用倒序法。（《历代名家评注史记集说·封禅书》）

⑦【汇校】

梁玉绳：附案：宛朐地名，即济阴宛句也，而《补纪》作"宛侯"，《汉志》作"冕侯"，注家皆缺。盖"冕"当作"冤"，"侯""句"音近。《路史·国名纪》六"宛侯，三皇时侯国"。（《史记志疑·封禅书第六》）

钱大昕：《封禅书》作宛朐。宛朐，盖地名，济阴郡冤句县是也。《汉志》作冕侯，冕即宛之讹。侯句音相近。（《廿二史考异·史记》）

编者按：中华书局二十四史修订本作"宛侯"。此处当为《封禅书》原文。

【汇注】

程馀庆：故城在曹州府西南四十里。（《历代名家评注史记集说·封禅书》）

龚浩康：宛朐，县名，治所在今山东省菏泽县西南。（见王利器主编《史记注译》卷十二）

⑧【汇注】

裴 骃：《汉书音义》曰："区，黄帝时人。"（《史记集解·孝武本纪》）

司马贞：郑氏云："黄帝佐也。"李奇曰："黄帝时诸侯。本作'申区'者，非；《艺文志》作'鬼容区'者也。"（《史记索隐·孝武本纪》）

姚苎田：黄帝时良史。（《史记菁华录·封禅书》）

⑨【汇校】

张文虎：此"黄"字似衍，《封禅书》《郊祀志》并同。（《校刊史记集解索隐正义札记》卷一）

【汇注】

程馀庆：神策，灵蓍也。（《历代名家评注史记集说·封禅书》）

姚苎田：既得鼎，又得神人书策，如谶纬之属。（《史记菁华录·封禅书》）

⑩【汇注】

龚浩康：纪，历数。（见王利器主编《史记注译》卷十二）

⑪【汇注】

程馀庆：迎，逆数之也。言黄帝得神蓍，因以推算历数，逆知节气日辰之将来也。（《历代名家评注史记集说·封禅书》）

⑫【汇校】

编者按：中华书局点校本二十四史修订本校勘记［三七］："得"，本书卷二八《封禅书》《汉书》卷二五上《郊祀志》上作"复"。疑"复得"连用更合上下文意。

【汇注】

张守节：率音律，又音类，又所律反，三音并通。后皆放此也。（《史记正义·孝武本纪》）

龚浩康：率，大率，通常。（见王利器主编《史记注译》卷十二）

⑬【汇注】

龚浩康：推，指推算次数。（见王利器主编《史记注译》卷十二）

⑭【汇评】

凌稚隆：庐璘曰："案：《史记》黄帝获宝鼎，迎日推策。春秋时楚子尝问鼎于周，战国时齐欲取鼎于周，至秦并天下，销天下兵器铸铜人十二，不知九鼎竟在何处，云沦伏于洛。至汉武帝时以巫锦言得鼎于汾阴，云大异于众鼎，据《战国策》言举移一鼎当得九万人，则此鼎非九鼎之数，必黄帝所获宝鼎也，以后亦不闻此鼎下落。但后汉末载董卓销十二铜人以铸钱，夫鼎极大，粗重之物，非人所能隐藏，而竟无所寻觅，此古今一大怪异事也。"（《史记评林·孝武本纪》）

程馀庆：言每十二年，即复过朔旦，冬至二十推应四百年，合是岁已酉前二十年计之，故但云三百八十年也。插序一书，甚"不经"二字允为定评。（《历代名家评注史记集说·封禅书》）

编者按：比物附瑞，观象授时，乃中国传统思维之遗则，宗法政治之大事。其源盖出于天命观。"得天之纪，终而复始"，极言人只要能赶上天道循环之良辰吉日，与之同行，便可与之同寿。天不死，人亦永生。此乃祭天祀物，改历易服之由。黄帝之举，实为"顺天地之纪，幽明之占"，故能仙去。此论亦为司马迁"究天人之际"时所重视。

⑮【汇注】

龚浩康：所忠，武帝的近臣。（见王利器主编《史记注译》卷十二）

⑯【汇注】

程馀庆：不合经典。（《历代名家评注史记集说·封禅书》）

张家英："不经"指所说的事不见于大家公认的经典，没有合法的依据。本篇下文尚有："上念诸儒及方士言封禅人人殊，不经，难施行。"亦用其义。后一例又见于《封禅书》。（《〈史记〉十二本纪疑诂·孝武本纪》）

龚浩康：经，正常，寻常。（见王利器主编《史记注译》卷十二）

⑰【汇评】

姚苎田：以所忠之疑其妄，反映武帝之反信其真。（《史记菁华录·封禅书》）

⑱【汇注】

龚浩康：谢，推托。（见王利器主编《史记注译》卷十二）

程馀庆：谓不须更言也。（《历代名家评注史记集说·封禅书》）

⑲【汇评】

吴见思：先一折挫明示其妄。（《史记论文·封禅书》）

⑳【汇注】

龚浩康：嬖人，宠爱的人。（见王利器主编《史记注译》卷十二）

㉑【汇注】

龚浩康：说，通"悦"，高兴。（见王利器主编《史记注译》卷十二）

㉒【汇注】

裴　骃：《封禅书》"功"字作"公"。（《史记集解·孝武本纪》）

龚浩康：申功，方士。（见王利器主编《史记注译》卷十二）

张大可：申功，即鲁大儒申公，事详《儒林列传》。（《史记全本新注》卷二十八《封禅书第六》）

㉓【汇评】

吴见思：一篇神仙不死，此偏说死。（《史记论文·封禅书》）

姚苎田：妙，无从考较矣。然申公者，何为死耶？扭捏可笑。（《史记菁华录·封禅书》）

㉔【汇评】

姚苎田：武帝求安期生久矣，故方士辄以"与安期通"为言。憨甚。（《史记菁华录·封禅书》）

㉕【汇注】

姚苎田：鼎书即前札书也，下文连缀二"曰"字，及"申公曰"字，又于书外附会之也。（《史记菁华录·封禅书》）

【汇评】

姚苎田：申公"受黄帝言"，见其亲承衣钵。又云"无书，独有此鼎书"，见其大可宝贵也。作态妙绝。（《史记菁华录·封禅书》）

㉖【汇注】

张家英：《经传释词》卷八："且，犹抑也。"这是说"且"是一种选择连接词，它表示的是"抑、或"的意思。这种用法的"且"字《史记》中屡见。（《〈史记〉十二本纪疑诂·孝武本纪》）

龚浩康：且，或者，选择连词。（见王利器主编《史记注译》卷十二）

【汇评】

吴见思：先见乃尔明是妄谈。（《史记论文·封禅书》）

㉗【汇评】

浦起龙：是为第四次劝举封禅，乃到头之的脉也。（《古文眉诠》卷二十）

㉘【汇注】

张守节：《河图》云："王者封太山，禅梁父，易姓登崇，有七十二君也。"（《史

记正义·孝武本纪》)

【汇评】

吴见思：祖袭管仲。(《史记论文·封禅书》)

㉙【汇评】

姚苎田：忽然又穿到封禅去，妙绝章法。(《史记菁华录·封禅书》)

程馀庆：上泰山有何难？故为此言者，欲神其事也。(《历代名家评注史记集说·封禅书》)

㉚【汇评】

吴见思：前两点封禅犹是蛛丝马迹，入此节则封禅为主。从此一层一层渐渐引入黄河之源，涓涓细水行三日，则狐可越；既入积石，则淼茫矣。(《史记论文·封禅书》)

姚苎田：随口说成一片，无端无绪，令人自入其玄中。(《史记菁华录·封禅书》)

程馀庆：要紧在此一句，然谈何容易。(《历代名家评注史记集说·封禅书》)

㉛【汇注】

裴　骃：应劭曰："黄帝时诸侯会封禅者七千人。"李奇曰："说仙道得封者七千国。"张晏曰："神灵之封谓山川之守。"(《史记集解·孝武本纪》)

司马贞：韦昭云："黄帝时万国，其以修神灵得封者七千国，或为七十国。"乐产云："以舜为神明之后，封妫满于陈之类也。"顾氏案：《国语》仲尼云"山川之守，足以纪纲天下者，其守为神。汪芒氏之君，守封禺之山也。"(《史记索隐·封禅书》)

姚苎田：言封内山川为神灵所守者。(《史记菁华录·封禅书》)

龚浩康：神灵之封，指为主持祭祀名山大川而建立的封国。居，占，有。(见王利器主编《史记注译》卷十二)

张大可：神灵之封居七千，黄帝诸侯有七千成仙，其神灵享受山川之封。(《史记全本新注》卷二十八《封禅书第六》)

㉜【汇注】

龚浩康：蛮夷，古代对南方和东方各族的泛称。这里指中原华夏族以外的四方各族。(见王利器主编《史记注译》卷十二)

㉝【汇注】

龚浩康：中国，指中原地区。(见王利器主编《史记注译》卷十二)

㉞【汇注】

龚浩康：华山，山名，古称西岳，在今陕西省东部。首山，山名，在今山西省永济县南。太室，指嵩山，古称中岳（按：中岳实含太室、少室二山），在今河南省登封县北。东莱，即莱山，有两座，一在今山东省莱阳县北，一在今山东省黄县东南。(见

王利器主编《史记注译》卷十二）

【汇评】

程馀庆： 三在蛮夷者，何不序？明是杜撰。（《历代名家评注史记集说 · 封禅书》）

㉟【汇评】

吴见思： 切中武帝之心。（《史记论文 · 封禅书》）

姚苎田： 以武帝方大征匈奴也。（《史记菁华录 · 封禅书》）

程馀庆： 揣摹附会入妙。一句与上不连（《历代名家评注史记集说 · 封禅书》）

㊱【汇注】

龚浩康： 患，忧虑。非，非难，反对。（见王利器主编《史记注译》卷十二）

㊲【汇注】

司马贞： 谓有非毁鬼神之人，乃断理而诛斩之。（《史记索隐 · 封禅书》）

凌稚隆： 案：卿见武帝事征伐、好神仙则曰“黄帝且战且学仙”，惧人攻其邪妄则曰“断斩非鬼神者”。此小人极意逢迎之态，专权固宠之术也。（《史记评林 · 封禅书》）

姚苎田： 杜塞后门，方士恶技。（《史记菁华录 · 封禅书》）

程馀庆： 非，毁也。预杜争臣之口。二句与上不连。（《历代名家评注史记集说 · 封禅书》）

㊳【汇注】

姚苎田： 又纡其期以难之。（《史记菁华录 · 封禅书》）

钱锺书：《考证》：“何焯曰：‘恐其言不验被诛，故远其期于百余岁。’”按：即同《韩非子 · 内储说下》宋人棘端削猴之谲智，此远其期限，而彼严其禁忌耳。夫学仙所以求长寿，今乃谓长寿然后得学仙；汉武若非妄想颠倒，必能遁词知其所穷。《赵飞燕外传》夷人曰：“学吾术者，要不淫与谩言”，樊嫕嗤之曰：“阳华李姑蓄斗鸭池下，若獭啮鸭，芮姥献捕獭狸，语姑曰：‘是狸不他食，当饭以鸭。’……今夷术真似此也！”公孙卿语洵可以芮姥之狸喻之。（《管锥编》第一册《史记会注考证五八则》）

张大可： 意谓汉武帝欲登仙，要像黄帝一样等待百余年。此公孙卿愚弄汉武帝以求自保的谎言。（《史记全本新注》卷二十八《封禅书第六》）

㊴【汇评】

姚苎田： 此句顾“幸雍”近事。（《史记菁华录 · 封禅书》）

㊵【汇注】

龚浩康： 号，别名。（见王利器主编《史记注译》卷十二）

㊶【汇注】

裴　骃： 苏林曰：“今雍有鸿冢。”（《史记集解 · 孝武本纪》）

龚浩康：冢，隆起的坟墓。（见王利器主编《史记注译》卷十二）
【汇评】
吴见思：引其人，引其冢，说得活像，今小说家每祖其法。（《史记论文·封禅书》）
姚苎田：此借一二近似地名，以实其说。（《史记菁华录·封禅书》）
程馀庆：鸿冢在凤翔县。四句与上不连。（《历代名家评注史记集说·封禅书》）

㊷【汇注】
龚浩康：明廷，即明堂。（见王利器主编《史记注译》卷十二）
张大可：黄帝接待万灵于明廷。（《史记全本新注》卷二十八《封禅书第六》）

㊸【汇注】
程馀庆：甘泉山在邠州淳化县东北五十里。（《历代名家评注史记集说·封禅书》）

㊹【汇注】
裴　骃：徐广曰："一作'塞'。"（《史记集解·孝武本纪》）
又：《汉书音义》曰："黄帝仙于寒门也。"（同上）
司马贞：服虔云："黄帝所仙之处也。"小颜云："谷，中山之谷口，汉时为县，今呼为冶谷，去甘泉八十里。盛夏凛然，故曰寒门谷口也。"（《史记索隐·孝武本纪》）
姚苎田：接会百神于明廷，其地即今甘泉。而又谓谷口为寒门。寒者，幽隐之义，百神之所从出入也。（《史记菁华录·封禅书》）
程馀庆：谷口，汉县，故城在西安府礼泉东北七十里。其地在九嵕山东，仲山西、泾水出山之处，盛夏凛然，故曰"寒门"。西北去甘泉八十里，黄帝升仙处也。五句与上不连。（《历代名家评注史记集说·封禅书》）
龚浩康：谷口，即中山的谷口，因谷北寒凉，所以称为"寒门"。（见王利器主编《史记注译》卷十二）

㊺【汇注】
裴　骃：晋灼曰："《地理志》首山属河东蒲阪，荆山在冯翊怀德县。"（《史记集解·孝武本纪》）
程馀庆：首山在许州襄城县南五里。荆山在陕州阌乡县南三十五里，其阳有铸鼎原。（《历代名家评注史记集说·封禅书》）
张大可：首山，又名首阳山、雷首山，在今山西永济县南。（《史记全本新注》卷二十八《封禅书第六》）
龚浩康：荆山，山名，在今河南省灵宝县境。（见王利器主编《史记注译》卷十二）

㊻【汇注】

司马贞：颜师古云："胡谓项下垂肉也；髯，其毛也。故童谣曰'何当为君鼓龙胡'是也。"（《史记索隐 · 孝武本纪》）

又：《说文》曰："胡，牛垂颔也。"《释名》云"胡，在咽下垂"者，即所谓咙胡也。（《史记索隐 · 封禅书》）

龚浩康：胡，颈部下垂之肉。髯，颊上的长须。（见王利器主编《史记注译》卷十二）

【汇评】

张大可：龙项下垂肉上的龙须下到地面来迎接黄帝。（《史记全本新注》卷二十八《封禅书第六》）

㊼【汇评】

梁玉绳：案：黄帝上骑与秦穆上天其妄一也，何待于辨，而《风俗通 · 正失篇》《子华子 · 问鼎篇》极论黄帝升遐之谬，迂矣。（《史记志疑 · 封禅书第六》）

㊽【汇评】

姚苎田：妙有斡旋，正是索解不得。（《史记菁华录 · 封禅书》）

㊾【汇校】

李　笠：案：堕字误衍其一。髯拔则弓自堕，何待髯堕而后堕弓乎？《补纪》《汉志》及《论衡 · 道虚篇》并作"龙髯拔。堕黄帝之弓"。又《汉书 · 司马相如传》左乌号之雕弓。《集注》张揖曰："黄帝乘龙上天，小臣不得上，挽持龙髯，髯拔，堕黄帝弓。"亦一确证也。（《广史记订补》卷三《封禅书》）

【汇注】

张守节：徒果反。（《史记正义 · 孝武本纪》）

【汇评】

吴见思：《书》多一"龙须"字，一"堕"字方详。（《史记论文 · 孝武本纪》）

(50)【汇注】

张守节：户高反，下同。（《史记正义 · 孝武本纪》）

龚浩康：号，大声哭喊。（见王利器主编《史记注译》卷十二）

(51)【汇注】

张守节：《括地志》云："湖水原出虢州湖城县南三十五里夸父山，北流入河，即鼎湖也。"（《史记正义 · 孝武本纪》）

龚浩康：名，命名，起名。动词。（见王利器主编《史记注译》卷十二）

(52)【汇评】

吴见思：以奇笔写奇事，粲若纷花，句句雅俊。《子华子 · 辩释》一篇句皆本此，

自非汉以前之书。(《史记论文·封禅书》)

姚苎田：与今市儿谈新闻何异？然竟为千古口实。甚矣，人之好怪也。(《史记菁华录·封禅书》)

又：自"黄帝时万诸侯"以下，皆杂举黄帝故事，以歆动武帝，其中且注且证，左牵右曳，绝似《考工》《尔雅》诸书。史公借荒诞之说以发其奇横之文，正是极得意处。(同上)

程馀庆：十七句与上不连。述申公言，凡四十八句，而每数句则变换，初不接连，读之如见其随口拉谎、左支右绌之状，传神之笔。(《历代名家评注史记集说·封禅书》)

逯耀东：战国兴起的传说中的黄帝，经邹衍将其纳入历史系统之后，成为人世真实的黄帝，再进一步成为华夏民族的共祖。司马迁写《史记》始于《五帝本纪》，其中又由黄帝开始，就是受到了这种影响。不过，这个民族共祖却在汉武帝时，腾升为神仙的黄帝，其过程就是《史记·封禅书》撰写的原因。由战国时期的传说凝聚而成的黄帝，流传到汉代，尤其汉武帝时，已有许多不同的面貌。大致来说，《汉书·艺文志》存在着起于"六国时，与老子相似"，以及"迂诞依托"两大类的黄帝著作。……

司马迁将包括黄帝在内的许多神话材料，采取保留的态度，每每借方士之口道出，却不加任何论断，将这一份材料保存在《封禅书》中。然后，再进一步从传说中提炼可信的材料，塑造另一个历史的黄帝。所以，司马迁的《史记》中有两个黄帝：一个在《封禅书》，另一个在《五帝本纪》。前者是神仙的黄帝，后者是历史的黄帝。(《抑郁与超越：司马迁与汉武帝时代》导言)

编者按：公孙卿所言，皆黄帝修仙得道之神话传说，与《五帝本纪》之黄帝相表里，亦开历史人物神话化之先河。然而，黄帝本赋地龙之性，当其凡间功德圆满时，自然会被天龙迎入仙境，亦示天地相合，天人和谐。这与秦皇、汉武之求仙长生确有本质区别：其一，非有意为之。所谓"且战且学仙"，实无可考；其二，非为满足一己之私欲。因此，黄帝不但是中华民族之始祖神，亦为神国之最高统治者。至于公孙卿何以撰此，大抵不过是狐假虎威，蛊惑汉武帝罢了。而对于汉武帝来说，有了黄帝做靠山，就等于找到了封禅求仙的根本依据，就会极大地提升这一活动的社会地位和感召力。只有在这时，他才会理直气壮地说：我的"尤敬鬼神之祀"，完全是为了继承中华始祖的圣业，宏扬先贤圣哲的道统，为子孙后代打开通往盛世的大门。如果我再能成仙，这不是三全其美吗，何乐而不为呢？谁还敢反对呢？

㊾【汇注】

龚浩康：嗟乎，感叹声。(见王利器主编《史记注译》卷十二)

【汇评】

姚苎田：公孙卿半日谬悠之谈，娓娓如见。武帝听到出神处特下“嗟呼”一叹，真千古传神之笔。（《史记菁华录·封禅书》）

(54)【汇注】

龚浩康：蹝，鞋子。（见王利器主编《史记注译》卷十二）

张大可：蹝，草鞋。（《史记全本新注》卷二十八《封禅书第六》）

【汇评】

牛运震：“嗟乎！吾诚得如黄帝，吾视去妻子如脱蹝耳。”“于是上欣然庶几遇之”，“然益遣，冀遇之。”连用此等飘动之笔，写出武帝求仙神情。后人有云如武帝爱道凭虚欲仙，正从此等句看出。（《史记评注》卷四）

程馀庆：蹝者，从草履也。应甘心语，有飘飘凌云之意。（《历代名家评注史记集说·封禅书》）

编者按：汉武帝的这句话显然只是一种假设的情景，但是，它却表现了对黄帝登仙的无比赞叹与极度羡慕之情。从中也可以看出他对求仙长生的痴迷程度，绝不仅仅出于一时兴起所发的感慨。但是，如果硬要说“天子口里无戏言”，一定要说到做到，那也是不现实的。因为黄帝仍然是“且战且学仙”，最后的乘龙归去也只是个传说，根本不可信。武帝最终也觉悟到这一点。所以，这句话不过是说说而已。实际上，汉武帝是一个大有情义的人，他对皇后、嫔妃及皇子、皇孙的爱绝不亚于最重情义的凡夫俗子。这仅仅从他写过的一些诗赋中就可以看得出来。如果真要让他“视去妻子如脱蹝耳”，恐怕他首先会陷入《红楼梦·好了歌》所描写的两难困境：“世人都晓神仙好，只有姣妻忘不了！”“世人都晓神仙好，只有儿孙忘不了！”对汉武帝来说，还应再加一难：“世人都说神仙好，只有江山忘不了！”至于一些论者认为汉武帝的这句话及其求仙长生活动完全是一个皇帝追求远大的生活理想和高尚的精神境界的个人之举，而且说只有皇帝才能有这样的主客观条件，这大概只能叫作“仁者见仁，智者见智”了。孔子曰：“亦各言其志耳。”

(55)【汇注】

龚浩康：郎，皇帝侍从官的通称，职掌护卫、陪从、随时建议和备顾问及差遣，有议郎、中郎、侍郎、郎中等名目。（见王利器主编《史记注译》卷十二）

(56)【汇评】

凌稚隆：光缙曰：“汉武帝汾脽得鼎，因更其年元，皆侈心所使耳。余观《春秋》鲁桓公二年取郜大鼎于宋，纳于太庙；昭七年晋赐子产以莒之二方鼎。十六年，齐伐徐，徐赂以甲父之鼎。定六年，叔文子谓卫侯曰：‘昭公之难，君将以文之舒鼎成之，昭兆定之，鞶鉴纳之，择用一焉。’兹数者皆宝鼎也，则古人赠遗且用之，安足奇哉？

而遽以名年也。后宣帝又于扶风亦得鼎，窦宪勒燕然，还，有南单于亦遗宪仲山甫古鼎，有铭，宪遂上之，迄晋魏六朝隋唐亦往往言获古宝鼎器，是何宝鼎之多也，惜不令汉武见之耳。"(《史记评林·孝武本纪》)

又：邵宝曰：古之葬者厚衣之以薪，不封，不树，然而不能已者，有体魄焉尔也。黄帝既仙，无体魄矣，衣冠而葬，何为哉？《易》曰："纳约自牖"。武帝有牖如此，群臣不能自纳焉，而乃为迎逢，以成方士之妄，帝之暂明而俄晦，群臣亦与有罪焉。(《史记评林·封禅书》)

程馀庆：不了。汉武事十九。此段借公孙卿语通贯上下，尤为周密。盖至此凡得鼎、游山、伐国无一不附会黄帝，而收入封禅求仙中。此用笔之穷工极妙也。(《历代名家评注史记集说·封禅书》)

冯立鳌：可以说，公孙卿是在求仙一事上对刘彻欺骗得时间最长、也最为成功的一人，他以黄帝成仙为例证，引诱刘彻深深迷恋于求仙之道，又不断用巨人脚印和转述的神语等似是而非的证据来表明神仙的存在，甚至把灾祸也说得与黄帝有相同之处，使刘彻在每次的失落和丧气中总能得到及时的安慰与一丝欣喜，让刘彻虽然求仙不得，但却欲罢不能，终使骗术能够延续。刘彻对公孙卿的求仙之事似乎是有所怀疑的，他曾向其提起过少翁、栾大求仙之诈，似有逼问公孙卿之意。刘彻后来在桥山（今陕西黄陵县北）见到黄帝坟墓，就问身边人：听说黄帝不死，为何有坟墓？有人告诉他：黄帝成仙上天，是群臣们把他的衣冠葬在此处。刘彻虽然表示了对黄帝升天的一丝疑问，但被方士的巧言轻轻掩饰，成仙的愿望使刘彻宁肯相信此言为真，从而打消了对公孙卿仅有的一点怀疑。前104年，公孙卿以太中大夫的身份奉诏与太史令司马迁、詹事壶遂共造《太初历》，可见公孙卿在朝中的涉事之广及刘彻对他的信任之深。史书上对公孙卿的结局未作记载，但有一点可以肯定，他推动了入海求仙的风潮，而本人却避免了少翁和栾大那样的被杀命运。他可能具备天文历法方面的知识，无论如何都应是方士中有识见和最狡猾的人物。(《天汉璀璨：汉武时代五十年》)

上遂郊雍①，至陇西②，西登空桐③，幸甘泉。令祠官宽舒等具泰一祠坛④，坛放薄忌泰一坛⑤，坛三垓⑥。五帝坛环居其下，各如其方⑦，黄帝西南⑧，除八通鬼道⑨。泰一所用⑩，如雍一畤物⑪，而加醴枣脯之属⑫，杀一犛牛以为俎豆牢具⑬。而五帝独有俎豆醴进⑭。其下四方地，为馂食群神从者及北斗云⑮。已祠，胙馀皆燎之⑯。其牛色白，鹿居其中，麃在鹿中⑰，水而洎之⑱。祭日以牛，祭月以羊麃特⑲。泰一祝宰则衣紫及绣⑳。五帝各如其色，日赤，月白㉑。

① 【汇评】
程馀庆：遥接前案。（《历代名家评注史记集说·封禅书》）

② 【汇注】
龚浩康：陇西，郡名，辖今甘肃省东南部地区，郡治在狄道（今甘肃省临洮县）。（见王利器主编《史记注译》卷十二）

③ 【汇注】
张守节：空桐山在原州平高县西一百里。（《史记正义·孝武本纪》）
程馀庆：山名，在肃州高台县西南，黄帝学道处也，故登之。（《历代名家评注史记集说·封禅书》）
龚浩康：空桐，即崆峒，山名，在今甘肃省平凉县西。（见王利器主编《史记注译》卷十二）

④ 【汇注】
龚浩康：具，备置，供设。（见王利器主编《史记注译》卷十二）

⑤ 【汇注】
龚浩康：放，通"仿"，摹仿，效法。（见王利器主编《史记注译》卷十二）
【汇评】
程馀庆：薄忌即亳谬忌。应前即是省笔。（《历代名家评注史记集说·封禅书》）

⑥ 【汇注】
裴　骃：徐广曰："垓，次也。"骃案：李奇曰："垓，重也。三重坛也。"（《史记集解·孝武本纪》）
司马贞：垓，重也。言为三重坛也。邹氏云一作"阶"，言坛阶三重。（《史记索隐·孝武本纪》）
龚浩康：垓，台阶的级次。（见王利器主编《史记注译》卷十二）
张大可：坛三级阶，即三重。垓，重。通鬼道。（《史记全本新注》卷二十八《封禅书第六》）

⑦ 【汇注】
程馀庆：谓青帝居东，白帝居西也。（《历代名家评注史记集说·封禅书》）
张大可：各如其方，五帝各自在其方位上。（《史记全本新注》卷二十八《封禅书第六》）

【汇评】

吴见思：坛制及于此序出。（《史记论文·封禅书》）

⑧【汇注】

裴　骃：服虔曰："坤位在未，黄帝从土位。"（《史记集解·孝武本纪》）

程馀庆：西南坤方从土位也。（《历代名家评注史记集说·封禅书》）

⑨【汇注】

张大可：在黄帝的西南开辟八条通鬼道。（《史记全本新注》卷二十八《封禅书第六》）

【汇评】

凌稚隆：杨慎曰："祠太一则便曰'放薄忌'，曰放薄忌则便曰'如其方'，而文即应前矣。"（《史记评林·封禅书》）

程馀庆：谬忌坛制，反于此序处又是补笔。此序祠太一之仪也，先记祠坛。（《历代名家评注史记集说·封禅书》）

⑩【汇校】

梁玉绳：案："其"字衍。（《史记志疑·封禅书第六》）

⑪【汇注】

龚浩康：一畤，指五畤之一。（见王利器主编《史记注译》卷十二）

⑫【汇注】

程馀庆：枣脯，以枣作脯。（《历代名家评注史记集说·封神书》）

龚浩康：醴，甜酒。脯，干肉。（见王利器主编《史记注译》卷十二）

张大可：祭祀太一的用物与祭祀雍一畤相同，只是外加醴酒、枣、干肉等物。（《史记全本新注》卷二十八《封禅书第六》）

⑬【汇注】

程馀庆：狸牦通，西南徼外长髦牛也。（《历代名家评注史记集说·封禅书》）

龚浩康：牦牛，即牦牛。一种毛很长的牛。俎豆，肉案和作料盏。祭祀、宴享用的礼器。（见王利器主编《史记注译》卷十二）

张大可：杀一头狸牛以充俎豆。（《史记全新注》卷二十八《封禅书第六》）

⑭【汇注】

裴　骃：韦昭曰："无牦牛醴之属。"（《史记集解·孝武本纪》）

司马贞：音进。《汉书》作"进"。颜师古云："具俎豆酒醴而进之。一曰进谓杂物之具，所以加礼也。"（《史记索隐·孝武本纪》）

程馀庆：具俎豆酒礼而进之，无牦牛之属也。（《历代名家评注史记集说·封禅书》）

张大可：只有五帝才加享俎豆醴酒等物。（《史记全本新注》卷二十八《封禅书第六》）

⑮【汇注】

司马贞：餟音竹芮反。谓联续而祭之。《汉志》作"腏"，古字通。《说文》云："祭酹。"（《史记索隐·孝武本纪》）

张守节：刘伯庄云："谓绕坛设诸神祭座相连缀也。"（《史记正义·孝武本纪》）

龚浩康：餟，连续祭祀。（见王利器主编《史记注译》卷十二）

张大可：在坛下四周祭祀群神及北斗，祭座一个接一个。餟，连缀，指祭座相连。（《史记全本新注》卷二十八《封禅书第六》）

⑯【汇注】

龚浩康：胙余，祭祀后剩余的酒肉。（见王利器主编《史记注译》卷十二）

张大可：祭毕，剩下的祭肉（胙）用火烧化。（《史记全本新注》卷二十八《封禅书第六》）

⑰【汇注】

龚浩康："鹿居其中"二句：指将鹿纳入牛的体腔内，又把猪纳入鹿的体腔内。彘，猪。（见王利器主编《史记注译》卷十二）

⑱【汇校】

梁玉绳：附案：《汉志》作"水而酒之"是，徐广固云"洎"一作"酒"也。（《史记志疑·封禅书第六》）

【汇注】

裴骃：徐广曰："洎音居器反，肉汁也。"骃案：晋灼曰"此说合牲物燎之也。"（《史记集解·孝武本纪》）

又：徐广曰："洎，一作'酒'。灌水于釜中曰洎，音冀。"（《史记集解·封禅书》）

张守节：刘伯庄云："以大羹和祭食燎之。"案：以鹿内牛中，以彘内鹿中。水，玄酒也。（《史记正义·孝武本纪》）

程馀庆：洎，音既，涤也，谓以水涤濯其牲也。（《历代名家评注史记集说·封禅书》）

龚浩康：洎，添水浸润。（见王利器主编《史记注译》卷十二）

张大可：将鹿置白色的牛中，又将猪置鹿中，再用水泡上。洎，润。（《史记全本新注》卷二十八《封禅书第六》）

【汇评】

吴见思：三句诸解俱不明寓意，前狸牛乃俎豆之实，而太一，五帝决非一牢。牛鹿彘序法，乃列牲之次第，即礼齐在中，殽烝在左之类是也。（《史记论文·封禅书》）

⑲【汇注】

司马贞：特，一牲也。言若牛若羊若鷹，止一特也。（《史记索隐·孝武本纪》）

又：案：乐产云"祭日以太牢，月以少牢。特，不用牝也"。小颜云"牛羊若鷹止一牲，故云特也"。（《史记索隐·封禅书》）

龚浩康：特，牲畜一头称为"特"。（见王利器主编《史记注译》卷十二）

张大可：用牛祭日，用羊、猪祭月，均一牲，叫特。（《史记全本新注》卷二十八《封禅书第六》）

【汇评】

吴见思：以上诸坛之牲俎。（《史记论文·封禅书》）

⑳【汇注】

龚浩康：祝宰，指主持司祭的官员。（见王利器主编《史记注译》卷十二）

㉑【汇注】

吴见思：以上祝宰之衣色。（《史记论文·封禅书》）

十一月辛巳朔旦冬至，昧爽①，天子始郊拜泰一②。朝朝日，夕夕月，则揖；③而见泰一如雍礼④。其赞飨曰⑤："天始以宝鼎神策授皇帝，朔而又朔，终而复始⑥，皇帝敬拜见焉⑦。"而衣上黄⑧。其祠列火满坛，坛旁烹炊具⑨。有司云"祠上有光焉⑩"。公卿言"皇帝始郊见泰一云阳⑪，有司奉瑄玉嘉牲荐飨⑫。是夜有美光，及昼，黄气上属天⑬"。太史公、祠官宽舒等曰⑭："神灵之休⑮，祐福兆祥，宜因此地光域立泰畤坛以明应⑯。令太祝领，（祀）〔秋〕及腊间祠⑰。三岁天子一郊见⑱。"

①【汇注】

龚浩康：昧爽，即拂晓，天未全明的时候。（见王利器主编《史记注译》卷十二）

②【汇注】

［英］鲁惟一：尊奉泰一的仪式是武帝在公元前113年冬至定出的。他亲自参加了首次仪式，并且另外三次去过在他的夏宫甘泉附近为举行这一崇拜而设立的祭祀地。他的几个继承者在公元前61至前37年去过10次。崇拜的形式适当地祭祀了日月之神，还包括供献三牲。（《剑桥中国秦汉史》第十二章）

【汇评】

浦起龙：叙到天子始郊，正是朔旦冬至之月，与公孙得鼎奏书，一拍一合，始信两段原是一事，俱借以为封禅先事也。（《古文眉诠》卷二十）

③【汇注】

裴　骃：应劭曰："天子春朝日，秋夕月，拜日东门之外，朝日以朝，夕月以夕。"瓒曰："汉仪郊泰一时，皇帝平旦出竹宫，东向揖日，其夕西向揖月。便用郊日，不用春秋也。"（《史记集解·孝武本纪》）

程馀庆：汉仪郊太一时，皇帝平旦出行宫，东向揖日，其夕西向揖月。（《历代名家评注史记集说·封禅书》）

龚浩康：朝朝日，早晨朝拜太阳。（见王利器主编《史记注译》卷十二）

又：夕夕月，傍晚祭祀月亮。后一"夕"字为动词，古代称祀月为"夕"。（同上）

张大可：早晨拜日，傍晚拜月，用拱手礼。（《史记全本新注》卷二十八《封禅书第六》）

编者按：朝拜日，夕拜月，则日月亦神也。此礼仪由远古之自然崇拜而来。

④【汇评】

吴见思：以上郊祠朝夕之礼节。（《史记论文·封禅书》）

⑤【汇校】

凌稚隆：注"赞飨"之下有"一人"二字。（《史记评林·封禅书》）

【汇注】

司马贞：案：顾氏云"飨，祀祠也"。《汉旧仪》云"赞飨一人，秩六百石"也。（《史记索隐·封禅书》）

龚浩康：赞飨，祭祀时的祝词。（见王利器主编《史记注译》卷十二）

⑥【汇注】

程馀庆：复得十一月朔旦冬至，故云朔又朔，终复始也。（《历代名家评注史记集说·封禅书》）

⑦【汇评】

吴见思：以上赞乡之祝词。（《史记论文·封禅书》）

程馀庆：此记祠祝，文甚简古。（《历代名家评注史记集说·封禅书》）

⑧【汇评】

程馀庆：又补记祠衣。（《历代名家评注史记集说·封禅书》）

⑨【汇评】

程馀庆：序祠坛、祠物、祠礼、祠衣、祠祝，文极古雅整洁。（《历代名家评注史

记集说·封禅书》）

⑩【汇评】

吴见思：似明说又不明说。此篇纯用此等笔。（《史记论文·封禅书》）

⑪【汇注】

张守节：《括地志》云："汉云阳宫在雍州云阳县北八十一里。有通天台，即黄帝以来祭天圜丘之处。武帝以五月避暑，八月乃还也。"（《史记正义·孝武本纪》）

程馀庆：云阳城在泾阳县西北三十里，云阳宫在城北八十一里。即黄帝以来祭天圜丘之处，武帝以五月避暑；八月乃还。（《历代名家评注史记集说·封禅书》）

张大可：云阳，宫名，在今陕西淳化县西北，其处有通天台，即黄帝以来祭天之所。（《史记全本新注》卷二十八《封禅书第六》）

⑫【汇注】

裴骃：孟康曰："璧大六寸谓之瑄。"（《史记集解·孝武本纪》）

司马贞：音宣，璧大六寸也。（《史记索隐·孝武本纪》）

张守节：《汉旧仪》云："祭天养牛五岁至二千斤。"（《史记正义·孝武本纪》）

龚浩康：奉，通"捧"。瑄玉，古代祭天所用的璧，直径为六寸。嘉牲，肥美的牲畜。荐飨，进献。（见王利器主编《史记注译》卷十二）

张大可：嘉牲，祭天的五岁牛。（《史记全本新注》卷二十八《封禅书第六》）

⑬【汇注】

龚浩康：属，连接。（见王利器主编《史记注译》卷十二）

【汇评】

凌稚隆：光缙曰，天子始郊拜太一而有司云"祠上有光"，又云"是夜有美光，及昼，黄气上属天"，于是诸方士遂争神奇怪。得其似以为真矣。以后凡曰"山下闻若有言"、万岁曰"其夜若有光"、曰"若有象景光"、曰"蓬莱诸神若将可得"、曰"神人若云欲见天子"、曰"若见有光"云，皆用"若"字描写。（《史记评林·封禅书》）

程馀庆：应上有光，又添出黄气，幻甚。（《历代名家评注史记集说·封禅书》）

⑭【汇注】

龚浩康：太史公，指司马谈。（见王利器主编《史记注译》卷十二）

⑮【汇注】

龚浩康：休，指神灵所显示的美好气象。（见王利器主编《史记注译》卷十二）

⑯【汇校】

裴骃：徐广曰："地，一作'夜'。"（《史记集解·孝武本纪》）

梁玉绳：附案：地与域复，徐广于《补纪》及此书并云"地"一作"夜"，是也，上文言"夜有美光"正合。《汉志》亦误仍《史》讹本。（《史记志疑·封禅书第六》）

【汇注】

张大可：光域，祠上之光所照的光圈范围。（《史记全本新注》卷二十八《封禅书第六》）

【汇评】

程馀庆：明著美光及黄气之祥应。（《历代名家评注史记集说·封禅书》）

⑰【汇校】

张文虎：《封禅书》作"秋"，《郊祀志》同，此"祀"字误。（《校刊史记集解索隐正义札记》卷一）

【汇注】

龚浩康：腊，夏历十二月。（见王利器主编《史记注译》卷十二）

⑱【汇评】

程馀庆：汉武事二十一。（《历代名家评注史记集说·封禅书》）

编者按：元鼎四年（前113）是汉武帝封禅路上具有决定性的一年，也是第六次即最后一次实行货币改革的一年。从此以后，铸币权收归国家所有，且世代相沿，直至今天。从此以后，统一的"孔方兄"竟在中国的大地上存活了两千多年。

其秋①，为伐南越②，告祷泰一，以牡荆画幡日月北斗登龙③，以象天一三星，为泰一锋④，名曰"灵旗"⑤。为兵祷⑥，则太史奉以指所伐国⑦。而五利将军使不敢入海⑧，之泰山祠⑨。上使人微随验，实无所见。五利妄言见其师，其方尽，多不雠⑩。上乃诛五利⑪。

①【汇注】

张大可：其秋，此元鼎五年（前112）之秋。（《史记全本新注》卷二十八《封禅书第六》）

②【汇注】

龚浩康：南越，也作"南粤"，指今广东、广西两省以及越南部分地区。当时南越相国吕嘉谋反，杀南越王赵兴、太后及汉使者终军等，武帝派兵征讨。（见王利器主编《史记注译》卷十二）

③【汇校】

裴　骃：徐广曰："一作'牝'。"（《史记集解·孝武本纪》）

【汇注】

裴　骃：如淳曰："荆之无子者，皆以絜齐之道也。"晋灼曰："牡荆，节间不相当者。"韦昭曰："以牡荆为柄者也。"（《史记集解·孝武本纪》）

凌稚隆：余有丁曰，交龙为旗，有一升一降，今止画升龙，故曰"登龙"。（《史记评林·封禅书》）

张大可：用雄荆作杆，在幡上画日、月、北斗登龙之形，立于太一坛上，叫灵旗。牡荆，雄荆，即荆的枝条节和节不相当而错出的荆。荆，落叶灌木。（《史记全本新注》卷二十八《封禅书第六》）

④【汇校】

梁玉绳：附案：《汉志》作"泰一鏠旗"，下有"灵旗"句，则此"旗"字宜省。鏠与锋同，宋祁谓淳化本作"绛旗"，乃讹也。"天一"，《汉志》作"太一"，非。（《史记志疑·封禅书第六》）

【汇注】

裴　骃：徐广曰："《天官书》曰天极星明者，泰一常居也。斗口三星曰天一。"骃按：晋灼曰"画一星在后，三星在前为太一锋也"。（《史记集解·孝武本纪》）

⑤【汇注】

张守节：李奇云："画旗树泰一坛上，名灵旗，画日月北斗登龙等。"（《史记正义·孝武本纪》）

程馀庆：牡，刚也，荆，强也。以牡荆指所伐取刚强之意。……天一一星，天帝之神，主战斗。三星，太一旁之三星，三公也，盖以牡荆为幡竿，而画日月北斗登龙，又画一星在后，三星在前，以象天一及三星，为太一锋旗，名之曰："灵旗"也。（《历代名家评注史记集说·封禅书》）

⑥【汇注】

张守节：为，于伪反。（《史记正义·孝武本纪》）

编者按：指太史在祭坛上举着特制的"灵旗"，指向被伐之国进行"兵祷"。这是古代行军打仗前必须举行的祭礼。

⑦【汇注】

张守节：韦昭云："牡，刚也。荆，强。"案：用牡荆指伐国，取其刚为称，故画此旗指之。（《史记正义·孝武本纪》）

【汇评】

吴见思：厌胜（编者按：厌读 yā。厌胜，古代方士所玩弄的一种巫术，谓能以一定的咒语、祭品、法术制服人或物。此指上文为伐南越而进行的一系列巫祷活动），事写来多有藻色。（《史记论文·封禅书》）

程馀庆：此段忽入征伐事虚写。汉武事二十二。立太一坛，制太一灵旗，此因记太一而类及之也。（《历代名家评注史记集说·封禅书》）

⑧【汇注】
　　龚浩康：使，被派遣出使。（见王利器主编《史记注译》卷十二）
【汇评】
　　程馀庆：遥接入海求其师，忽收转五利，妙甚。（《历代名家评注史记集说·封禅书》）

⑨【汇注】
　　龚浩康：之，到，往，动词。（见王利器主编《史记注译》卷十二）

⑩【汇注】
　　司马贞：案：郑德云"相应为雠，谓其言语不相应，无验也"。（《史记索隐·封禅书》）
　　张大可：多不雠，指栾大之方多不售，即不应验。（《史记全本新注》卷二十八《封禅书第六》）

⑪【汇注】
　　张守节：《汉武故事》云："东方朔言栾大无状，上发怒，乃斩之。"（《史记正义·孝武本纪》）
【汇评】
　　梁玉绳：案：《正义》引《汉武故事》云"东方朔言栾大无状，上发怒，乃斩之"。然则非尽因其方不雠之故也。（《史记志疑·封禅书第六》）
　　程馀庆：汉武事二十三。（《历代名家评注史记集说·封禅书》）

　　其冬，公孙卿候神河南①，见仙人迹缑氏城上②，有物若雉③，往来城上。天子亲幸缑氏城视迹。问卿："得毋效文成、五利乎④？"卿曰："仙者非有求人主，人主求之⑤。其道非少宽假，神不来⑥。言神事，事如迂诞⑦，积以岁乃可致⑧。"于是郡国各除道⑨，缮治宫观名山神祠所，以望幸矣⑩。

①【汇注】
　　程馀庆：六年十月。（《历代名家评注史记集说·封禅书》）

① 龚浩康：其冬，《汉书·武帝纪》载公孙卿言仙人事在元鼎六年（前111），此处当作"明年冬"。河南，郡名，辖今河南省北部地区，郡治在洛阳（今河南洛阳市东北）。（见王利器主编《史记注译》卷十二）

② 【汇注】
程馀庆：缑氏故城，在河南府偃师县南二十里。（《历代名家评注史记集说·封禅书》）

③ 【汇注】
龚浩康：雉，鸟名，俗称野鸡。（见王利器主编《史记注译》卷十二）

④ 【汇注】
龚浩康：得毋，即"得无"，莫非，该不是。（见王利器主编《史记注译》卷十二）

⑤ 【汇评】
吴见思：仍用"五利"语。（《史记论文·封禅书》）
编者按：公孙卿重弹栾大老调的用意是，明确告诉汉武帝，要认清自己的不利地位，如俗语所云：求人是给人当孙子，更何况是求神。这样，就可以取得主动权，从而牵着他的鼻子走。

⑥ 【汇注】
龚浩康：少，稍微。宽假，宽容，指延长一段时间。（见王利器主编《史记注译》卷十二）
张大可：人主要见神仙，如果不是从容慢慢地等待，神仙就不会来。（《史记全本新注》卷二十八《封禅书第六》）

⑦ 【汇注】
张守节：迂音于。诞音但。迂，远也。诞，大也。（《史记正义·孝武本纪》）
龚浩康：迂诞，迂阔荒诞，不切实际。（见王利器主编《史记注译》卷十二）

⑧ 【汇注】
张大可：说道神仙，其事好像迂阔怪诞，但只要诚心一年一年地等下去，总是可以等来的。（《史记全本新注》卷二十八《封禅书第六》）
【汇评】
吴见思：自为解嘲，自为展期，想随口撮空之时，目动气索。（《史记论文·封禅书》）

⑨ 【汇注】
龚浩康：除道，修筑和清扫道路。（见王利器主编《史记注译》卷十二）

⑩【汇评】

凌稚隆：黄洪宪曰："文成以致王夫人中，五利以黄金、塞河、不死仙药，公孙卿以宝鼎中，武帝屡被其欺而不悟，终欲封禅，以冀数者之必得，抑何不明若此。"（《史记评林·封禅书》）

吴见思：除道望幸若与上不相蒙，实是"积岁可致"之贻害也。史公接序于此，立言之妙。（《史记论文·封禅书》）

其年，既灭南越①，上有嬖臣李延年以好音见②。上善之③，下公卿议④，曰："民间祠尚有鼓舞之乐⑤，今郊祀而无乐，岂称乎⑥？"公卿曰："古者祀天地皆有乐，而神祇可得而礼⑦。"或曰："泰帝使素女鼓五十弦瑟⑧，悲，帝禁不止，故破其瑟为二十五弦⑨。"于是塞南越⑩，祷祠泰一、后土⑪，始用乐舞，益召歌儿⑫，作二十五弦及箜篌瑟自此起⑬。

①【汇校】

编者按：其年，《史记·封禅书》作"其春"。

【汇评】

编者按：据《史记·南越列传》载：秦朝末年，天下大乱，南海郡尉赵佗乘机"自立为南越武王"。汉高帝十一年（前196），朝廷派陆贾出使南越，正式册封赵佗为南越王。"高后时，有司请禁南越关市铁器"，赵佗以为这是长沙王欲灭南越而施行的毒计，于是怒而"自尊号为南越武帝"，不但与汉廷抗衡，且"以兵威边"，很快将南越扩张成一个"东西万余里"的大国。到汉文帝时，才归汉称臣。汉武帝建元六年（前135），南越向汉廷告急，武帝派兵打败了进犯南越的闽越。后来，南越王赵兴上书武帝，"请比内诸侯，三岁一朝，除边关"，南越与汉廷的关系才日趋正常起来。但是，好景不长。由于南越国内以丞相吕嘉为代表的贵族势力日趋强大，他们借故为南越王、王太后明争暗斗，意欲叛汉。武帝元鼎五年（前112。据《汉书·武帝纪》载，当为"夏四月"），吕嘉公开发动政变，"乃与其弟将卒攻杀王、太后及汉使者"，"立明王长男越妻子术阴侯建德为王"。于是，武帝便命令工尉路博德、主爵都尉杨仆等五人为将军，率兵十万众，由三面攻入南越，在元鼎六年（前111）夺得番禺，俘获吕嘉和赵建德，并论功行赏，将一大批越人贵族封为列侯。南越桂林监居翁，也谕告西瓯四十万众，皆归汉属。南越之乱平定后，汉武帝在南越、西瓯及其相邻地区建立了九郡，其中六郡在今天的广东、广西境内，三郡在今天的越南北部。从此以后，我国的南部边陲才真正出现了安定、统一的局面。有关武帝讨伐南越的史实，亦散见于《史记·东越列传》《史记·西南夷列传》和《汉书·武帝纪》。

② 【汇注】
　　龚浩康：李延年（？—前87），汉代著名音乐家，中山（今河北省定县）人。乐工出身，官至协律都尉，后被杀。（见王利器主编《史记注译》卷十二）
　　编者按：李延年，汉代音乐家。《史记·佞幸列传》言其为中山（今河北定县）人，父母兄弟皆为乐工。延年善于歌唱，尤其喜欢创作新的乐曲。汉武帝时，任乐府中的协律都尉。武帝郊祀时的乐歌，大都是他创作的。又传李延年将来自西域的《摩诃兜勒》曲加以改造，成为乐府歌曲《横吹曲》，共二十八解（章）。

③ 【汇注】
　　龚浩康：善，赞许，宠爱。（见王利器主编《史记注译》卷十二）

④ 【汇注】
　　龚浩康：下，下交。（见王利器主编《史记注译》卷十二）

⑤ 【汇注】
　　龚浩康：鼓舞，古代的一种杂舞。（见王利器主编《史记注译》卷十二）

⑥ 【汇注】
　　龚浩康：称，相称，合适。（见王利器主编《史记注译》卷十二）
　　张大可：岂称乎，这难道是合宜的吗？（《史记全本新注》卷二十八《封禅书第六》）

【汇评】
　　浦起龙：越既灭而承之以乐舞，从干羽格苗化来，而乐舞正可为封禅备用。（《古文眉诠》卷二十）

⑦ 【汇注】
　　龚浩康：神祇，天神和地神（编者按：也泛指神仙、精怪）。（见王利器主编《史记注译》卷十二）

【汇评】
　　程馀庆：公卿议与上若一，阿谀特甚。应前。（《历代名家评注史记集说·封禅书》）
　　王子今："礼"与"乐"的结合，曾经形成形式层次比较典雅、道德风格比较高尚的文化，同时也成为儒学文化主体的基本标志之一。所谓"与民同"，所谓"随世"（《史记·乐书》），则又体现其内容实际上有与民俗文化共同的物质。按照司马迁的说法，礼乐文化的构成，又表现出浓重的神秘主义色彩，其终极目的，竟主要是"用于宗庙社稷，事于山川鬼神"(《史记·乐书》)。(《史记的文化发掘·封禅典礼的文化内涵》)

又：对于礼乐文化和"鬼神"的关系，司马迁又写道："乐者敦和，率神而从天；礼者辨宜，居鬼以从地。故圣人作乐以应天，作礼以配地。礼乐明备，天地官矣。"对于这段文字，张守节《正义》解释说，"此释仁近乐之义。言乐之为体，敦厚和同，因循圣人之神气而从顺于天。""此解义近礼之由。居鬼犹循神也。鬼谓先贤也。礼之为体，尊卑殊别，各有其宜，因居先贤鬼气而从顺于地，分别体分。"所谓"礼乐""仁义"的原则，都是要循鬼神之气而从顺于天地的。(同上)

⑧【汇注】

张守节：泰帝谓太昊伏羲氏。(《史记正义·孝武本纪》)

裴　骃：徐广曰："瑟也。"(《史记集解·孝武本纪》)

龚浩康：素女，神女名，擅长弦歌。瑟，一种拨弦乐器，形似古琴，通常为二十五弦，弦各有柱，可上下移动，以确定声音的高低清浊。(见王利器主编《史记注译》卷十二)

⑨【汇注】

程馀庆：不止，悲不能自止也。(《历代名家评注史记集说·封禅书》)

龚浩康：破，打破，引申为改变。(见王利器主编《史记注译》卷十二)

⑩【汇校】

编者按：王叔岷《史记斠证·孝武本纪》云："案：景祐本、黄善夫本、殿本《封禅书》塞并作赛，塞、赛古今字。《风俗通·声音篇》引《汉志》《通鉴汉纪》十二亦并作赛。"再联系本段上下文，"于是塞南越"当是消灭南越以后紧接着举行的庆祝活动，与"祷祠泰一、后土"的酬神活动相统一，故并列起来。

【汇注】

龚浩康：塞，同"赛"，古代称举行祭祀酬谢神灵。这里指武帝因平定了南越而举行酬神祭祀。(见王利器主编《史记注译》卷十二)

张大可：塞南越，以南越为塞，即灭了南越。(《史记全本新注》卷二十八《封禅书第六》)

⑪【汇注】

程馀庆：前为伐南越告祷太一，故既灭南越，而赛报其德也。(《历代名家评注史记集说·封禅书》)

⑫【汇注】

龚浩康：益，增加。歌儿，歌童，泛指歌手。(见王利器主编《史记注译》卷十

二)

⑬【汇校】

　　梁玉绳：案："琴"字衍。(《史记志疑·封禅书第六》)

　　张文虎：《补武纪》《郊祀志》无'琴'字，《志疑》云衍。案：上文"二十五弦"下《集解》"徐广曰瑟"，疑此文"瑟"字因注而增，然则此二字皆衍。(《校刊史记集解索隐正义札记》卷三)

　　编者按：《史记·封禅书》原文瑟上有"琴"字。

【汇注】

　　裴　骃：徐广曰："应劭云武帝令乐人侯调始造箜篌。"(《史记集解·孝武本纪》)

　　司马贞：应劭云："武帝始令乐人侯调作，声均均然，命曰箜篌。侯，其姓也。"(《史记索隐·孝武本纪》)

　　凌稚隆：光缙曰："案：《风俗通》云，武帝祀太山、太一、后土，令乐人侯调依琴作坎侯，言其坎坎应节也，侯以姓冠章也，坎侯即箜篌。又：桓谭《新论》云：鄙人谓狐为狸，以瑟为箜篌，此非徒不知狐与瑟，乃不知狸与箜篌也。"(《史记评林·孝武本纪》)

　　又：案：《考要》云："空侯亦曰次侯"。(《史记评林·封禅书》)

　　龚浩康：箜篌，一种拨弦乐器，有卧式、竖式两种。(见王利器主编《史记注译》卷十二)

【汇评】

　　郭嵩焘：案：古乐散亡，并琴瑟亦不复见于世，武帝始作空侯，而引二十五弦之制以推知琴瑟之用，而后稍稍窥见古乐之渊源，而琴、瑟之名，世乃有知者。战国二百余年中，尽先王礼乐制度而沦废之，此可为太息者也。(《史记札记》卷三《封禅书第六》)

　　程馀庆：武帝令乐工侯调，依琴作坎，言其坎坎应节也。侯，工人之姓，因名坎侯，后讹为箜篌。体曲而长，二十三丝抱于怀中，两手齐奏之，谓之擘。上言征伐，此段又言音乐。汉武事二十五。视仙人迹祷祠用乐，记序极闲冷，正不欲骤入封禅也。(《历代名家评注史记集说·封禅书》)

　　编者按：乐舞及祭祀用乐舞，由来已久。《吕氏春秋·仲夏纪·古乐》对其渊源记载详备。汉武恢复这一传统，不啻于祭祀有利，也对我国音乐舞蹈艺术的发展有促进作用。汉武帝的音乐天才及对音乐的爱好与重视，于此可见一斑。

其来年冬①，上议曰："古者先振兵泽旅②，然后封禅③。"乃遂北巡朔方④，勒兵十馀万⑤，还祭黄帝冢桥山⑥，泽兵须如⑦。上曰："吾闻黄帝不死，今有冢，何也？"或对曰："黄帝已仙上天⑧，群臣葬其衣冠⑨。"既至甘泉，为且用事泰山⑩，先类祠泰一⑪。

① 【汇注】
程馀庆：元封元年十月。（《历代名家评注史记集说·封禅书》）

② 【汇校】
王念孙：案：释，本作泽，故徐广《音义》曰："古释字作泽"。……《孝武纪》亦作泽，后人改泽为释，则与《音义》相左矣。下文泽兵作释兵，亦是后人所改。（《读书杂志·史记第二》）

【汇注】
裴　骃：徐广曰："古'释'字作'泽'。"（《史记集解·孝武本纪》）
张家英："振兵"与"泽旅"为两个并列的动宾结构；如果"泽旅"为"释旅"，则显然与"振兵"不相协调。本例又见《封禅书》，《集解》引徐广语同。（《〈史记〉十二本纪疑诂·孝武本纪》）
龚浩康：振兵泽旅，表示不再用武，天下太平的意思。振，收。泽，通"释"，解除，遣散。旅，古代以士兵五百人为旅，也泛指军队。（见王利器主编《史记注译》卷十二）
张大可：振兵释旅，先发扬兵威而后解甲。振兵，振扬兵威。释旅，解散军队，即偃武修文，以示太平。（《史记全本新注》卷二十八《封禅书第六》）

③ 【汇评】
吴见思：前三点封禅作引，至公孙卿点出汉主上封渐近矣。至此则实序封禅之前振兵释旅，以下层层引起，一层近似一层。（《史记论文·封禅书》）
浦起龙：至是第五次遂汉行封禅矣。武功，亦揣合黄帝，并应齐桓四伐之言。（《古文眉诠》卷二十）
程馀庆：联征伐与封禅为一，应前"黄帝且战且学仙"句。（《历代名家评注史记集说·封禅书》）

④ 【汇注】
龚浩康：朔方，郡名，辖今内蒙古西南部河套地区，郡治在朔方（今乌拉特前旗东南）。（见王利器主编《史记注译》卷十二）

⑤ 【汇注】
班　固：元封元年冬十月，诏曰："南越、东瓯咸伏其辜，西蛮北夷颇未辑睦，朕

将巡边垂，择兵振旅，躬秉武节，置十二部将军，亲帅师焉。"行自云阳，北历上郡、西河、五原，出长城，北登单于台，至朔方，临北河。勒兵十八万骑，旌旗径千余里，威震匈奴。(《汉书·武帝纪第六》)

龚浩康：勒，统率。(见王利器主编《史记注译》卷十二)

编者按：汉武帝亲自北巡朔方，当在元封元年（前110）。《史记·匈奴列传》这样写道："是时天子巡边，至朔方，勒兵十八万骑以见武节，而使郭吉风告单于。郭吉既至匈奴，匈奴主客问所使，郭吉礼卑言好，曰：'吾见单于而口言。'单于见吉，吉曰：'南越王头已悬于汉北阙。今单于即能前与汉战，天子自将兵待边；单于即不能，即南面而臣于汉。何徒远走，亡匿于幕北寒苦无水草之地，毋为也。'语卒而单于大怒，立斩主客见者，而留郭吉不归，迁之北海上。而单于终不肯为寇于汉边，休养息士马，习射猎，数使使于汉，好辞甘言求请和亲。"这就是说，汉武帝自此以前二十九年来对匈奴所进行的战争已经取得决定性胜利，对汉朝威胁最大的边患已经基本上解除了。这就达到了"古者先振兵泽（释）旅，然后封禅"的基本要求。

⑥【汇注】

程馀庆：在鄜州中部县西北。县西有祁仙台，武帝所筑。(《历代名家评注史记集说·封禅书》)

龚浩康：桥山，也称子午山，在今陕西省黄陵县，相传山上有黄帝陵墓。(见王利器主编《史记注译》卷十二)

⑦【汇校】

梁玉绳：附案：《汉志》作"凉如"，徐亦作"凉"。(《史记志疑·封禅书第六》)

【汇注】

裴　骃：李奇曰："地名也。"(《史记集解·孝武本纪》)

程馀庆：地名，在桥山南。(《历代名家评注史记集说·封禅书》)

⑧【汇注】

龚浩康：仙，成仙，用如动词。(见王利器主编《史记注译》卷十二)

⑨【汇评】

黄　震：方士之说，惟以黄帝乘龙上天为夸。武帝巡行亲行黄帝冢而祭之，方士尚何辞？而从者复遁其说为葬衣冠。主暗臣谀一至此，甚悲。(《黄氏日钞》卷四十六《读史》)

程馀庆：汉武事二十六。(《历代名家评注史记集说·封禅书》)

⑩【汇注】

张守节：为，于伪反。将为封禅也。(《史记正义·孝武本纪》)

又：道书《福地记》云："泰山高四千九百丈二尺，周回二千里。"(同上)

龚浩康：为且用事泰山，为了将封禅泰山。且，将。用事，多指举行祭礼。（见王利器主编《史记注译》卷十二）

⑪【汇注】

龚浩康：类祠，祭名，为特定目的而举行的临时祭礼。（见王利器主编《史记注译》卷十二）

张大可：为了将要在泰山封禅，所以先在甘泉类祭太一神。类，祭天的一种礼仪名。（《史记全本新注》卷二十八《封禅书第六》）

【汇评】

浦起龙：以祠太一勒上，以得宝鼎提下，紧接议封，益信两长段，皆封禅贴身张本。（《古文眉诠》卷二十）

程馀庆：且，犹将也。类祠，以事相类而祭之也。（《历代名家评注史记集说·封禅书》）

　　自得宝鼎，上与公卿诸生议封禅①。封禅用希旷绝②，莫知其仪礼③，而群儒采封禅《尚书》《周官》《王制》之望祀射牛事④。齐人丁公年九十馀⑤，曰："封者，合不死之名也⑥。秦皇帝不得上封⑦。陛下必欲上，稍上即无风雨，遂上封矣⑧。"上于是乃令诸儒习射牛⑨，草封禅仪⑩。数年，至且行⑪。天子既闻公孙卿及方士之言⑫，黄帝以上封禅，皆致怪物与神通⑬，欲放黄帝以尝接神仙人蓬莱士⑭，高世比德于九皇⑮，而颇采儒术以文之⑯。群儒既以不能辩明封禅事⑰，又牵拘于《诗》《书》古文而不敢骋⑱。上为封祠器示群儒⑲，群儒或曰"不与古同"，徐偃又曰"太常诸生行礼不如鲁善⑳"，周霸属图封事㉑，于是上绌偃、霸㉒，尽罢诸儒弗用㉓。

①【汇注】

张守节：《白虎通》云："王者易姓而起，天下太平，功成封禅，以告太平。禅梁父之趾，广厚也。刻石纪号，著己之功绩。天以高为尊，地以厚为德，故增泰山之高以报天，禅梁父之趾以报地。封者，附广之；禅者，将以功相传授之。"（《史记正义·

孝武本纪》)

【汇评】

吴见思：封禅之前议仪礼，又一层。(《史记论文·封禅书》)

姚苧田：引脉好。见封禅事皆从方士悠谬之谈造始也。(《史记菁华录·封禅书》)

② 【汇注】

龚浩康：用希，很少举行。希，通"稀"。旷绝，废弃灭绝。(见王利器主编《史记注译》卷十二)

③ 【汇评】

吴见思：应其仪堙灭，即事用希。(《史记论文·封禅书》)

姚苧田：用事希少，旷世绝无举行者，故其礼不传。(《史记菁华录·封禅书》)

④ 【汇注】

裴　骃：苏林曰："当祭庙，射其牲以除不祥。"(编者按：此论甚当。"射其牲以除不祥"者，厌胜之属也。)瓒曰："射牛，示亲杀也。"(《史记集解·孝武本纪》)

司马贞：天子射牛，示亲祭也。事见《国语》。(《史记索隐·孝武本纪》)

龚浩康：《周官》，一部记载周朝礼仪制度的典籍。因与《尚书》的《周官》篇同名，改称《周官经》，西汉末又改称《周礼》。《王制》，《礼记》篇名，记述古代有关封国、爵禄、祭祀、刑政、学校等典章制度。望祀，即望拜。射牛，古代帝王祭祀天地宗庙时，亲自用箭射牛备祭，以示隆重。(见王利器主编《史记注译》卷十二)

张大可：封禅大典很少举行，荒废多年，没有人知道它的礼节和仪式，因此诸儒就从《尚书》《周官》《王制》等书中采撷望祀、射牛等作为封禅的参照。望祀，遥祭山川。射牛，天子举行禘郊大典，亲射牲牛，表示亲祭。(《史记全本新注》卷二十八《封禅书第六》)

⑤ 【汇评】

吴见思：平空插入丁公事，绝无来去踪迹。奇！(《史记论文·封禅书》)

浦起龙：丁公，方士又一起，封禅求仙，合而一之，其言破的，紫带秦皇，章法巧会。(《古文眉诠》卷二十)

⑥ 【汇注】

龚浩康：合，应当。(见王利器主编《史记注译》卷十二)

【汇评】

吴见思：封禅名奇，以为不死之名更奇。(《史记论文·封禅书》)

程馀庆：一篇要旨，从此老口中说出。(《历代名家评注史记集说·封禅书》)

编者按：丁公所言，值得玩味。"封者，合不死之名"，言下之意，却难得不死之实。这里涉及到古人的生死观及天命观问题。据《五帝本纪》载，先民之生死观早已在黄帝时期初步建立。然而，到孔子时，又发生了疑问："不知生，焉知死？"于是，战国、秦汉人追求长生不老者甚众，而以秦皇汉武为最。欲达此目的，除其他修炼方法以外，作为帝王，最便捷、有效的途径就是封禅。然而，"封者，合不死之名"，难得不死之实。此虽符合先民的生死观与天命观，却难填秦皇汉武求仙长生之欲壑。于是，他们便心存侥幸，一意孤行，直至失败。号称真命天子，万民之主，却一而再、再而三地逆天命、拂民意，是何道理？

⑦【汇注】

龚浩康：秦始皇二十八年（前219），曾于东巡途中在泰山举行封禅大典，并立石歌功颂德。（见王利器主编《史记注译》卷十二）

【汇评】

吴见思：应儒生言不得封。（《史记论文·封禅书》）

⑧【汇评】

吴见思：无风雨原是常事，此即始皇遇风雨说得神灵，亦以为武帝之地耳。一篇鬼话模写入神。（《史记论文·封禅书》）

姚苎田：提出主脑。若无此则将以武帝封禅真欲与七十二君争烈耶？言渐上，苟不遇风雨，则便可上封，令其尝试之也。（《史记菁华录·封禅书》）

⑨【汇评】

凌稚隆：案：《国语》云："天子郊禘之事，必自射其牲。"诸儒议其仪，数岁不就，厥后武帝自制仪法，令侍中儒者皮弁荐绅射牛行事，盖纳兒宽"天子建极"之论焉。（《史记评林·封禅书》）

⑩【汇注】

司马贞：仪见应劭《汉官仪》也。（《史记索隐·孝武本纪》）

牛运震：此下渐入封禅正文也。"封禅用希旷绝，莫知其仪礼"，正与其仪礼阙然堙灭，其详不可得而记闻遥应。"封禅者，合不死之名也。"此语为一篇主意，盖武帝封禅本为求仙，故太史公每以封禅求仙伴叙，而于公孙卿、申公二段特著其旨。（《史记评注》卷四）

⑪【汇注】

张大可：经过数年准备，到了将要向泰山进发的时候。（《史记全本新注》卷二十八《封禅书第六》）

⑫【汇评】

姚苎田：又忽嵌入一段断制议论，奇妙极矣。（《史记菁华录·封禅书》）

⑬【汇评】

姚苎田：此等皆武帝心坎中语，代为曲曲写出。（《史记菁华录·封禅书》）

⑭【汇评】

吴见思：《本纪》"上"作"尝"乃明。(《史记论文·封禅书》)

姚苎田：名目不伦不类，正妙于如此。(《史记菁华录·封禅书》)

⑮【汇注】

裴　骃：张晏曰："三皇之前有人皇，九首。"韦昭曰："上古人皇者九人也。"(《史记集解·孝武本纪》)

姚苎田：九皇或作人皇氏兄弟九人解，亦不必拘。(《史记菁华录·封禅书》)

龚浩康：高世，超出世俗。九皇，传说中远古时的帝王，兄弟九人，分管天下九州，所以称九皇。(见王利器主编《史记注译》卷十二)

张大可：汉武帝从公孙卿和方士的口中听说，黄帝及以上（即九皇），封禅都能引来怪物，能和神往来，也想效法黄帝及以上，在封禅时能接待神仙和蓬莱士，让自己的德行高比九皇，而采用了许多儒家学术来装点。九皇，即黄帝以上的伏羲、神农，以及天皇、地皇、人皇等九皇。(《史记全本新注》卷二十八《封禅书第六》)

⑯【汇评】

程馀庆：曲曲传出武帝心事。(《历代名家评注史记集说·封禅书》)

姚苎田："以文之"道破，妙甚。(《史记菁华录·封禅书》)

⑰【汇评】

姚苎田：此正所谓牵于古文而不能骋之实(《史记菁华录·封禅书》)

程馀庆：封禅事《礼经》所不载，孔子所不言，管子诸书虽有之，又不合典礼，故不能详辨而明其事。然亦恐忤帝旨，不敢公言其非耳。(《历代名家评注史记集说·封禅书》)

⑱【汇注】

龚浩康：不敢骋，不敢自由发表见解。(见王利器主编《史记注译》卷十二)

张大可：骋，纵横驰骋发表见解。(《史记全本新注》卷二十八《封禅书第六》)

【汇评】

吴见思：注明两句，妙！一时若狂，半缘无识，而管子传略诸书误之。尽信书不如无书，为之一叹。(《史记论文·封禅书》)

姚苎田：采古书之说，而学陋才浅，不能畅达其旨归。(《史记菁华录·封禅书》)

程馀庆：谓但拘守《尚书》《周官》所载，望祭郊礼之礼，而不敢驰骋其说，如方士所言致怪物与神通等事也。(《历代名家评注史记集说·封禅书》)

⑲【汇评】

姚苎田：一事。(《史记菁华录·封禅书》)

程馀庆：闲接"草封禅仪"。(《历代名家评注史记集说·封禅书》)

⑳【汇注】

龚浩康：徐偃，博士。太常，官名，九卿之一，掌管宗庙祭祀礼仪，兼管选试博士。鲁，国名，公元前11世纪周分封的诸侯国，辖今山东省南部地区，都城在曲阜（今曲阜市）。（见王利器主编《史记注译》卷十二）

【汇评】

姚苎田：二事。（《史记菁华录·封禅书》）

㉑【汇注】

裴　骃：服虔曰："属，会也。会诸儒图封事。"（《史记集解·孝武本纪》）

姚苎田：图者，未决之谓。（《史记菁华录·封禅书》）

程馀庆：徐偃、周霸皆鲁申公弟子，为博士。见《儒林传》。（《历代名家评注史记集说·封禅书》）

【汇评】

姚苎田：三事。（《史记菁华录·封禅书》）

㉒【汇注】

龚浩康：绌，通"黜"，贬退，排斥。（见王利器主编《史记注译》卷十二）

【汇评】

凌雅隆：案："上绌"句与始皇绌儒生、博士相应。（《史记评林·封禅书》）

㉓【汇评】

程馀庆：武帝志在方士之说，而诸儒聚讼，皆欲依仿古礼，故忤旨也。与前绌儒生相应，写武帝性情行事，正与始皇一样。不了。汉武事二十七。（《历代名家评注史记集说·封禅书》）

逯耀东：汉武帝从开始就没有纯用儒术的意愿，招贤良方正董仲舒、公孙弘对策，两人都受到阴阳五行灾异之变的感染，而这正是汉武帝所喜爱的。所以，后来积极筹办封禅时，汉武帝完全依信方士，对于诸儒据儒学典籍提出的议论，更是反感，甚至一怒之下，尽罢诸儒不用。其中更可能包括司马谈，遂致滞留周南，不得参加封禅。司马谈于建元、元封间任太史，正是汉武帝由好鬼神之祠，进而封禅泰山的日子，司马谈无役不与。而且，从他的《论六家要指》来看，显然不属儒家，而最后竟遭尽罢诸儒的牵连，不得封禅，司马迁书以"发愤且卒"，应是当时实际的情况。（《抑郁与超越：司马迁与汉武帝时代》导言）

编者按：据上文所述，儒生们既不能明辨封禅的具体情形，又受儒家经典的束缚，提不出什么可行的礼仪，还对现行的祭器、祭礼评头论足，可见他们实际上已经成了封禅的绊脚石，当然要遭到武帝的罢黜。这时的武帝似乎又成了独尊方术了。看来，武帝对儒术的尊奉，也不过是取其所需、用其所欲、唯利是采罢了。退一步讲，儒术在这里本来就是封禅礼仪的陪衬物或装饰品,儒生们的表现又显得迂腐、低能,不知通权达变,因此,在这件具体的事情上,罢黜他们也不无道理。

> 三月,遂东幸缑氏①,礼登中岳太室②。从官在山下闻若有言"万岁"云③。问上④,上不言⑤;问下,下不言⑥。于是以三百户封太室奉祠⑦,命曰崇高邑⑧。东上泰山,山之草木叶未生⑨,乃令人上石立之泰山颠⑩。

① 【汇校】
  梁玉绳:案:《汉书·武纪》作"正月",荀《纪》《通鉴》同,此与《郊祀志》作"三月",似误。(《史记志疑·封禅书第六》)

② 【汇注】
  裴　骃:文颖曰:"嵩高山也,在颍川阳城县。"(《史记集解·孝武本纪》)
  又:韦昭曰:"嵩高山有太室、少室之山,山有石室,故以名之。"(同上)
  姚苎田:方接入"且行"事。(《史记菁华录·封禅书》)
  龚浩康:中岳太室,即中岳嵩山。有东西两山,山上有石室,所以称东山为太室,西山为少室,统称嵩高。(见王利器主编《史记注译》卷十二)
  【汇评】
  姚苎田:直以意行之。(《史记菁华录·封禅书》)
  程馀庆:未封泰山先礼太室。四层。(《历代名家评注史记集说·封禅书》)

③ 【汇注】
  张守节:《汉仪注》云:"有称万岁,可十万人声。"(《史记正义·孝武本纪》)
  【汇评】
  姚苎田:二字甚活,而后世则愈说得逼真。(《史记菁华录·封禅书》)

④ 【汇注】
  龚浩康:上,指山上的人。(见王利器主编《史记注译》卷十二)

⑤ 【汇注】
  龚浩康:不言,不曾呼喊。(见王利器主编《史记注译》卷十二)

⑥ 【汇注】
  张大可:问上、问下,指问山上、山下之人。一说上指汉武帝。(《史记全本新注》卷二十八《封禅书第六》)

【汇评】

吴见思：只十字写一时人情狂鼓耸聩，嘻笑怒骂皆在其中。妙绝！（《史记论文·封禅书》）

⑦【汇注】

姚苎田：以三百户之赋供祠祭之用。（《史记菁华录·封禅书》）

⑧【汇注】

张守节：颜师古云："以崇奉嵩高山，故谓之崇高也。"（《史记正义·孝武本纪》）

姚苎田：别为三百户邑名。（《史记菁华录·封禅书》）

【汇评】

程馀庆：崇高同嵩高，今登封县是。汉武事二十八。（《历代名家评注史记集说·封禅书》）

编者按：汉武帝东幸缑氏，礼登中岳太室山，实为东登泰山封禅之预演。此次预演的成功，更刺激了武帝封禅的痴情，更加剧了武帝求仙的进程。司马迁用亦真亦幻的手法，从侧面烘托出这次祭祀的情景："从官在山下闻若有言'万岁'云。问上，上不言；问下，下不言。"这里，一方面是以一种莫名其妙的口吻表现了一种肯定的意思：群臣及其随从对祭祀、封禅活动十分狂热。另一方面，又表现出此次预演的神秘性，给人以恍惚迷离之感："万岁"是谁喊的？上边的人没有喊，下边的人没有喊，那就只有神灵喊了。

⑨【汇校】

编者按：山，《史记·封禅书》作"泰山。"

【汇评】

程馀庆：应恶伤之草木。（《历代名家评注史记集说·封禅书》）

⑩【汇注】

龚浩康：上石，指将石刻运上山。据说石刻高二丈一尺，刻文为："事天以礼，立身以义，事父以孝，成民以仁。四海之内，莫不郡县，四夷八蛮，咸来贡职。与天无极，人民蕃息，天禄永得。"（见王利器主编《史记注译》卷十二）

【汇评】

吴见思：封禅之前先立石，又一层。（《史记论文·封禅书》）

姚苎田：汉武假封禅之名以求仙，《史》纪其事者冠之曰《封禅书》，然只东上泰山立石一事了却封禅公案矣。（《史记菁华录·封禅书》）

又：一书中结穴只此三语。秦人往往立石刻颂功德，汉武刻石而无文，意者即此以为增封之义耶？（同上）

又：读此段要识得史公笔径之奇绝处。每于一段文字中间，破开嵌入一段，使精神彼此贯注，从古无此妙文也。如"群儒采望祀射牛事"句，本当直接"于是乃令诸儒习射牛，草封禅仪"也，乃于中嵌入齐人丁公一段说话，可知封禅仍是求仙。又"至且行"三字，本直接"东幸缑氏"句也，乃又于此中插入一段自己议论，道出武帝隐衷及诸儒迂陋，不能以古谊匡君为可惜。嗟乎！此《封禅书》之所由作欤。食之人从无见此者，可叹也。（同上）

程馀庆：今泰山顶无字碑是也。汉武事二十九。（《历代名家评注史记集说·封禅书》）

上遂东巡海上，行礼祠八神①。齐人之上疏言神怪奇方者以万数②，然无验者。乃益发船③，令言海中神山者数千人求蓬莱神人④。公孙卿持节常先行候名山⑤，至东莱⑥，言夜见一人，长数丈，就之则不见⑦，见其迹甚大，类禽兽云⑧。群臣有言见一老父牵狗⑨，言"吾欲见巨公"⑩，已忽不见⑪。上既见大迹，未信，及群臣有言老父，则大以为仙人也⑫。宿留海上⑬，与方士传车及间使求仙人以千数⑭。

① 【汇注】

裴　骃：文颖曰："武帝登泰山，祭太一，并祭名山于泰坛，西南开除八通鬼道，故言八神也。一曰八方之神。"（《史记集解·孝武本纪》）

司马贞：用事八神。案：韦昭云："八神谓天、地、阴、阳、日、月、星辰主、四时主之属。"今案：《郊祀志》，一曰天主，祠天齐；二曰地主，祠太山、梁父；三曰兵主，祠蚩尤；四曰阴主，祠三山；五曰阳主，祠之罘；六曰月主，祠东莱山；七曰日主，祠盛山；八曰四时主，祠琅邪也。"（《史记索隐·孝武本纪》）

编者按：八神有三种"版本"：1. 四面八方之神。2. 帝喾高辛氏有才子八人，亦称八元、八神。3. 古齐国所奉之八主，亦本文之所祠。《史记·封禅书》于秦始皇封禅一节，对此释义明晰，远胜《郊祀志》。此八主除战神蚩尤为传说中的神话人物外，其余均为原始自然崇拜的产物。

【汇评】

吴见思：秦始皇先封禅后祠八神。此先祠八神后封禅。（《史记论文·封禅书》）

王子今：秦汉帝王沿并海道巡行的重要目的之一，是祭祀天地山川鬼神。原本属于齐人神秘主义文化系统中的崇拜对象的所谓"八神",包括天地之神、阴阳之神、日月之神、日时之神、兵战之神,结成了比较完备的祭祀体系。尤其值得注意的是,"八神"之中,有六神完全位于海滨。事实上,西汉时期,秦地和齐地,在当时正统礼祀体系中,形成了一西一东两个宗教文化的重心。……秦汉帝王东巡海上,其深层心理,还有接近并探求神仙世界的期望。(《史记的文化发掘·封禅典礼的文化内涵》)

② 【汇注】

龚浩康:疏,奏章。(见王利器主编《史记注译》卷十二)

【汇评】

姚苎田:封禅事毕矣,只要候神人至而乘龙上仙耳。故以下求神愈急。(《史记菁华录·封禅书》)

③ 【汇注】

龚浩康:益发,增派。(见王利器主编《史记注译》卷十二)

【汇评】

姚苎田:"无验者,乃益发船"二句连书,见其昏瞆之至。(《史记菁华录·封禅书》)

④ 【汇评】

吴见思:遥接入海求仙事。(《史记论文·封禅书》)

⑤ 【汇注】

龚浩康:节,古代使者所持作为凭证的信物,用玉、角或竹制成。(见王利器主编《史记注译》卷十二)

张大可:候,探察。(《史记全本新注》卷二十八《封禅书第六》)

【汇评】

姚苎田:仍归结到公孙卿。(《史记菁华录·封禅书》)

⑥ 【汇注】

姚苎田:即候气。(《史记菁华录·封禅书》)

⑦ 【汇注】

龚浩康:就,接近,靠拢。(见王利器主编《史记注译》卷十二)

⑧ 【汇评】

姚苎田:明明有迹,而人不可就视;明明是人,而迹又类禽兽。一语而再三,幻如此。(《史记菁华录·封禅书》)

⑨ 【汇注】

龚浩康:老父,(对)老人的尊称。(见王利器主编《史记注译》卷十二)

【汇评】

姚苎田：诞甚，却可味。（《史记菁华录·封禅书》）

⑩【汇注】

司马贞：《汉书音义》曰："巨公谓武帝。"（《史记索隐·孝武本纪》）

程馀庆：巨，大也。天子为天下父，故曰"巨公谓武帝也"。（《历代名家评注史记集说·封禅书》）

【汇评】

姚苎田：秦皇遇神人，称之为"祖龙"；武帝遇神人，称之为"巨公"。其言虽诞，然自饶古致，可想见汉人笔舌之妙。（《史记菁华录·封禅书》）

⑪【汇注】

龚浩康：已忽，随即，一会儿。（见王利器主编《史记注译》卷十二）

⑫【汇注】

龚浩康：大，很，完全。（见王利器主编《史记注译》卷十二）

【汇评】

吴见思：写汉武作聪明处，忽又懵懂。字字入骨。（《史记论文·封禅书》）

姚苎田：明是责备廷臣之语。举朝若狂，王谁与为善哉？（《史记菁华录·封禅书》）

⑬【汇注】

司马贞：音秀溜。宿留，迟待之意。若依字读，则言宿而留，亦是有所待，并通也。（《史记索隐·孝武本纪》）

凌稚隆：宿留谓有所须待又濡滞也。（《史记评林·封禅书》）

【汇评】

吴见思：作信，宿留海上未为不可，音秀溜者，何也？（《史记论文·封禅书》）

⑭【汇注】

程馀庆：有乘传公行者。（《历代名家评注史记集说·封禅书》）

又：又有微行密访者。（《历代名家评注史记集说·封禅书》）

龚浩康：传车，古代驿站的专用车辆。间使，随时派出的使者。（见王利器主编《史记注译》卷十二）

【汇评】

凌稚隆：光缙曰："太史公纪武帝入海求神仙，公孙卿言夜见一人长数丈，就之则不见，见其迹甚大，类禽兽云，此其怪诞不经，勿可信。则王弇州《海游记》悉之矣，记曰：'登故枕海山东门，有一里大菟之圃在焉。其阳依海，墉而坛。余与姜君觞于坛，轻云蒙笼，风师不惊，文沧若縠，容裔溔漾与天下上，俄而云气骤变，峰屿尽改，或断或续，或方或圆，或峻或衍，或英或坏，或涉或密，或坠或赚，或浸湜波浪，或斗插入汉，或为鸥，或为伏虬，或为虎豹者不一。余慨然谓姜君曰："於乎！此奇表之士所得，而影响其君，为始若武者哉！彼其惊幻变之熹微，叹光景之恍惚以为其下真若有神仙者焉。思竭天下之力以从之，而竟不可得，不知其泡沫之躯倏焉而灭，为兹海之云气久矣，於乎！古人所谓仙不死，是邪，非邪？姜君不答，第趣觞觞，余醉而归。'光缙窃以公孙卿所谓大迹类禽兽，得非若弇州所谓为鸥、为伏虬、为虎豹者哉？惜当其时无有以此说告秦皇汉武而独幸。此说可以宪将来，故为述之若此云。"（《史记评林·孝武本纪》）

浦起龙：一路皆诡言仙迹，益可证明封禅本旨，正欲求长生不死，秦皇汉武一辙也。（《古文眉诠》卷二十）

程馀庆：求仙是封禅本意，故先详序。七层。汉武事三十。（《历代名家评注史记集说·封禅书》）

　　四月，还至奉高①。上念诸儒及方士言封禅人人殊②，不经③，难施行④。天子至梁父⑤，礼祠地主⑥。乙卯⑦，令侍中儒者皮弁荐绅⑧，射牛行事⑨。封泰山下东方，如郊祠泰一之礼。封广丈二尺⑩，高九尺，其下则有玉牒书⑪，书秘⑫。礼毕，天子独与侍中奉车子侯上泰山⑬，亦有封。其事皆禁⑭。明日，下阴道⑮。丙辰⑯，禅泰山下阯东北肃然山⑰，如祭后土礼。天子皆亲拜见⑱，衣上黄而尽用乐焉⑲。江淮间一茅三脊为神藉⑳。五色土益杂封。纵远方奇兽蜚禽及白雉诸物㉑，颇以加祠㉒。兕旄牛犀象之属弗用㉓。皆至泰山然后去㉔。封禅祠，其夜若有光，昼有白云起封中㉕。

①【汇注】

编者按：四月，即汉武帝元封元年（前110）四月。

程馀庆：故城在泰安府东北十七里。（《历代名家评注史记集说·封禅书》）

龚浩康：奉高，县名，在今山东省泰安县东北。（见王利器主编《史记注译》卷十二）

② 【汇注】
　　龚浩康：殊，异，不同。（见王利器主编《史记注译》卷十二）
③ 【汇注】
　　张大可：不经，不合常理。（《史记全本新注》卷二十八《封禅书第六》）
④ 【汇评】
　　程馀庆：闲接绌霸、偃，罢诸儒事，作提笔。（《历代名家评注史记集说·封禅书》）
⑤ 【汇注】
　　龚浩康：梁父，一作"梁甫"，山名，在今山东省泰安县东南，是泰山下的一座小山。（见王利器主编《史记注译》卷十二）
⑥ 【汇注】
　　龚浩康：地主，地神。（见王利器主编《史记注译》卷十二）
　　【汇评】
　　程馀庆：补完前礼祠八神事。（《历代名家评注史记集说·封禅书》）
⑦ 【汇注】
　　张大可：乙卯，四月二十日。（《史记全本新注》卷二十八《封禅书第六》）
⑧ 【汇注】
　　龚浩康：侍中，官名，是从列侯以下至郎中的加官，侍从于皇帝左右。皮弁，冠名，用白鹿皮制作，朝会时的常服。（见王利器主编《史记注译》卷十二）
⑨ 【汇注】
　　编者按：指武帝亲自射牛用作牺牲，举行祭祀地神的礼仪（此举同时包含厌胜的意义）。接着又在泰山下面的东方设坛祭祀天神。
⑩ 【汇注】
　　龚浩康：封，指祭天的坛。（见王利器主编《史记注译》卷十二）
⑪ 【汇注】
　　龚浩康：玉牒书，古代帝王告天的文书，写在简册上，用玉作装饰。（见王利器主编《史记注译》卷十二）
　　张大可：玉牒书，古封禅文写在玉制的小简上，称玉牒书。牒，小简。（《史记全本新注》卷二十八《封禅书第六》）
⑫ 【汇注】
　　张大可：书秘，书写的内容，秘密不使人知。（《史记全本新注》卷二十八《封禅书第六》）

⑬【汇注】

　　裴　骃：《汉书·百官表》曰："奉车都尉掌乘舆车，武帝初置。"韦昭曰："子侯，霍去病之子也。"（《史记集解·孝武本纪》）

　　程馀庆：《百官表》："奉车都尉掌乘舆车"。子侯，霍去病子名，嬗字子侯。（《历代名家评注史记集说·封禅书》）

⑭【汇注】

　　龚浩康：禁，禁止向外泄露。（见王利器主编《史记注译》卷十二）

　　张大可：其事皆禁，其祭天之文亦秘而不宣。（《史记全本新注》卷二十八《封禅书第六》）

⑮【汇注】

　　张大可：阴道，山北为阴，泰山北坡之道为阴道。（《史记全本新注》卷二十八《封禅书第六》）

⑯【汇注】

　　张大可：丙辰，四月二十一日。（《史记全本新注》卷二十八《封禅书第六》）

⑰【汇注】

　　裴　骃：服虔曰："肃然，山名，在梁父。"（《史记集解·孝武本纪》）

　　程馀庆：在泰安府东北七十里。（《历代名家评注史记集说·封禅书》）

　　龚浩康：肃然山，山名，是泰山的东麓，在今山东省莱芜县西北。（见王利器主编《史记注译》卷十二）

　　编者按：在整个封禅过程中，为了表示诚意，汉武帝都要亲自祭拜天神地祇。

⑱【汇评】

　　安作璋、刘德增：武帝封禅实为二封二禅。公孙卿说过，黄帝登仙之时，群臣后宫从上者七十余人，龙乃飞去。余小臣不得上，抓扯龙须，龙须拔，坠地，武帝担心登仙时遇到黄帝那样的麻烦，故先禅于梁父，封泰山下东方，然后独与侍中奉车子侯上泰山，行封礼；从阴道下，禅于肃然山。可谓用心良苦。（《汉武帝大传》）

⑲【汇注】

　　程馀庆：即李延年所制也。（《历代名家评注史记集说·封禅书》）

【汇评】

　　吴见思：序完封禅事，下即封禅物色再写一番，作铺叠亲贴。（《史记论文·封禅书》）

⑳【汇注】

　　龚浩康：一茅三脊，一种有三条脊棱的茅草，即菁茅，又叫灵茅。藉，用茅草铺地而坐，这里指用灵茅做垫席。（见王利器主编《史记注译》卷十二）

张大可：用江淮间产的一种有三棱脊的茅为神的席垫子。(《史记全本新注》卷二十八《封禅书第六》)

【汇评】

凌稚隆：案：此"一茅三脊"与管仲言"一茅三脊"相应。(《史记评林·封禅书》)

㉑【汇注】

龚浩康：纵，放出。白雉，白毛野鸡，古代迷信以为祥瑞之物。(见王利器主编《史记注译》卷十二)

吴见思：代比目、比翼、凤凰、麒麟作符瑞。(《史记论文·封禅书》)

㉒【汇校】

梁玉绳：附案："礼"乃"祠"之讹。(《史记志疑·封禅书第六》)

张文虎：补《武纪》《郊祀志》并作"祠"。(《校刊史记集解索隐正义札记》卷三)

㉓【汇注】

龚浩康：兕，古代称犀牛一类的野兽。旄牛，一种长着长毛的牛。犀，即犀牛。体形大于牛，鼻上有角，毛极稀少，皮极坚厚，古人多用以制甲。(见王利器主编《史记注译》卷十二)

㉔【汇校】

梁玉绳：案：《补纪》《汉志》"皆至泰山然后去"，此作"祭后土"，误。(《史记志疑·封禅书第六》)

【汇注】

郭嵩焘：案：前云"封泰山下东方"，此云"益杂封"，则所封不一处也。前云"射牛行事"，此云"纵远方奇兽，蜚禽及白雉颇以加礼"，则兼用诸鸟兽以为加礼也。前云"天子独与侍中奉车子侯上泰山"，此云"皆至泰山祭后土"，则上封泰山上者天子与侍中二人，而泰山下群臣皆得封也。(《史记札记》卷三《封禅书第六》)

张文虎：《封禅书》作"祭后土"，《郊祀志》与此同。(《校刊史记集解索隐正义札记》卷一)

㉕【汇评】

吴见思：夜若有光难辨也，泰山出云常事也。写得隐约，妙！(《史记论文·封禅书》)

牛运震：叙封禅一段，归重处而其文殊略不甚详明者，以封禅事秘，本非从臣所能睹著，又以封禅事属旷举仪，非经制，不欲铺张之也。(《史记评注》卷四)

编者按：封禅既为国家大典，按理应该举行公祭才对。但汉武帝却在关键环节

（如玉牒书，上泰山封）实行秘封，可见其中必有不可告人之私欲。《新唐书》卷十四在记叙唐玄宗开元十三年封禅泰山时写道："玄宗问：'前世何为秘玉牒？'知章曰：'玉牒以通意于天，前代或祈长年，希神仙，旨尚微密，故外莫知。'帝曰：'朕今为民祈福，无一秘请，即出玉牒以示百寮。'"这可以看做是对汉武帝秘封泰山的最好解释。

天子从封禅还，坐明堂①，群臣更上寿②。于是制诏御史③："朕以眇眇之身承至尊④，兢兢焉惧弗任⑤。维德菲薄⑥，不明于礼乐。脩祀泰一⑦，若有象景光⑧，屑如有望⑨，依依震于怪物⑩，欲止不敢⑪，遂登封泰山，至于梁父，而后禅肃然⑫。自新，嘉与士大夫更始⑬，赐民百户牛一酒十石，加年八十孤寡布帛二匹。复博、奉高、蛇丘、历城⑭，毋出今年租税⑮。其赦天下，如乙卯赦令⑯。行所过毋有复作⑰。事在二年前，皆勿听治⑱。"又下诏曰："古者天子五载一巡狩⑲，用事泰山，诸侯有朝宿地⑳。其令诸侯各治邸泰山下㉑。"

① 【汇注】

裴　骃：《汉书音义》曰："天子初封泰山，山东北阯古时有明堂处，则此所坐者。明年秋，乃作明堂。"（《史记集解·孝武本纪》）

程馀庆：此泰山东北阯古明堂也，在泰安府东三十里，汲水上。明年秋乃作新明堂。（《历代名家评注史记集说·封禅书》）

② 【汇注】

程馀庆：更，互也。（《历代名家评注史记集说·封禅书》）

③ 【汇校】

梁玉绳：案：《汉书·武纪》载诏辞与此异，似当依《武纪》。（《史记志疑·封禅书第六》）

④ 【汇注】

龚浩康：眇眇，微小。至尊，最尊贵的地位，指帝王之位。（见王利器主编《史记注译》卷十二）

⑤【汇注】

龚浩康：兢兢，小心谨慎的样子。（见王利器主编《史记注译》卷十二）

⑥【汇注】

龚浩康：维，助词，通常在句首，也可放在句中。菲薄，微薄。（见王利器主编《史记注译》卷十二）

⑦【汇注】

龚浩康：修，修治。（见王利器主编《史记注译》卷十二）

⑧【汇注】

龚浩康：景光，吉祥之光。（见王利器主编《史记注译》卷十二）

⑨【汇注】

裴　骃：瓒曰："闻呼万岁者三。"（《史记集解·孝武本纪》）

程馀庆：屑，微也。此前类祠太一时所见，于此补出。（《历代名家评注史记集说·封禅书》）

张大可：仿佛看到了闪闪光亮。光屑，一闪一闪的光亮。（《史记全本新注》卷二十八《封禅书第六》）

⑩【汇校】

吴见思：《书》无"依依"字。（《史记论文·孝武本纪》）

【汇评】

程馀庆：应前皆致怪物。（《历代名家评注史记集说·封禅书》）

⑪【汇评】

吴见思：四字简当。（《史记论文·封禅书》）

⑫【汇注】

凌稚隆：服虔曰，"肃然"，山名，在梁父。（《史记评林·封禅书》）

⑬【汇注】

龚浩康：嘉，希望。士大夫，通称居官有职位的人。更始，重新开始。（见王利器主编《史记注译》卷十二）

⑭【汇注】

裴　骃：郑玄曰："蛇音移。"（《史记集解·孝武本纪》）

龚浩康：复，免除赋税或徭役。博，县名，治所在今山东省泰安县东南。蛇丘，县名，在今山东省泰安县西南。历城，县名，治所在今山东省济南市。（见王利器主编《史记注译》卷十二）

⑮【汇注】

张大可：免除（复）博县、奉高县、蛇丘县、历城县今年的租赋。（《史记全本新

注》卷二十八《封禅书第六》）

⑯【汇注】

张大可：乙卯，元朔三年。是年三月诏赦天下，诏曰："以百姓之未洽于教化，朕嘉与士大夫日新厥业，祗而不解。其赦天下。"（《史记全本新注》卷二十八《封禅书第六》）

⑰【汇注】

龚浩康：复作，汉刑律名，指解除枷锁的罪犯在监外服劳役。（见王利器主编《史记注译》卷十二）

张大可：凡天子走过的地方不再征发徭役。（《史记全本新注》卷二十八《封禅书第六》）

⑱【汇注】

龚浩康：勿听治，不处理，不追究。（见王利器主编《史记注译》卷十二）

⑲【汇注】

龚浩康：巡狩，指帝王到各地巡行视察诸侯所守的地方，所以又作"巡守"。（见王利器主编《史记注译》卷十二）

编者按：《尚书·尧典》：（舜）"五载一巡守，群后四朝。敷奏以言，明试以功，车服以庸。"《孟子·梁惠王上》："天子适诸侯曰巡狩。巡狩者，巡所守也。"

⑳【汇注】

张大可：朝宿地，朝见天子的住宿之地。指在泰山建诸侯邸。（《史记全本新注》卷二十八《封禅书第六》）

㉑【汇注】

张守节：诸侯各于太山朝宿地起第，准拟天子用事太山而居止。（《史记正义·孝武本纪》）

龚浩康：邸，府第。（见王利器主编《史记注译》卷十二）

【汇评】

高　嵣：第七截引到封禅正文矣。借汾鼎、郊太一两事作缘起，以黄帝为牵合，以求仙作点逗，而仍由方士以耸动之，当与秦皇一截对着。（《史记钞》卷二）

程馀庆：汉武事三十一。（《历代名家评注史记集说·封禅书》）

王子今：泰山，中华早期神秘主义文化的纪念碑。秦汉时期关于"封禅"的理论，都是以泰山作为确定的"封禅"地点的。泰山，可以看作以"封禅"作为主体仪礼的思想体系的地理支点。泰山，很早就在正统文化体系中具有神秘主义的意义。（《史记的文化发掘·封禅典礼的文化内涵》）

又：关于秦始皇封禅和汉武帝封禅的记述，是司马迁《史记·封禅书》最富有文化深意的内容。通过《史记·封禅书》的记述可以看到，从司马谈到司马迁，都对求仙思想干扰封禅事业，持否定的态度。然而在当时的文化背景下，《史记》的文化思想又不能与方术迷信分割得十分明确。

秦皇汉武"封禅"故事所体现的文化内涵，有的学者称之为"封禅"文化，并以为："这一封禅文化，不仅在时间方面起源很早，空间方面分布亦甚广。"甚至"封禅文化的分布，不仅限于亚洲，它还东渡太平洋，远抵中美洲和南美洲"。分析所谓"太平洋区各地的封禅文化"（凌纯声《北平的封禅文化》《中国边疆民族与环太平洋文化》，联经出版事业公司1979年版，第1378页至1384页），当然是十分宏大的研究课题。（同上）

黄留珠：西汉初，经济凋敝，干戈未平，封禅之事自然无法提起。尽管文帝时曾有过巡狩封禅的谋议，但很快便因新垣平一案而成为泡影。直到武帝时情况才发生了变化。一则经过六七十年的休养生息，社会经济已得到恢复发展，这就为举行封禅之类祀典提供了可靠的物资基础。二则当时"天下乂安，缙绅之属皆望天子封禅改正度也"，如大文豪司马相如，到临死前还"遗札书言封禅事"，说什么"皇皇哉斯事，天下之壮观，王者之卒业，不可贬也，愿陛下全之"。三则武帝本人具有好大喜功的性格特点，对于向天地报告成功的封禅大典，无疑是他心向往之的事情了。由此可见，西汉举行封禅，到武帝时完全具备了实施的客观条件和主观条件。

这次封禅，始建汉家之封，是西汉政治宗教生活中的一件大事。汉室官员以能有幸参加为荣，以不能参加为耻。司马迁的父亲司马谈，"留滞周南，不得与从事"，竟气愤而卒。临死前他拉着儿子的手哭泣说："今天子接千岁之统，封泰山，而予不得从行，是命也夫！命也夫！"由此可见，时人把封禅礼典，看得何等重要。这次大典之后，武帝遵循五年一修封的定制，分别于元封五年（前106）、太初三年（前102）、天汉三年（前98）、太始四年（前93）、征和四年（前89），共进行了五次修封。这在我国历史上也是一项创举。另据《汉书·霍去病传》记载，元狩四年（前119），霍去病大败匈奴后曾"封狼居胥山（今乌兰巴托东），禅于姑衍（今乌兰巴托东南）"，可见汉世出征将军亦可行封禅之礼。（《秦汉历史文化论稿》）

陆威仪：为了庆祝自己的文治武功，汉武帝改革了大量的崇拜仪式。众所周知，汉代中国的泰山封禅仪式达到了宗教仪式的顶峰。在这些仪式里，皇帝强调了他对世界的主权，向至高神宣示他的胜利，并且像中国第一位皇帝秦始皇那样，追求以最高的奖赏方式——长生不老，来保有自己在世间的胜利。的确，对领土的索求和对长生不老的渴望是紧密联系在一起的，因为长生不老的人存在于地球的边缘或山脉的最高处，只有世界的帝王才能把这些地方纳入版图。（《早期中华帝国：秦与汉》）

编者按：汉武帝在封禅后所下的诏书中对自己已往谦恭勤谨心理的剖白及今后进

一步明德自新愿望的表述是真实可信的。从建元元年"缙绅之属皆望天子封禅"至今天，整整花费了三十年时间，才完成了一场扑朔迷离的封禅大典，可谓空前绝后之举。封禅既是报德，也是建德，且为大德。因此，同遇到其他好事、好兆一样，都要封赏臣民、大赦天下，这是历代帝王的规矩，而以汉武帝为甚。不过，前者有挥霍之嫌，后者有宽容之度。虽然费尽九牛二虎之力才举行了第一次封禅，但是，汉武帝的个人目的并未达到。因此，以后又连续举行过五次这样的封禅，何得何失，历史早已做出结论。

天子既已封禅泰山，无风雨菑①，而方士更言蓬莱诸神山若将可得②，于是上欣然庶几遇之③，乃复东至海上望，冀遇蓬莱焉④。奉车子侯暴病，一日死⑤，上乃遂去，并海上⑥，北至碣石⑦，巡自辽西⑧，历北边至九原⑨。五月，返至甘泉⑩。有司言宝鼎出为元鼎⑪，以今年为元封元年⑫。

① 【汇校】
编者按：《史记·封禅书》只有"封"字而无"禅"字。
【汇评】
浦起龙：嵌无风雨句，对照秦封，随即提起神仙，为封后主笔。（《古文眉诠》卷二十）

② 【汇注】
龚浩康：若，或许。（见王利器主编《史记注译》卷十二）

③ 【汇注】
龚浩康：庶几，也许可以，表希望、推测之词。（见王利器主编《史记注译》卷十二）
张大可：庶几遇之，希望侥幸地遇上神仙。（《史记全本新注》卷二十八《封禅书第六》）
【汇评】
凌稚隆：案："庶几遇"句与"始皇冀遇三神山"句相应。（《史记评林·封禅书》）
程馀庆：此一语膏肓之病。（《历代名家评注史记集说·封禅书》）

④【汇注】

　　张大可：希望找到蓬莱仙岛。(《史记全本新注》卷二十八《封禅书第六》)

【汇评】

　　吴见思：此节言封禅，序至此，大礼大文，浩汗极矣，故又作一锁以收束之。似断似连，顿而复起，文法连环之妙。(《史记论文·封禅书》)

⑤【汇注】

　　梁玉绳：附案：《索隐》引《新论》《风俗通》谓子侯乃武帝杀之，《梁书·许懋传》亦言霍嬗见杀，然不足信，《风俗通》已论其诬矣。(《史记志疑·封禅书第六》)

【汇评】

　　司马贞：《新论》云："武帝出玺印石，财有朕兆，子侯则没印，帝畏恶，故杀之。"《风俗通》亦云然。顾胤案：《武帝集》帝与子侯家语云："道士皆言子侯得仙，不足悲。"此说是也。(《史记索隐·封禅书》)

　　凌稚隆：董份曰："武帝封太山求神仙，专从子侯则死矣，故特著之见神仙不足恃也。"(《史记评林·封禅书》)

　　吴见思：秦封禅方讫遇风雨，汉封禅方讫死子侯。正高兴时即接此败兴语，史公妙处。(《史记论文·封禅书》)

　　安作璋、刘德增：封禅典礼结束后，方士们又说登封不能成仙，但有希望找到三神山。武帝又兴冲冲地赶去东海边，极目远眺，仍是一无所见。霍嬗突然罹病，一日而死。有人说武帝怕福佑让他得了，或占了先，把他鸩杀了。还有人说，他登天成仙了(见《史记·封禅书》司马贞《索隐》引《新论》《风俗通》等书)。(《汉武帝大传》)

⑥【汇注】

　　龚浩康：并，通"傍"，挨着，沿着。(见王利器主编《史记注译》卷十二)

　　张大可：并海上，沿海北上。(《史记全本新注》卷二十八《封禅书第六》)

⑦【汇校】

　　梁玉绳：(编者按：金陵本作"碣石")附案：《史诠》曰："湖本'碣'作'竭'，误"。《史记志疑·封禅书第六》)

【汇注】

　　龚浩康：碣石，山名，在今河北省昌黎县北。(见王利器主编《史记注译》卷十二)

⑧【汇注】

　　龚浩康：辽西，郡名，辖今辽宁省中西部及河北省承德等地区，郡治在且虑(今河北省卢龙县东)。(见王利器主编《史记注译》卷十二)

⑨【汇注】

龚浩康：九原，县名，治所在今内蒙古包头市西。（见王利器主编《史记注译》卷十二）

⑩【汇注】

裴　骃：《汉书音义》曰："周万八千里也。"（《史记集解·孝武本纪》）

⑪【汇注】

龚浩康：元鼎，汉武帝第五个年号（前116—前111）。（见王利器主编《史记注译》卷十二）

⑫【汇校】

梁玉绳：附案：此文当在前"群臣更上寿"句下，错简也。（《史记志疑·封禅书第六》）

【汇注】

龚浩康：元封，汉武帝第六个年号（前110—前105）。（见王利器主编《史记注译》卷十二）

【汇评】

程馀庆：应前改元事，汉武事三十二。（《历代名家评注史记集说·封禅书》）

其秋，有星茀于东井①。后十余日，有星茀于三能②。望气王朔言③："候独见其星出如瓠④，食顷复入焉⑤。"有司言曰："陛下建汉家封禅，天其报德星云⑥。"

①【汇注】

裴　骃：韦昭曰："秦分野也，后卫太子兵乱。茀音佩。"（《史记集解·孝武本纪》）

龚浩康：茀，通"孛"，指星星光芒四射的现象。东井，即井宿，星官名，二十八宿之一。（见王利器主编《史记注译》卷十二）

张大可：彗星现于东井。茀，彗星。东井，即井宿。（《史记全本新注》卷二十八《封禅书第六》）

②【汇注】

裴　骃：韦昭曰："三能，三公。后连坐诛也。"（《史记集解·孝武本纪》）

龚浩康：三能，即三台，星官名，共六星，两两而居，起文昌列抵太微。能，通"台"。（见王利器主编《史记注译》卷十二）

【汇评】
程馀庆：自封禅后连著天态，史公微旨，先提明。（《历代名家评注史记集说·封禅书》）

③【汇注】
龚浩康：王朔，方士。（见王利器主编《史记注译》卷十二）

④【汇校】
司马贞：乐产、包恺并作"旗星"。旗星即德星也。《符瑞图》云"旗星之极，芒艳如旗"。本亦作"旗"也。（《史记索隐·封禅书》）

梁玉绳：案：此作"旗星"《汉志》作"填星"，注定各依文解之，小司马又以为岁星。余谓皆非，当依补《纪》作"其星出如瓠"为是，盖即指上文茀于东井，三能之星也。以彗字为德星，犹以天旱为乾封，阿谀无理，足供千古拊掌之资。（《史记志疑·封禅书第六》）

张文虎：北宋本与《索隐》本合，各本"填"作"旗"。《志疑》云："当依《补纪》作'其'，盖即指上茀星。"案：此亦可备一说。（《校刊史记集解索隐正义札记》卷三）

吴汝纶："填"当依《武纪》作"其"。《索隐》云："乐产、包恺并作'旗星'。"旗，其之借字。《汉志》作填，误字也。其星即上茀星，则光微小，不能如瓜也。（《点勘史记读本·封禅书》）

【汇注】
司马贞：见星出如瓠。按：《郊祀志》云"填星出如瓠"，故颜师古以德星即镇星也。今案：此纪唯言德星，则德星，岁星也。岁星所在有福，故曰德星也。（《史记索隐·孝武本纪》）

⑤【汇注】
张大可：主管天象的望气者王朔说："我观察（候）天象，发现独有土星出来时像瓠瓜一般大，只吃顿饭的时间就没入了。"食顷，吃顿饭的短暂时间。（《史记全本新注》卷二十八《封禅书第六》）

⑥【汇注】
郭嵩焘：案：《天官书》，房星东北曲十二星曰旗。天旗直东方七宿，左右各六星，则此之云如瓜者，必非旗星也。《郊祀志》作"填星"，填星，土星也，土星亦无忽出忽入之理。此云"旗星"，谓星光芒射大如旗也。"德星"以明瑞应，不必据岁星之为德星当之。方士虚诞之言，原不足信，《索隐》必求实指其星名，误矣。（《史记札记》卷三《封禅书第六》）

龚浩康：德星，迷信者把某些具有异常现象的天体称为德星，说它是吉祥幸福的

象征。这里或以为指木星，或以为指土星。（见王利器主编《史记注译》卷十二）

张大可： 德星，汉以土德王，故以填星为德星。（《史记全本新注》卷二十八《封禅书第六》）

编者按： 元封元年是汉武帝历史上最辉煌的一年。其主要大事有：

一、威震匈奴，与其和谈取得进展。

二、东越来降，悉徙其民于江淮。

三、第一次封禅礼成。

四、任命桑弘羊为治粟都尉，领大司农，完全实现盐铁产业国有化。

五、在京师立平准，在全国正式实行均输法。

六、停止告缗。

其来年冬①，郊雍五帝②，还，拜祝祠泰一③。赞飨曰④："德星昭衍⑤，厥维休祥⑥。寿星仍出⑦，渊耀光明⑧。信星昭见⑨，皇帝敬拜泰祝之飨⑩。"

① 【汇注】
　　程馀庆：二年十月。（《历代名家评注史记集说·封禅书》）

② 【汇注】
　　龚浩康：雍，在今陕西省凤翔县南。（见王利器主编《史记注译》卷十二）

③ 【汇注】
　　龚浩康：祝，向神灵说话求福。（见王利器主编《史记注译》卷十二）

④ 【汇注】
　　张大可：赞享，司仪。（《史记全本新注》卷二十八《封禅书第六》）

⑤ 【汇注】
　　张大可：昭衍，光照无际。衍，普遍。（《史记全本新注》卷二十八《封禅书第六》）

⑥ 【汇注】
　　龚浩康：厥，助词。维，是。休祥，吉祥。（见王利器主编《史记注译》卷十二）

⑦ 【汇注】
　　司马贞：寿星，南极老人星也，见则天下理安，故言之也。（《史记索隐·孝武本纪》）

⑧【汇注】

龚浩康：渊耀，光照深远。（见王利器主编《史记注译》卷十二）

⑨【汇注】

司马贞：信星，镇星也。信属土，土曰镇星，则《汉志》为德星也。（《史记索隐·孝武本纪》）

【汇评】

郭嵩焘：案：此为祝祠太一之词。德星，即所谓"旗星出如瓜"者。寿星所出，祝祠也。是时武帝方求长生不死之方，愿见寿星以明应也。信星，总言之，星出而入，据以为信，所谓信而有征也。《索隐》注误。（《史记札记》卷三《封禅书第六》）

⑩【汇校】

裴　骃：徐广曰："一无此字。"（《史记集解·孝武本纪》）

【汇注】

龚浩康：泰祝，也作"太祝"，职官名，主管祭祀祈祷。（见王利器主编《史记注译》卷十二）

【汇评】

凌稚隆：光缙曰：读《封禅书》，具见当时臣谄主愚，可发一叹。夫有司且以德星为报封禅，无惑乎！方士之谀说也。南燕汝水不水，燕主超恶之。李超曰："良由逼带京城近日月也。"燕主大悦。汉时君臣率类此耳。（《史记评林·封禅书》）

程馀庆：汉武事三十三。（《历代名家评注史记集说·封禅书》）

　　其春，公孙卿言见神人东莱山①，若云"见天子"②。天子于是幸缑氏城，拜卿为中大夫③。遂至东莱，宿留之数日④，毋所见，见大人迹⑤。复遣方士求神怪采芝药以千数⑥。是岁旱。于是天子既出毋名⑦，乃祷万里沙⑧，过祠泰山⑨。还至瓠子⑩，自临塞决河⑪，留二日，沈祠而去⑫。使二卿将卒塞决河⑬，河徙二渠⑭，复禹之故迹焉⑮。

①【汇评】

吴见思：又接公孙卿候神。（《史记论文·封禅书》）

②【汇校】

张文虎：《封禅书》"见"上有"欲"字，《郊祀志》同。（《校刊史记集解索隐正

义札记》卷一）

③【汇注】

龚浩康：中大夫，官名，掌论议，备顾问。（见王利器主编《史记注译》卷十二）

④【汇注】

凌稚隆：《索隐》曰，音秀溜。宿留，迟待之意。若依字读，则言宿，而留亦是有所待，并通也。（《史记评林·封禅书》）

龚浩康：之，语中助词。（见王利器主编《史记注译》卷十二）

⑤【汇评】

吴见思：写公孙始终一大人迹。（《史记论文·封禅书》）

⑥【汇注】

龚浩康：芝，即灵芝，菌类植物，有光泽，可供观赏，又供药用。古人认为它是一种瑞草。（见王利器主编《史记注译》卷十二）

程馀庆：芝，菌属，春青夏紫秋白冬黑。有石芝、木芝、肉芝、菌芝数种。汉武事三十四。（《历代名家评注史记集说·封禅书》）

⑦【汇注】

龚浩康：毋名，没有正当理由。毋，通"无"。（见王利器主编《史记注译》卷十二）

张大可：天子巡行皆有名义，元封二年（前109）汉武帝听信公孙卿谎言，东巡东莱山欲见仙人，其理不正，故云"既出无名"。（《史记全本新注》卷二十八《封禅书第六》）

【汇评】

编者按：有名封禅固当，无名封禅亦可制造理由，如下文之"干封"便是。真所谓天子欲行，何患无辞？然亦有名正而不封者如唐太宗。贞观年间，风调雨顺，五谷丰登，国泰民安，盛世初显，群臣屡议封禅，太宗曰："议者以封禅为大典。如朕本心，但使天下太平，家给人足，虽阙封禅之礼，亦可比德尧、舜；若百姓不足，夷狄内侵，纵修封禅之仪，亦何异于桀、纣？昔秦始皇自谓德洽天心，自称皇帝，登封岱宗，奢侈自矜。汉文帝竟不登封，而躬行俭约，刑措不用。今皆称始皇为暴虐之主，汉文为有德之君。以此而言，无假封禅。礼云：'至敬不坛'，扫地而祭，足表至诚，何必远登高山，封数尺之土也。"显然，唐太宗之封禅观具有一定的合理性与民本性。至于此议是否也在批评汉武帝，可想而知。

⑧【汇注】

裴　骃：应劭曰："万里沙，神祠也，在东莱曲城。"孟康曰："沙径三百余里。"（《史记集解·孝武本纪》）

程馀庆：祷，祈雨也。万里沙在莱州府东北三十里，夹万岁水两岸，有万里沙祠。（《历代名家评注史记集说·封禅书》）

龚浩康：万里沙，地名，在今山东省招远县与掖县之间。这里指建在万里沙的神庙。（见王利器主编《史记注译》卷十二）

⑨【汇注】

裴　骃：邓展曰："泰山自东复有小泰山。"瓒曰："即今之泰山。"（《史记集解·孝武本纪》）

⑩【汇注】

裴　骃：服虔曰："瓠子，隄名。"苏林曰："在甄城以南，濮阳以北，广百步，深五丈所。"瓒曰："所决河名。"（《史记集解·孝武本纪》）

龚浩康：瓠子，即瓠子口，在今河南省濮阳县西南，是当时黄河的决口。（见王利器主编《史记注译》卷十二）

⑪【汇注】

司马贞：按：《河渠书》武帝自临塞决河，将军以下皆负薪也。（《史记索隐·孝武本纪》）

龚浩康：汉武帝元光三年（前132），黄河决于瓠子口，洪水泛滥成灾。元封二年，武帝派兵数万，填塞瓠子口决河；从万里沙返回时，又亲临瓠子口，沉白马、玉璧祭神，令从臣将军以下官员负薪填决，领导堵塞决口的工作，并作《瓠子歌》。（见王利器主编《史记注译》卷十二）

⑫【汇注】

司马贞：案：沈白马祭河决，于是作《瓠子歌》，见《河渠书》。（《史记索隐·孝武本纪》）

【汇评】

司马迁：天子既封禅巡祭山川，其明年，旱，干封少雨。天子乃使汲仁、郭昌发卒数万人塞瓠子决。于是天子已用事万里沙，则还自临决河，沈白马玉璧于河，令群臣从官自将军已下皆负薪填决河。是时东郡烧草，以故薪柴少，而下淇园之竹以为楗。

天子既临河决，悼功之不成，乃作歌曰："瓠子决兮将奈何？皓皓旰旰兮闾殚为河！殚为河兮地不得宁，功无已时兮吾山平。吾山平兮钜野溢，鱼沸郁兮柏冬日。延道弛兮离常流，蛟龙骋兮方远游。归旧川兮神哉沛，不封禅兮安知外！为我谓河伯兮何不仁，泛滥不止兮愁吾人？啮桑浮兮淮、泗满，久不反兮水维缓。"一曰："河汤汤兮激潺湲，北渡污兮浚流难。搴长茭兮沈美玉，河伯许兮薪不属。薪不属兮卫人罪，烧萧条兮噫乎何以御水！颓林竹兮楗石菑，宣房塞兮万福来。"于是卒塞瓠子，筑宫其上，名曰宣房宫。而道河北行二渠，复禹旧迹，而梁、楚之地复宁，无水灾。

自是之后，用事者争言水利。朔方、西河、河西、酒泉皆引河及川谷以溉田；而关中辅渠、灵轵引堵水；汝南、九江引淮；东海引钜定；泰山下引汶水，皆穿渠为溉田，各万余顷。它小渠披山通道者，不可胜言。然其著者在宣房。(《史记·河渠书第七》)

程馀庆：结河决案。汉武事三十五。(《历代名家评注史记集说·封禅书》)

⑬【汇注】

龚浩康：二卿，指将军汲仁、郭昌。(见王利器主编《史记注译》卷十二)

⑭【汇注】

龚浩康：二渠，一为大河（在今河南省滑县境内），一为漯水（在今河南省南乐县附近），分流于当时瓠子口的上游和下游。(见王利器主编《史记注译》卷十二)

⑮【汇校】

梁玉绳：案：所复非禹迹也，说在《河渠书》。(《史记志疑·封禅书第六》)

【汇评】

浦起龙：以上为封禅结束。以下封禅余文。然时时顾母，而意则专主遇仙。(《古文眉诠》卷二十)

编者按：治理洪水是人类生存与发展的首要条件。因此，世界各国、各民族几乎都有自己的治理洪水的英雄神话流传于世。我国古代帝王中，汉武帝可算是重视水利的明君，他除了在全国大规模地兴修水利之外，连堵决疏河也要恢复夏禹当时的原貌。这在《史记·河渠书》中有着明确而生动的记载。特别是其中汉武帝所作的两首《瓠子歌》，苍凉雄浑，悲天悯人，连司马迁也深受感动，"悲《瓠子》之诗而作《河渠书》"。诗中唱道："不封禅兮安知外"，分明又赋予封禅以新的含义，即在去泰山的沿途，可以调查研究，体察民情。尽管它只是封禅的副产品，亦难能可贵。据研究，汉武帝时期兴修水利的高潮就是从本年开始的。

是时既灭南越①，越人勇之乃言"越人俗信鬼②，而其祠皆见鬼，数有效。昔东瓯王敬鬼③，寿至百六十岁。后世谩怠④，故衰耗⑤"。乃令越巫立越祝祠，安台无坛，亦祠天神上帝百鬼，而以鸡卜⑥。上信之⑦，越祠鸡卜始用焉⑧。

① 【汇校】
　　编者按：南越，《史记·封禅书》作"两越"。
　　【汇评】
　　程馀庆：应前既灭南越。（《历代名家评注史记集说·封禅书》）
② 【汇注】
　　裴　骃：韦昭曰："越地人名也。"（《史记集解·孝武本纪》）
　　程馀庆：勇之，越人名，言其土俗尚鬼神也。（《历代名家评注史记集说·封禅书》）
③ 【汇注】
　　龚浩康：东瓯王，即东海王，东越人的首领，名摇。惠帝三年（前192）被立为东海王，建都东瓯（今浙江省永嘉县西南）。（见王利器主编《史记注译》卷十二）
④ 【汇注】
　　龚浩康：谩怠，指怠慢鬼神。谩，通"慢"，怠忽，轻视。（见王利器主编《史记注译》卷十二）
⑤ 【汇注】
　　龚浩康：衰秏，衰败。秏，同"耗"。（见王利器主编《史记注译》卷十二）
⑥ 【汇注】
　　裴　骃：《汉书音义》曰："持鸡骨卜，如鼠卜。"（《史记集解·孝武本纪》）
　　张守节：鸡卜法用鸡一，狗一，生，祝愿讫，即杀鸡狗煮熟，又祭，独取鸡两眼，骨上自有孔裂，似人物形则吉，不足则凶。今岭南犹此法也。（《史记正义·孝武本纪》）
　　【汇评】
　　凌稚隆：案：应劭云："武帝时迷于鬼神，尤信越巫。董仲舒数为其言，武帝欲验其道，令巫诅仲舒。仲舒朝服，南面诵咏经论，不能伤害，而巫者忽死。"（《史记评林·封禅书》）
⑦ 【汇评】
　　编者按：平定两越本是汉武帝的功劳，有利于靖边安民，汉夷交融。然而，他却从中挖掘出"越祠鸡卜"的巫文化之糟粕而加以推广，真乃捡了芝麻，丢了西瓜。武帝处处不忘求神访仙，所谓"且战且学仙"是也。
⑧ 【汇注】
　　龚浩康：用，采用，流行。（见王利器主编《史记注译》卷十二）
　　【汇评】
　　郭嵩焘：案：武帝以事鬼，始浸寻而及天地、百神之祀，而极于封禅，终复返之

于鬼。(《史记札记》卷三《封禅书第六》)

程馀庆：愈趋愈下。汉武事三十六。(《历代名家评注史记集说·封禅书》)

公孙卿曰："仙人可见，而上往常遽①，以故不见②。今陛下可为观③，如缑氏城④，置脯枣⑤，神人宜可致⑥。且仙人好楼居⑦。"于是上令长安则作蜚廉桂观⑧，甘泉则作益延寿观⑨，使卿持节设具而候神人⑩。乃作通天台⑪，置祠具其下，将招来神仙之属。于是甘泉更置前殿，始广诸宫室⑫。夏，有芝生殿防内中⑬。天子为塞河，兴通天台⑭，若有光云⑮，乃下诏曰："甘泉防生芝九茎⑯，赦天下，毋有复作⑰。"

① 【汇注】
　龚浩康：遽，急促。(见王利器主编《史记注译》卷十二)
　张大可：遽，匆匆忙忙的往求。(《史记全本新注》卷二十八《封禅书第六》)
② 【汇评】
　吴见思：正为两次大人迹作解。(《史记论文·封禅书》)
　姚苎田：又别起一头，明明说性急不得。(《史记菁华录·封禅书》)
③ 【汇注】
　龚浩康：观，台阁，庙宇。(见王利器主编《史记注译》卷十二)
④ 【汇注】
　裴　骃：韦昭曰："如犹比也。"(《史记集解·孝武本纪》)
　姚苎田：中岳在缑氏县，故欲仿之。(《史记菁华录·封禅书》)
　程馀庆：仿其制度。(《历代名家评注史记集说·封禅书》)
⑤ 【汇注】
　龚浩康：脯，干肉。(见王利器主编《史记注译》卷十二)
⑥ 【汇注】
　龚浩康：宜，大概。(见王利器主编《史记注译》卷十二)
【汇评】
　姚苎田："宜"字含糊得妙。(《史记菁华录·封禅书》)

⑦【汇评】

吴见思：掉一句是为观缑城注脚。(《史记论文·封禅书》)

浦起龙：姑用楼居宫观诸遁词，以解说其遇仙之无据。(《古文眉诠》卷二十)

姚苎田：方士伎俩将穷，必别设一难以遁其情。公孙卿候神，至此茫无着脚。武帝虽昏惑，而斩断英果。惧大诛之将至也，则又引之以土木之功，民穷财殚，至死不悟。千古而下，读之愤叹！史公曲曲传之，岂非良史之椿杌哉？(《史记菁华录·封禅书》)

又：加一句，暗暗引入土木之功宜侈大。(同上)

⑧【汇注】

裴　骃：应劭曰："飞廉神禽，能致风气。"晋灼曰："身如鹿，头如雀，有角而蛇尾，文如豹文也。"(《史记集解·孝武本纪》)

程馀庆：飞廉神禽能致风雨，身如鹿，头如雀，有角而蛇尾，文如豹，以铜铸。其象置观上，因名飞廉观。桂观，即桂宫。(《历代名家评注史记集说·封禅书》)

陈　直：西安汉城遗址，出土蜚廉画瓦甚多，其形身如鹿，头如雀，与晋灼注相合，盖即蜚廉观中之物。(《史记新证》)

⑨【汇校】

梁玉绳：案：《汉志》作"益寿延寿馆"，师古谓二馆名。考注引《汉武故事》及《括地志》皆云"延寿观"，更无"益寿"之名，《三辅黄图》亦但云"延寿"。盖此多一"益"字，《汉志》更多一"寿"字，师古注非。宋黄伯思《东观余论》据雍、耀间耕夫得古瓦，其首作"益延寿"三字，以为观名益延寿。夫瓦之真赝不可知，既未足凭，而益与延同义，不应复出。又其时并作者蜚廉桂观之属，或一字名，或两字名，何以此观独三字名乎？其为衍文无疑。(《艺文类聚》六十三引《史》是"延寿观")。(《史记志疑·封禅书第六》)

陈　直：直按：黄伯思《东观余论》所记，及《史记》原文作"益延寿观"，皆确实无误。《汉书》作"益寿延寿观"则为衍文也。吴窨斋在秦中曾得"益延寿"瓦，载在窨斋砖瓦录中，后此瓦归于南陵徐积余先生。秦汉瓦当文字卷一十四页摹有瓦文。在四八年春间，又出残者一角，仅有寿字可见。此瓦面积近尺，为汉瓦中最阔大之品。此外又有"益延寿宫"瓦，及"益延寿"大方砖，旁画四虎形，泷川君未知我国汉瓦出土情形，故论点多所隔阂。若以西汉无三字观名，又何解于"鼎湖延寿"之四字宫名乎。(《史记新证》)

【汇注】

司马贞：小颜以为作益寿、延寿二馆。案：《汉武故事》云"作延寿观，高三十丈"。(《史记索隐·封禅书》)

⑩ 【汇注】

龚浩康：具，指祠具，祭神用的供具。（见王利器主编《史记注译》卷十二）

【汇评】

姚苎田：又一结。（《史记菁华录·封禅书》）

⑪ 【汇注】

裴　骃：徐广曰："在甘泉。"（《史记集解·孝武本纪》）

司马贞：《汉书》作通天台于甘泉宫。案：《汉书旧仪》台高三十丈，去长安二百里，望见长安城也。（《史记索隐·孝武本纪》）

姚苎田：即金茎承露台。（《史记菁华录·封禅书》）

【汇评】

编者按：自甘泉望长安，二百里竟然清晰可见，实在非今人之所思。如若不是夸张，要么就是观者具有特异功能，要么就是汉武帝对自然环境的保护与治理竟如此富有成效，不禁令人神往。

⑫ 【汇注】

司马贞：姚氏案："扬雄云甘泉本因秦离宫，既奢泰，武帝增通天台、迎风宫，近则有洪崖、储胥，远则石关、封峦、鳷鹊、露寒、棠黎等观，又有高华、温德观、曾成宫、白虎、走狗、天梯、瑶台、仙人、弩法、相思观。"（《史记索隐·孝武本纪》）

【汇评】

程馀庆：汉武事三十七。（《历代名家评注史记集说·封禅书》）

⑬ 【汇校】

吴见思：记"房"作"防"。（《史记论文·封禅书》）

【汇注】

裴　骃：徐广曰："元封二年也"。（《史记集解·孝武本纪》）

司马贞：芝生殿房中。案：生芝九茎，于是作《芝房歌》。（《史记索隐·孝武本纪》）

凌稚隆：董份曰："内中似复，盖言房内之中间也。"（《史记评林·封禅书》）

程馀庆：《瑞应图》：王者敬事耆老，不失故旧，则芝草生。（《历代名家评注史记集说·封禅书》）

【汇评】

凌稚隆：光缙曰："案：《委宛余篇》云，'吴归命候时，以吴平家鬼目菜为芝草，拜平侍芝郎。'我朝世宗时奸人王金于崇文门外积巨木，置阴湿所，以药傅之，即生芝随药，成五色，上进得官，此皆人所未解者。然则汉武芝生殿防内中，安知非公孙卿辈造为之耶？"（《史记评林·孝武本纪》）

⑭【汇评】

　　姚苎田：与通天台，与塞河，何与本诏书而附会之也？（《史记菁华录·封禅书》）

⑮【汇注】

　　裴　骃：李奇曰："为此作事而有光应。"瓒曰："作通天台也。"（《史记集解·孝武本纪》）

【汇评】

　　程馀庆：为河决已塞，及作通天台，有神光之应。今又有芝草之瑞，故诏赦天下，暂止兴作也。幻。（《历代名家评注史记集说·封禅书》）

⑯【汇注】

　　裴　骃：应劭曰："芝，芝草也，其叶相连。"（《史记集解·孝武本纪》）

　　龚浩康：九茎，长有九株菌柄的灵芝。（见王利器主编《史记注译》卷十二）

⑰【汇注】

　　龚浩康：复作，汉刑律名。轻刑徒，不戴刑具刑衣而服劳役者。一说为不戴刑具服劳役的女刑徒，刑期为三月至一年。（见王利器主编《史记注译》卷十二）

　　程馀庆：汉武事三十八。（《历代名家评注史记集说·封禅书》）

【汇评】

　　姚苎田：盖谓神贶已彰，不待他求矣，故暂止兴作。（《史记菁华录·封禅书》）

　　　其明年①，伐朝鲜②。夏，旱。公孙卿曰："黄帝时封则天旱，乾封三年③。"上乃下诏曰："天旱，意乾封乎④？其令天下尊祠灵星焉⑤。"

①【汇注】

　　程馀庆：三年。（《历代名家评注史记集说·封禅书》）

②【汇注】

　　张大可：据《汉书·武帝纪》，汉武帝东巡东莱与伐朝鲜均在元封二年。（《史记全本新注》卷二十八《封禅书第六》）

　　龚浩康：朝鲜，国名，在今辽宁、吉林两省部分地区和朝鲜半岛北部。相传周初箕子被封于此，汉初由卫满继之。其南部为三韩诸国，当时都属汉朝所辖。（见王利器主编《史记注译》卷十二）。

　　程馀庆：又插序征伐事。汉武事三十九。（《历代名家评注史记集说·封禅书》）

　　编者按：据《史记·朝鲜列传》记载：朝鲜王满者，故燕人也。燕王卢绾反，入匈奴，满亡命，聚党千余人，东出塞，渡浿水，居秦故空地上下鄣，稍役属真番，朝鲜蛮夷及故燕、齐亡命者王之，都王险。传子至孙右渠，所诱汉亡人滋多，又未尝入见；真番旁众国欲上书见天子，又拥阏不通。元封二年，汉使涉何谯谕右渠，终不肯奉诏。何去至界上，临浿水，使御刺杀送何者朝鲜裨王长。朝鲜怨何，发兵袭攻杀何。天子募罪人击朝鲜。其秋，遣楼船将军杨仆从齐浮渤海，兵五万人；左将军荀彘出辽东，讨右渠。天子为两将未有利，乃使卫山因兵威往谕右渠。右渠见使者顿首谢："愿降，恐两将诈杀臣；今见信节，请服降。"遣太子入谢，太子亦疑使者左将军诈杀之，遂不渡浿水，复引归。山还报天子，天子诛山。左将军破浿水上军，乃前，至城下，围其西北。楼船亦往会，居城南。右渠遂坚守城，数月未能下。左将军急击之，朝鲜大臣乃阴间使人私约降楼船。左将军数与楼船期战，楼船欲急就其约，不会；左将军亦使人求间却降下朝鲜，朝鲜不肯，心附楼船，以故两将不相能。天子使济南太守公孙遂往正之。遂偏信左将军，而以节召楼船将军入左将军营计事，即命左将军麾下执捕楼船将军，并其军，以报天子。天子诛遂。左将军已并两军，即急击朝鲜。元封三年夏，尼溪相参乃使人杀朝鲜王右渠来降。王险城未下，故右渠之大臣成巳又反，复攻吏。左将军使右渠子长降，相路人之子最告谕其民，诛成巳，以故遂定朝鲜，为四郡。

③【汇注】

张守节：乾音干。苏林云："天旱欲使封土干燥也。"颜师古云："三岁不雨，暴所封之土令乾。"郑氏云："但祭不立尸为乾封。"（《史记正义·孝武本纪》）

张大可：此为公孙卿编造的谎言，黄帝封泰山，大旱三年，为的是烘干封土。（《史记全本新注》卷二十八《封禅书第六》）

④【汇评】

程馀庆：此又以天旱纽合封禅。（《历代名家评注史记集说·封禅书》）

⑤【汇注】

张守节：灵星即龙星也。张晏云："龙星左角曰天田，则农祥也，见而祭之。"（《史记正义·孝武本纪》）

龚浩康：灵星，一说是主宰庄稼的星；一说是主宰庄稼的神。（见王利器主编《史记注译》卷十二）

张大可：灵星，又名天田星，即龙星，主稼穑。汉高祖之时，令天下立灵星祠。（《史记全本新注》卷二十八《封禅书第六》）

【汇评】

凌稚隆：案："尊祠"句与"高帝祠灵星"句相应。（《史记评林·封禅书》）

吴见思：封禅后接灵星，天旱乃灵星为德星。天旱为乾封，一时矫诬，正于无意中两两对照。（《史记论文·封禅书》）

程馀庆：与高帝祠灵星事相应。汉武事四十。（《历代名家评注史记集说·封禅书》）

其明年①，上郊雍，通回中道②，巡之。春，至鸣泽③，从西河归④。

① 【汇注】
程馀庆：四年十月。（《历代名家评注史记集说·封禅书》）
② 【汇注】
裴　骃：徐广曰："在扶风汧县。"（《史记集解·孝武本纪》）
龚浩康：回中，地名，在今陕西省陇县西北。（见王利器主编《史记注译》卷十二）。
张大可：汉武帝郊雍，幸回中，据《武帝纪》在元封四年（前107）。回中，行宫名，在今宁夏固原县境。（《史记全本新注》卷二十八《封禅书第六》）
③ 【汇注】
裴　骃：服虔曰："鸣泽，泽名也，在涿郡遒县北界。"（《史记集解·孝武本纪》）
龚浩康：鸣泽，泽名，在今河北省涿州市东北。一说即今甘肃平凉县西之独鹿（都卢山）鸣泽，今谓之弹筝峡。（见王利器主编《史记注译》卷十二）
④ 【汇注】
程馀庆：汉武事四十一。（《历代名家评注史记集说·封禅书》）
【汇注】
龚浩康：西河，郡名，汉武帝元朔四年（前125）置，辖今内蒙古、山西、陕西三省区部分地区，郡治在平定（今内蒙古自治区东胜县境内）。（见王利器主编《史记注译》卷十二）
编者按：元封四年夏，大旱，关东流民二百万，无名数（无户籍）者四十万。朝廷特设流民法，以禁官吏重赋。

其明年冬，上巡南郡①，至江陵而东。登礼潜之天柱山②，号曰南岳③。浮江④，自寻阳出枞阳⑤，过彭蠡⑥。祀其名山川。北至琅邪⑦，并海上。四月中，至奉高脩封焉。

① 【汇注】

裴　骃：徐广曰："元封五年。"（《史记集解·封禅书》）

龚浩康：南郡，郡名，辖今湖北省西南部，郡治在江陵（今江陵县）。（见王利器主编《史记注译》卷十二）

② 【汇注】

龚浩康：登礼，登山祭祀。潜，县名，治所在今安徽省霍山县东北。天柱山，又名皖山、潜山，在安徽省霍山县西南。（见王利器主编《史记注译》卷十二）

③ 【汇校】

梁玉绳：附案：武帝移南岳衡山之祀于霍山，非礼也。霍山即天柱山，在庐江潜县西南。谓之霍者，《尔雅》"大山宫小山曰霍"也。衡山在长沙湘南县南。或谓衡山亦名霍，恐非。（《史记志疑·封禅书第六》）

【汇注】

裴　骃：应劭曰："潜县属庐江。南岳，霍山也。"文颖曰："天柱山在潜县南，有祠。"（《史记集解·孝武本纪》）

程馀庆：故潜城，在六安州霍山县东北三十里。天柱山，在县南五里。武帝以衡山阻远，故以天柱代南岳，因名霍岳也。（《历代名家评注史记集说·封禅书》）

④ 【汇注】

龚浩康：浮江，指乘船游览长江。（见王利器主编《史记注译》卷十二）

⑤ 【汇注】

裴　骃：《地理志》"庐江有枞阳县。"（《史记集解·孝武本纪》）

龚浩康：寻阳，县名，治所在今湖北省黄梅县西南。枞阳，县名，治所在今安徽省枞阳县。（见王利器主编《史记注译》卷十二）

⑥ 【汇注】

龚浩康：彭蠡，泽名，约当今鄂东皖西一带滨江湖泊，后演变成现在的鄱阳湖。按：彭蠡位于寻阳与枞阳之间，所以这一句是对上句的补叙。（见王利器主编《史记注译》卷十二）

⑦ 【汇注】

龚浩康：琅邪，郡名，辖今山东省南部地区，郡治在东武（今诸城县）。（见王利器主编《史记注译》卷十二）

编者按：元封五年两件大事值得一提。一是创设刺史部十三州，并以"六条"为监察、断案的依据。二是颁布了影响深远的《州郡察茂材异等诏》。见《汉书·武帝纪第一下》。

初，天子封泰山①，泰山东北阯古时有明堂处②，处险不敞③。上欲治明堂奉高旁，未晓其制度④。济南人公王带上黄帝时明堂图⑤。明堂图中有一殿，四面无壁，以茅盖，通水，圜宫垣为复道⑥，上有楼，从西南入，命曰昆仑⑦，天子从之入，以拜祠上帝焉。于是上令奉高作明堂汶上⑧，如带图。及五年脩封⑨，则祠泰一、五帝于明堂上坐⑩，令高皇帝祠坐对之⑪。祠后土于下房⑫，以二十太牢⑬。天子从昆仑道入，始拜明堂如郊礼⑭。礼毕，燎堂下。而上又上泰山，有秘祠其颠⑮。而泰山下祠五帝，各如其方，黄帝并赤帝⑯，而有司侍祠焉。泰山上举火，下悉应之⑰。

① 【汇评】
　　吴见思：倒提一句。（《史记论文·封禅书》）
　　编者按：武帝所信方士之"仙话"，以为从外部创造各种有利条件，完善各种祭祀礼仪，便可达到封禅遇仙的目的，故有此处大兴土木，重构明堂之举，实乃舍本逐末，一厢情愿而已。
② 【汇评】
　　程馀庆：此即周天子东巡狩，朝诸侯之明堂，齐宣王所欲毁者也。类孟子一言其遗址，遂至汉犹存云。（《历代名家评注史记集说·封禅书》）
③ 【汇注】
　　程馀庆：言其地阻阨，而室不显敞。（《历代名家评注史记集说·封禅书》）
④ 【汇评】
　　程馀庆：按：五年前，帝常坐明堂矣，其遗制尚存，今云未晓，何也？意古明堂，不过三间，九架屋子，帝嫌其不敞，而欲阔大之。故未晓其三十六户、七十二牖等制度耳。（《历代名家评注史记集说·封禅书》）
⑤ 【汇注】
　　司马贞：王，或作"肃"。公王，姓；带，名。姚氏案：《风俗通》齐滑王臣有公王冉，其后也，音语录反。《三辅决录》云杜陵有王氏，音肃。《说文》以为从王，音

"畜牧"之畜。今读公王与《决录》音同。然二姓单复有异，单姓者肃，后汉司徒王况是其后也。（《史记索隐·孝武本纪》）

  龚浩康：济南，郡名，辖今山东省历城、济南、章丘等县地区，郡治在东平陵（今章丘县西北）。（见王利器主编《史记注译》卷十二）

⑥【汇评】

  龚浩康：圜，通"环"，环绕。复道，高楼间或山岩险要处架空的通道。（见王利器主编《史记注译》卷十二）

⑦【汇注】

  司马贞：王带明堂图中为复道，有楼从西南入，名其道曰昆仑。言其似昆仑山之五城十二楼，故名之也。（《史记索隐·孝武本纪》）

  程馀庆：昆仑者，三成之名也。成，重也。依古名而制度不经如此。（《历代名家评注史记集说·封禅书》）

  龚浩康：昆仑，山名，在今西藏、新疆之间。传说黄帝时在山上建有供神仙居住的五城十二楼。汉武帝按黄帝时明堂图修建的明堂与昆仑五城十二楼相似，所以这样命名。（见王利器主编《史记注译》卷十二）

⑧【汇注】

  裴　骃：徐广曰："在元封二年秋。"（《史记集解·孝武本纪》）

  龚浩康：汶，水名，从泰山东北流过，经奉高县城西南注入巨野泽。（见王利器主编《史记注译》卷十二）

  张大可：令奉高县作明堂于汶水之上。其事在元封二年。奉高在今山东省泰安县东北。（《史记全本新注》卷二十八《封禅书第六》）

⑨【汇评】

  程馀庆：连后事序之。（《历代名家评注史记集说·封禅书》）

⑩【汇注】

  龚浩康：上坐，受尊敬的席位。坐，通"座"。（见王利器主编《史记注译》卷十二）

⑪【汇注】

  龚浩康：高皇帝，即汉高帝。（见王利器主编《史记注译》卷十二）

⑫【汇注】

  李　笠：案：房读如阿房之房。上文云"明堂图中有一殿，四面无壁"，非有上房、下房也。房古通作芳。《建元以来王子侯者年表·房光汉表》作芳光可证。后土位下，故祀于下芳耳。（《广史记订补》卷三《封禅书》）

⑬【汇注】

龚浩康：太牢，本指牛、羊、猪三牲一套（三者各一），有时也专指牛。（见王利器主编《史记注译》卷十二）

⑭【汇评】

[英]鲁惟一：在举行帝国崇拜时，还可以注意另外两个重要的现象。专家们的想象有时可能超过了他们知识的准确性，武帝与他们作了郑重的商讨以后，就在泰山山麓建立了明堂。此举的目的是遵循中国的几个最早的传说，最后采纳的建筑物的形式吸收了许多宗教和神话的内容。

武帝在明堂打算证明他的统治正受到神灵的保佑，而他对五帝和泰一的献祭确定了他心目中的神灵。明堂还用做可把皇帝的权威加给其臣属的庄严的场所。有种种迹象表明，另一个可能也有宗教职能的建筑物已经初步确定是辟雍堂的基部，它位于长安的南部，现在已有可能对它进行重建。（《剑桥中国秦汉史》第十二章）

⑮【汇评】

张大可：秘祠其巅，在最高峰上举行秘密祭礼。（《史记全本新注》卷二十八《封禅书第六》）

⑯【汇评】

程馀庆：二帝同居南方。（《历代名家评注史记集说·封禅书》）

[英]鲁惟一：公元前110年在泰山举行的仪式中，对黄帝十分崇敬，此神也许被人格化为古代之黄帝。武帝显然把他看成一个能够赐给长生术的中介神仙，因此就在他墓前献祭。这里看来存在某种动机的混乱，因为有人怀疑，一个被认为取得长生之术的生命怎么会留下供人们景仰的遗体。在这一次，有的崇拜者可能认为长生存在于人世以外的境界，而另一些人只是想象长生是肉体生命的延长。武帝的祭祀和动机也许可以作如下的解释：是由于他近期因三名自封的术士可悲地未能实现其诺言而感到失望之故。这些诺言包括炼制长生的灵药和使武帝的一个宠爱的妃子复生。可能对黄帝的祭祀是针对这些失败的反应。（《剑桥中国秦汉史》第十二章）

⑰【汇评】

程馀庆：汉武事四十二。（《历代名家评注史记集说·封禅书》）

其后二岁①，十一月甲子朔旦冬至，推历者以本统②。天子亲至泰山，以十一月甲子朔旦冬至日祠上帝明堂③，每脩封禅④。其赞飨曰："天增授皇帝泰元神筴⑤，周而复始⑥。皇帝敬拜泰一⑦。"东至海上，考入海及方士求神者⑧，莫验，然益遣，冀遇之⑨。

① 【汇注】
龚浩康：即汉武帝太初元年（前104）（见王利器主编《史记注译》卷十二）。
张大可：南巡后二岁，即元封七年，因是年改历，而改元太初。（《史记全本新注》卷二十八《封禅书第六》）

② 【汇注】
龚浩康：推历者，推算历法的人。本统，正统。汉朝在改历前以建亥之月（夏历十月）为岁首，自太初元年起，改建寅之月（夏历正月）为岁首，将夏历十一月朔旦冬至作为历法的起点。（见王利器主编《史记注译》卷十二）

编者按：公元前一〇四年阴历十一月初一这一天，于干支为甲子日，于月相为新月，于节气为冬至，可谓天赐良辰。于是，经汉武帝批准，从这一天起，实行由落下闳、邓平、公孙卿、壶遂、司马迁等人创制的新历法，并将其作为汉朝历法的根本系统，即《太初历》。这是我国历史上第一部比较成熟的、完整的历法，也是我国历法史上的第一次大改革，无论从科学性还是实用性来看，都具有划时代的意义。

【汇评】
张维华：与封禅之礼具有相同意义的，是"改制"之说，同样，这也是儒家吸收的其他学派的学说。改制本身是说，继前一代而兴的后一代的开国皇帝，亦是受了上天之命的。上天在人世间依着五行相克相生的顺序，来安排历代王朝兴亡的顺序。亡者因其数适亡而亡，兴者因其数适兴而兴，不假人意。继起的一代开国之主，为了表示他所受的"命"与前一代不同，就要通过"礼制"上一些不同的形式表达出来，这就叫做改制。

武帝即位之后，以董仲舒为首的儒家们，更积极的提倡儒家政治，武帝既然接受了儒家的建议，而行封禅之礼，也必然要接受儒家的建议，而行改制之事，固而有太初改制的出现。当时主张汉得"土德"之说的人，已经占绝对优势了，固而就按"土德"改订礼制。《汉书·武帝纪》载其事云："太初元年……夏五月，正历，以正月为岁首，色上黄，数用五，定官名，协音律。"此即此次改制的大体内容。诚然在改制时，也曾令唐都落下闳以及司马迁等二十余人改订历法，创成了更为精确的"太初历"，显示出中国的天文历法之学有了很大的进步，但其重要的意义，却不在此。其重要的意义，依然是把皇帝神秘化了，说明他们所行使的政权是出于"天意"，是"代天行道"。这样，自然也会影响到当时的专制主义的加强。（《汉史话集·论汉武帝》）

安作璋、刘德增：秦亡汉兴，犹沿用秦之"颛顼历"，以十月为岁首。从秦昭襄王始用"颛顼历"，至汉初，此历已使用百余年；秦末战乱，测天校历工作中断，西汉也迟迟未能健全测天机构。因此，到武帝时，便出现了"朔晦月见，弦望满亏"的错乱局面。改定历法已是势在必行了。元封七年（前104），太中大夫公孙卿、壶遂和太史令司马迁上书："历纪坏废，宜改正朔。"所谓"正"为一年开始的时间，"朔"为一月开始的时间。当时，朝臣之中，御史大夫儿宽号为最明经术，武帝便诏令他与五经博士会商此事。他们商议之后，上书："帝王必改正朔，易服色，所以明受命于天也。创业变改，制不相复，推传序文，则今夏时也。臣等闻学偏陋，不能明。陛下躬圣发愤，昭配天地，臣愚以为三统之制，后圣复前圣者，二代在前也。今二代之统绝而不序矣，唯陛下发圣德，宣考天地四时之极，则顺阴阳以定大明之制，为万世则。"（《汉书·律历志》）他们从"三统说"的理论出发，赞同公孙卿、壶遂和司马迁的提议。"三统说"把王朝的更替归结为黑、白、赤三统的循环，历代的帝王都被编排在这三统之中，得到一统而为天子者，必须相应地改正朔，易服色，以示受命于天。"三统说"还指出，上古三代，夏是黑统，商为白统，周乃赤统。周衰以后，又该是黑统了。孔子要想立黑统，但他有其德而无其位，仅是个"素王"，只好托王于鲁，在《春秋》里手定制度而空垂其文。

与"三统说"同时存在的，还有一种"五德终始说"，用土、木、金、火、水的相生相克来解说王朝的更替，每个承天受命的皇朝都占了其中一德。秦始皇宣称得水德，以十月为岁首，色尚黑。汉初有人说汉代秦而兴，土克水，汉应得土德，色尚黄；也有人认为秦短命，没有得到水德，真正得水德的，恰正是汉朝。

武帝决计改正朔，易服色，既不是为了校正历法，也不是要继黑统，亦非应土德或水德，而是为了长生不死。他在批复儿宽的诏令中直言不讳："乃者有司言历未定，广延宣问，以考星度，未能雠也。盖闻古者黄帝合而不死，名察发敛，定清浊，起五部，建气物分数。然而上矣。书缺乐弛，朕甚难之。依违以惟，未能修明。其以七年为元年。"（《汉书·律历志》）孟康注："合，作也。黄帝作历，历终而复始，无穷已也，故曰不死。"应劭注："黄帝造历得仙。"臣瓒注："黄帝圣德，与神灵合契，升龙登仙，故曰合而不死。"诸家注尽管不一，但"黄帝合而不死"，是指黄帝因作历而成仙不死，则是无疑的。从"盖闻"来看，这当是方士们杜撰出来的一套谎言。（《汉武帝大传》）

③【汇校】

王叔岷：《考证》（编者按：《史记会注考证》）：《汉书·武纪》《郊祀志》帝下有於字。案：《汉纪》帝下亦有於字。《汉书·武纪》帝下有于字，于犹於也，但不作於。《通鉴》帝下亦有于字。（《史记斠证·孝武本纪》）

【汇注】

裴　骃：徐广曰："常五年一修耳。今适二年，故但祀明堂。"（《史记集解·孝武

④【汇校】

凌稚隆：《武纪》"毋"作"每"。（《史记评林·封禅书》）

龚浩康：每，当依《封禅书》和《汉书·郊祀志》作"毋"。（见王利器主编《史记注译》卷十二）

【汇注】

张大可：每五年一修封，元封五年修封奉高至今只二年，故毋修封禅，只祭上帝于明堂。（《史记全本新注》卷二十八《封禅书第六》）

⑤【汇注】

龚浩康：泰元，天的别称。（见王利器主编《史记注译》卷十二）

张大可：太元神策，指太初历。（《史记全本新注》卷二十八《封禅书第六》）

⑥【汇注】

司马贞：案：荐飨之辞言天授皇帝泰元神策，周而复始。又按：上黄帝得宝鼎神策，则太古上皇创历之号，故此云太元神策，周而复始也。（《史记索隐·孝武本纪》）

⑦【汇注】

凌稚隆：吴宪新曰："太初历始复夏正，盖太史公之力；然汉武帝赞享敬拜太一，则固用方士语耳。"（《史记评林·封禅书》）

⑧【汇注】

龚浩康：考，考查验证。（见王利器主编《史记注译》卷十二）

⑨【汇注】

龚浩康：冀，希望。（见王利器主编《史记注译》卷十二）

程馀庆：汉武事四十三。（《历代名家评注史记集说·封禅书》）

十一月乙酉①，柏梁灾②。十二月甲午朔，上亲禅高里③，祠后土。临渤海④，将以望祠蓬莱之属，冀至殊庭焉⑤。

①【汇注】

裴　骃：徐广曰："二十二日也。"（《史记集解·孝武本纪》）

张大可：上文十一月甲子朔，则乙酉为十一月二十二日。（《史记全本新注》卷二十八《封禅书第六》）

② 【汇注】

　　姚苎田：即通天台。(《史记菁华录·封禅书》)

　　程馀庆：汉武事四十四。(《历代名家评注史记集说·封禅书》)

　　龚浩康：柏梁，即柏梁台，在今陕西省长安县西北。(见王利器主编《史记注译》卷十二)

　　张大可：柏梁灾，柏梁台失火。柏梁台建于元鼎二年。(《史记全本新注》卷二十八《封禅书第六》)

③ 【汇注】

　　裴　骃：伏俨曰："山名，在泰山下。"(《史记集解·孝武本纪》)

　　龚浩康：高里，山名，在泰山南麓，今泰安市西南。(见王利器主编《史记注译》卷十二)

④ 【汇注】

　　龚浩康：渤海，也作"勃海"，在今辽东半岛与山东半岛之间。(见王利器主编《史记注译》卷十二)

⑤ 【汇注】

　　裴　骃：《汉书音义》曰："蓬莱庭"。《史记集解·孝武本纪》)

　　司马贞：冀，《汉书》作"几"。几，近也。冀，望也，亦通。服虔曰："蓬莱中仙人。殊庭者，异也。言入仙人异域也。"(《史记索隐·孝武本纪》)

　　张大可：希望能到神仙洞府。殊庭，神仙所居的特别洞府。(《史记全本新注》卷二十八《封禅书第六》)

【汇评】

　　凌稚隆：案：此又缴入求仙事。(《史记评林·封禅书》)

　　程馀庆：连用此飘动之笔，写出武帝求仙神情。汉武事四十五。(《历代名家评注史记集说·封禅书》)

　　姚苎田：此二句亦帝意中事。后以柏梁灾亟还，故未果也。(《史记菁华录·封禅书》)

　　　　上还，以柏梁灾故，朝受计甘泉①。公孙卿曰："黄帝就青灵台②，十二日烧③，黄帝乃治明庭④。明庭，甘泉也⑤。"方士多言古帝王有都甘泉者⑥。其后天子又朝诸侯甘泉，甘泉作诸侯邸⑦。勇之乃曰⑧："越俗有火灾，复起屋必以大，用胜服之⑨。"于是作建章宫⑩，度为千门万户⑪。前殿度高未央⑫。其东则凤阙⑬，高二十余丈⑭。其西则唐中⑮，数十里虎圈⑯。其北治大池，渐台高二十余丈⑰，名曰泰液池⑱，中有蓬莱、方丈、瀛洲、壶梁⑲，象海中神山龟鱼之属⑳。其南有玉堂、璧门、大鸟之属㉑。乃立神明台、井幹楼㉒，度五十余丈㉓，辇道相属焉㉔。

① 【汇注】

张守节：顾胤云："柏梁被烧，故受记故之物于甘泉也。"颜师古曰："受郡国计簿也。"（《史记正义·孝武本纪》）

龚浩康：朝受计，临朝受理各郡国上报的表册。计，计簿，登记政府财物、人事等情况的簿册。（见王利器主编《史记注译》卷十二）

张大可：在甘泉宫接受郡国朝见上计，重建柏梁台。（《史记全本新注》卷二十八《封禅书第六》）

② 【汇注】

龚浩康：就，建成。（见王利器主编《史记注译》卷十二）

【汇评】

凌稚隆：杨循吉曰："术士每以黄帝作证，何其诬圣耶"。（《史记评林·封禅书》）

吴见思：公孙卿之师申公独有鼎书，此外无有，前乾封，此青灵台，出于何处？（《史记论文·封禅书》）

③ 【汇校】

裴　骃：徐广曰："日，一作'月'。"（《史记集解·孝武本纪》）

【汇评】

程馀庆：此又以火灾纽合封禅。（《历代名家评注史记集说·封禅书》）

④ 【汇评】

姚苎田：帝所深慕者黄帝，故处处借作入港话头。（《史记菁华录·封禅书》）

⑤ 【汇评】

凌稚隆：董份曰："旱则黄帝干封，灾则黄帝灵台火，巧言如簧，信矣。"（《史记评林·封禅书》）

⑥ 【汇注】

龚浩康：都，建都，动词。（见王利器主编《史记注译》卷十二）

⑦ 【汇评】

姚苎田：此句追叙法，盖前曾有此说。（《史记菁华录·封禅书》）

编者按：皇帝之所幸，官邸及其他楼堂馆所随之而大兴，其连锁反应必然是搜刮民脂民膏的无限加剧和社会财富的过度挥霍。如此以往，何谈以民为本，国运昌盛？

⑧【汇评】

吴见思：又插"勇之"，仍用越事。（《史记论文·封禅书》）

⑨【汇注】

龚浩康：胜服，制服。（见王利器主编《史记注译》卷十二）

张大可：越人勇之进言，按越人风俗，火灾后重建新屋，要超过原来的规模，以大胜小，压制火灾。于是另造广大的建章宫。（《史记全本新注》卷二十八《封禅书第六》）

【汇评】

姚苎田：既曰越俗，则岂足为天子效法哉？（《史记菁华录·封禅书》）

程馀庆：皆为作建章宫起。按：盖建章本大役，故先为之蓄势，不得过金银宫阙。始作伪者，以慰渴想。此方士欲兴土木本旨。（《历代名家评注史记集说·封禅书》）

⑩【汇注】

张守节：《括地志》曰："建章宫在雍州长安县西二十里长安故城西。"（《史记正义·孝武本纪》）

程馀庆：在未央宫东南复作。（《历代名家评注史记集说·封禅书》）

⑪【汇注】

龚浩康：度，制度，规模。（见王利器主编《史记注译》）卷十二）

⑫【汇注】

龚浩康：未央，宫名，汉高帝时修建，周围二十八里，规模十分宏伟，故址在今陕西省西安市西北。（见王利器主编《史记注译》卷十二）

【汇评】

姚苎田：连用数"度"字，皆就营建之始随事纪之。（《史记菁华录·封禅书》）

⑬【汇注】

龚浩康：凤阙，宫阙名，因阙上以五尺铜凤为饰而得名。（见王利器主编《史记注译》卷十二）

⑭【汇注】

司马贞：《三辅黄图》云"武帝营建章，起凤阙，高三十五丈"。《关中记》"一名别风，言别四方之风。"《西京赋》曰"阊阖之内，别风嶕峣"是也。《三辅故事》云"北有圜阙，高二十丈，上有铜凤皇，故曰凤阙也。"（《史记索隐·孝武本纪》）

程馀庆：《三辅故事》：其阙圆上有铜凤凰，高二十五丈，（凤阙在）东。（《历代名家评注史记集说·封禅书》）

⑮【汇注】

　　司马贞：如淳云："《诗》云'中唐有甓'。郑玄曰'唐，堂庭也'。《尔雅》以庙中路谓之唐。《西京赋》曰'前开唐中，弥望广象'是也。"（《史记索隐·孝武本纪》）

　　梁玉绳：附案：《汉志》作"商中"，师古曰："商，金也。于序在秋，故谓西方之庭为商庭。"据颜说，则作"唐中"为非。然《西都赋》"前唐中而后太液"，《西京赋》"前开唐中"，固皆用"唐中"字也。（《史记志疑·封禅书第六》）

　　龚浩康：唐中，池名，在今陕西省长安县西北，太液池南。（见王利器主编《史记注译》卷十二）

⑯【汇注】

　　张守节：圈，其远反。《括地志》云："虎圈今在长安城中西偏也。"（《史记正义·孝武本纪》）

　　姚苎田：盖为养虎之圈于回塘中，其大数十里，（《史记菁华录·封禅书》）

　　程馀庆：《黄图》：唐中池在太池南，周回十二里。虎圈在长安城西偏。西。（《历代名家评注史记集说·封禅书》）

⑰【汇注】

　　张守节：颜师古云："渐，浸也。台在池中，为水所浸，故曰渐台。"案：王莽死此台也。"（《史记正义·孝武本纪》）

⑱【汇注】

　　张守节：臣瓒云："泰液言象阴阳津液以作池也。"（《史记正义·孝武本纪》）

⑲【汇注】

　　龚浩康：蓬莱、方丈、瀛洲、壶梁，都是传说中的海上仙山，这里是托名的建筑。（见王利器主编《史记注译》卷十二）

⑳【汇注】

　　司马贞：《三辅故事》云："殿北海池北岸有石鱼，长二丈，广五尺，西岸有石龟二枚，各长六尺。"（《史记索隐·孝武本纪》）

　　程馀庆：（神山龟鱼之属在）北。（《历代名家评注史记集说·封禅书》）

㉑【汇注】

　　司马贞：其南则玉堂。《汉武故事》"玉堂基与未央前殿等，去地十二丈。"（《史记索隐·孝武本纪》）

　　程馀庆：大鸟，以铜铸大鸟象也。南。（《历代名家评注史记集说·封禅书》）

　　龚浩康：玉堂，宫名。璧门，宫门名。门高二十五丈，因门上以玉璧为饰而得名。大鸟，指神鸟的雕像。（见王利器主编《史记注译》卷十二）

【汇评】

姚苎田：不得遇其真者，姑且作其伪者，此方士欲兴土木之根也。盖聊藉此慰帝渴想之情耳。（《史记菁华录·封禅书》）

㉒【汇注】

司马贞：《汉宫阙疏》云："台高五十丈，上有九宫，常置九天道士百人也。"（《史记索隐·孝武本纪》）

又：《关中记》"宫北有井幹台，高五十丈，积木为楼"。言筑累万木，转相交架，如井幹。司马彪注《庄子》云"井幹，井阑也。"又崔譔云"井以四边为幹，犹筑墙之有桢幹。"又诸本多作"幹"，一本作"榦"。音韩。《说文》云："榦，井桥。"（同上）

编者按：作为专用名词，这里为"井幹（hán）楼"，因为"干"已无 hán 音。

㉓【汇注】

程馀庆：《汉宫阁疏》：神明台，高五十丈，土有九室，常置九天道士百人。幹，音寒，井上木栏也。后。（《历代名家评注史记集说·封禅书》）

㉔【汇注】

龚浩康：辇道，指楼阁间可通手推车的空中通道，相当现在的天桥。相属，相连接。（见王利器主编《史记注译》卷十二）

【汇评】

凌稚隆：罗大经曰："唐李商隐《汉宫》诗云：'青雀西飞竟未回，君王犹在集灵台。侍臣最有相如渴，不赐金茎露一杯。'讥武帝求仙也。言青雀杳然不回，神仙无可致之，理必矣。而君王未悟，犹徘徊台上，庶几见之，且胡不以一物验其真妄乎？金盘盛露，和以玉屑服之，可以长生，此方士之说也。今侍臣相如正苦消渴，何不以一杯赐之，若服之而愈，则方士之说犹可信也。不然，则其妄明矣。二十八字之间，委蛇曲折，含不尽之意。"（《史记评林·孝武本纪》）

姚苎田：土木之功，前特以"仙人好楼居"引其端，未几以"芝房之瑞"而止。已而柏梁毁于火，天之警帝也章章矣。乃方士又捏造青灵台一段公案，而以复治明廷启之。至越巫则直以越俗"厌胜"之法为言，而后土木大兴。看其逢君之恶，亦从渐渐生发下来。《易》不云乎"其所由来者渐矣"。为人上者，盍留意于斯焉。（《史记菁华录·封禅书》）

程馀庆：《汉武故事》：建章、长乐，皆辇道相属。悬栋飞阁，不由路径。一句总结。前后总提总结，中列前后东南北六段，极整齐却极错落。序宫室处是一幅汉宫春晓图，觉目前金碧灿烂，遂弄成一神仙界，不必他求矣。结前柏梁铜柱案。汉武事四十六。（《历代名家评注史记集说·封禅书》）

夏，汉改历，以正月为岁首①，而色上黄，官名更印章以五字②，因为太初元年③。是岁，西伐大宛④。蝗大起⑤。丁夫人、雒阳虞初等以方祠诅匈奴、大宛焉⑥。

① 【汇评】
凌稚隆：案："汉改历"句与"秦改历朔"句相应。（《史记评林·封禅书》）
又：凌约言曰："正月为岁首，行夏之时也。故《书》曰：'汉改历，予之也。'辞亦严矣。"（《史记评林·封禅书》）
【汇评】
程馀庆：终前改正朔建年号案。（《历代名家评注史记集说·封禅书》）

② 【汇校】
裴　骃：徐广曰："一无'名'字。"（《史记集解·孝武本纪》）
梁玉绳：附案：《武纪》云"数用五定官名"，则此官名上似脱"定"字。而《汉志》云"官更印章以五字"，则又似多"名"字。（《史记志疑·封禅书第六》）
【汇注】
裴　骃：张晏曰："汉据土德，土数五，故用五为印文也。若丞相曰'丞相之印章'，诸卿及守相印文不足五字者，以'之'足也。"（《史记集解·孝武本纪》）
陈　直：直按：现以出土汉印考之，章为五字，多用于太守都尉及将军。举例如河东太守章，虎牙将军章是也。二千石以下官印，如令长，则仍为四字，称为印，不用五字。（《史记新证》）
龚浩康：据方士们推算，汉朝为土德，而在五行中土的序数为五，所以应将官印一律改为五字。（见王利器主编《史记注译》卷十二）

③ 【汇注】
龚浩康：因为，因而定为。（见王利器主编《史记注译》卷十二）
【汇评】
程馀庆：汉武事四十七。（《历代名家评注史记集说·封禅书》）
编者按：汉朝一开始仍沿用秦的历法，以夏历十月为岁首。所以，我们读《史记》的时候，必须注意其月份与夏历的对应关系。直到汉武帝元封七年（前104），才改用"太初历"，以建寅之月（即今正月）为岁首，实际上等于恢复了夏历。因为夏历纪年比较科学地顺应、处理了地球、月球和太阳三者之间的自然关系，它的季节变化又比较恰当地反映了农业生产的规律性，能直接地为农业生产服务。所以，从此以后在约两千多年间，除王莽和魏明帝时一度曾改用过殷历（以夏历十二月为岁首），唐武后和肃宗时一度曾改用过周历（以夏历十一月为岁首）外，一般用的都是夏历。现在，虽然国家用的是公历，但是在民间仍然是公历和夏历并行。尤其是在广大农民中，夏历（又称农历）的使用率比公历还要高，所以，尽管方士们为"太初历"蒙上了"受命于天"的阴影，但是，从实用价值来看，"太初历"还是功不可没的。

④【汇注】

龚浩康：大宛，西域国名，位于今苏联中亚境内，都城在贵山城（今中亚卡散赛），盛产葡萄、名马。（见王利器主编《史记注译》卷十二）

编者按：大宛在匈奴西南，在汉正西，去汉可万里。其国盛产葡萄，多善马，马汗血。以农牧为主，商业亦很发达，但军事上却受匈奴控制。太初元年，武帝第一次派贰师将军李广利，发属国六千骑，及郡国恶少年数万人，以往伐宛。其目的主要是为了打破匈奴对大宛之控制，从而开通西域，威胁匈奴臣服于汉。其次才是为了获取大宛的汗血马及其他宝物。但此次出师不利，不但无功而还，且损兵折将十之八九。太初三年（前102），李广利再次西征，围城四十余日，才攻破了宛都外城，迫使大宛杀死了匿善马而杀汉使的王毋寡，尽出善马，与汉军讲和。此后，汉开始在西域的一些咽喉要道派兵驻守，在一些大都重镇设置行政机构，以确保交通往来畅通、安全。事见《史记·大宛列传》。

⑤【汇评】

程馀庆：兵灾连书，妙。（《历代名家评注史记集说·封禅书》）

⑥【汇注】

裴　骃：韦昭曰："丁，姓；夫人，名也。"（《史记集解·孝武本纪》）

程馀庆：其先丁徙，本越人，封阳都侯，夫人其后也。诅军为功。（《历代名家评注史记集说·封禅书》）

又：结匈奴案。汉武事四十八。（同上）

龚浩康：虞初，曾任侍郎，号称"黄衣使者"，相传著有《虞初周说》。祠诅，举行祭祀，祈求鬼神加祸于人。（见王利器主编《史记注译》卷十二）

【汇评】

凌稚隆：柯维骐曰："汉武弊中国以至四夷，至于诅咒，计穷矣。厥后虽得志于大宛，而不免损威于匈奴，诅果何损耶？"苏东坡谓武帝讳巫蛊之事，疾如仇雠，己且为巫蛊之魁，何以责其下？此最可笑也。（《史记评林·封禅书》）

钱锺书：按：苏轼《仇池笔记》卷上论此曰："汉武帝恶巫蛊如仇雠，盖夫妇、君臣、父子之间，嗷嗷然不聊生矣！然……己且为巫蛊，何以责其下？此最可笑。"甚有识力。马迁载其事于《封禅书》，亦见祝此之寿考者即可诅彼之死亡，如反覆手之为云雨。堂皇施之郊祀，则为封禅；密勿行于宫闱，则成巫蛊，要皆出于崇信方术之士，巫蛊之兴起与封禅之提倡，同归而殊途者欤。（《管锥编》第一册《史记会注考证五八

编者按：用诅咒的巫术使匈奴、大宛失败或遭难，只不过是一种自欺欺人的心理战术。这也从侧面说明要战胜匈奴、大宛是非常艰难的，是要付出极大的痛苦代价的，尤其是对匈奴的战争更是如此。有汉以来，汉室对匈奴的战争从来就没有停止过。汉武帝在位五十四年，对匈奴的战争就进行了四十四年。其中牺牲的将士之众，死亡的马匹之多，耗损的民脂民膏之巨，恐怕是史无前例的。就是这样，也没有最后制服匈奴，只是在战争的前期取得了一些胜利，维持了边疆的一时安宁。到了后期（即从太初元年开始），由于用人方面的失误，致使战争的损失越来越惨重。再加上连年征战，严重地破坏了正常的生产生活秩序，老百姓的厌战情绪与日俱增。所以，到了征和四年，汉武帝不得不下轮台之诏，停止了对匈奴的战争。对匈奴的战争，从反对侵略、骚扰的角度讲，是完全必要的，汉武帝在这一方面是功绩卓著的。但是，企图消灭匈奴，扩大战争规模的行动却是不可取的。这是向外扩张，穷兵黩武的表现。司马迁对此是批评和反对的，他在《史记》的《平津侯主父列传》和《律书》等篇中，都明确地表示了这一态度。关于汉武帝攻伐匈奴、大宛的历史，司马迁在《史记》的《匈奴列传》《卫将军骠骑列传》《大宛列传》里都有详细记载，在《韩长孺列传》《李将军列传》及《平准书》等篇中，也都部分地涉及到了。

其明年①，有司言雍五畤无牢熟具②，芬芳不备③。乃命祠官进畤犊牢具④，五色食所胜⑤，而以木禺马代驹焉⑥。独五帝用驹，行亲郊用驹⑦。及诸名山川用驹者，悉以木禺马代。行过，乃用驹。他礼如故⑧。

① 【汇注】
　　程馀庆：太初二年。（《历代名家评注史记集说·封禅书》）
② 【汇注】
　　龚浩康：牢熟具，指煮熟的牲畜等祭品。具，酒肴和食器，泛指祭品。（见王利器主编《史记注译》卷十二）
③ 【汇注】
　　龚浩康：芬芳，指芳香的祭品。（见王利器主编《史记注译》卷十二）
　　张大可：祭雍五帝的牺牲不是熟食品，不够芳香。（《史记全本新注》卷二十八《封禅书第六》）

④【汇注】

龚浩康：犊，小牛。（见王利器主编《史记注译》卷十二）

⑤【汇注】

裴　骃：孟康曰："若火胜金，则祠赤帝以白牡。"（《史记集解·孝武本纪》）

龚浩康：指所用的牲牢的颜色，按照五行相克的道理，加以选择。如祭赤帝，则用白色牲牢，以便神灵享用。（见王利器主编《史记注译》卷十二）

⑥【汇注】

司马贞：木耦马。一音偶。孟云"寓寄龙形于木。"又姚氏云"寓，叚也。以言叚木龙马一驷，非寄生龙马形于木也。"（《史记索隐·孝武本纪》）

龚浩康：因当时对大宛用兵，马匹短缺，所以用木偶马代替。（见王利器主编《史记注译》卷十二）

⑦【汇校】

梁玉绳：附案：《汉志》无此语是，既以木禺马代驹，尚何五月尝驹之有？下文"行过乃用驹"，是总上五畤诸山川在内，又何必两言用驹乎？其为后人误增无疑。而《补纪》作"五帝尝驹"尤谬，此正指五畤之祠，而五畤即五帝也。（《史记志疑·封禅书第六》）

龚浩康："独五帝用驹……乃用驹"，这几句文字有错乱，如《汉书·郊祀志》作"及诸名山川用驹者，悉以木禺马代。独行过亲祠，乃用驹"，文意才顺。（见王利器主编《史记注译》卷十二）

【汇注】

程馀庆：言祠雍五畤，惟用犊牢，而驹则以木偶马代之。惟五月常祭，及天子亲郊，乃用真驹。（《历代名家评注史记集说·封禅书》）

⑧【汇注】

程馀庆：汉武事四十九。（《历代名家评注史记集说·封禅书》）

其明年①，东巡海上，考神仙之属，未有验者②。方士有言"黄帝时为五城十二楼③，以候神人于执期④，命曰迎年⑤"。上许作之如方，名曰明年⑥，上亲礼祠上帝，衣上黄焉⑦。

①【汇注】

张大可：其明年，太初三年。（《史记全本新注》卷二十八《封禅书第六》）

② 【汇评】
　　吴见思：考神仙无验，下即接方士之言。有意无意之妙。（《史记论文·封禅书》）
③ 【汇注】
　　裴　骃：应劭曰："昆仑玄圃五城十二楼，此仙人之所常居也。"（《史记集解·孝武本纪》）
　　龚浩康：相传黄帝时在昆仑山顶建有金台五座，玉楼十二座，以供神仙居住。（见王利器主编《史记注译》卷十二）
　　张大可：五城十二楼，传说仙人所居住的昆仑玄圃为如此规模，今欲招致神仙，就应仿建这样的宫观。（《史记全本新注》卷二十八《封禅书第六》）
④ 【汇注】
　　裴　骃：《汉书音义》曰："执期，地名也。"（《史记集解·孝武本纪》）
⑤ 【汇注】
　　张守节：颜师古云："迎年，若言祈年。"（《史记正义·孝武本纪》）
　　龚浩康：迎年，楼名。取祈求丰年之意。（见王利器主编《史记注译》卷十二）
　　张大可：迎年，以及下文的"明年"，均候神的殿名。迎年之意为祈年，明年之意为明其得延年。（《史记全本新注》卷二十八《封禅书第六》）
⑥ 【汇注】
　　龚浩康：明年，楼名。（见王利器主编《史记注译》卷十二）
⑦ 【汇校】
　　吴见思：《书》无"衣上黄"字。（《史记论文·孝武本纪》）
　　梁玉绳：案：《补纪》云："上亲礼祠上帝，衣上黄焉"，《汉志》云"上亲礼祠，上犊黄焉"，疑此"上帝"是"上黄"之误。（《史记志疑·封禅书第六》）
　　编者按：祀，《史记·封禅书》作"祠"。
【汇评】
　　程馀庆：汉武事五十。（《历代名家评注史记集说·封禅书》）

　　公玉带曰："黄帝时虽封泰山，然风后、封巨、岐伯令黄帝封东泰山①，禅凡山合符②，然后不死焉③。"天子既令设祠具，至东泰山，东泰山卑小，不称其声④，乃令祠官礼之，而不封禅焉。其后令带奉祠候神物⑤。夏，遂还泰山，修五年之礼如前，而加禅祠石闾⑥。石闾者，在泰山下阯南方⑦，方士多言此仙人之闾也⑧，故上亲禅焉⑨。

① 【汇校】
吴见思：《书》作"封臣"。(《史记论文·孝武本纪》)
梁玉绳：附案：上文"臣枣"误作"巨枣"，此"封巨"又误作"封臣"。南监本作"巨"字不误。《补纪》及《汉书·人表》《郊祀志》作"封钜"，并与"巨"同。(《史记志疑·封禅书第六》)
【汇注】
裴　骃：应劭曰："封钜，黄帝师。"(《史记集解·孝武本纪》)
又：徐广曰：(编者按：岐伯东泰山)"在琅邪朱虚县，汶水所出。"(同上)
张守节：张揖云："岐伯，黄帝太医。"(《史记正义·孝武本纪》)
龚浩康：东泰山，山名，在今山东省沂源、沂水两县间。(见王利器主编《史记注译》卷十二)

② 【汇注】
凌稚隆：徐广曰："在琅邪朱虚县汶水，所出凡山，亦在朱虚。"(《史记评林·封禅书》)
程馀庆：东泰山即沂山，在青州府临朐县南百里。凡山在县东北三十里。(《历代名家评注史记集说·封禅书》)
龚浩康：凡山，山名，在今山东省昌乐县西南。合符，古代以竹木或金玉为符，上刻文字，剖而为二，双方各执其半，检验时相合以证真假，叫做"合符"。这里指将在两山祭祀所得的符瑞相合。(见王利器主编《史记注译》卷十二)

③ 【汇评】
吴见思：通篇言黄帝而史公序自舜起。(《史记论文·封禅书》)

④ 【汇注】
程馀庆：按：沂山本高大，故《周礼·职方》"以为青州山镇"。今曰"卑小"者，盖沂山，远望之则高压群山，绿发麓曼衍（编者按：蔓延）八九十里，以渐而升，逮至其巅，则失其峻极耳。(《历代名家评注史记集说·封禅书》)
龚浩康：称，适合，相副。(见王利器主编《史记注译》卷十二)

⑤ 【汇评】
程馀庆：汉武事五十一。(《历代名家评注史记集说·封禅书》)

⑥ 【汇注】
龚浩康：石闾，山名，在今山东省泰安县南。(见王利器主编《史记注译》卷十

二)

⑦【汇注】

程馀庆：在泰安府南四十五里。（《历代名家评注史记集说·封禅书》）

⑧【汇注】

龚浩康：闾，里巷的大门，里巷。（见王利器主编《史记注译》卷十二）

⑨【汇评】

凌稚隆：凌约言曰："至此又总叙而断之，叙词简明，断意微婉。"（《史记评林·封禅书》）

程馀庆：汉武事五十二。（《历代名家评注史记集说·封禅书》）

编者按：汉武帝于太初元年派遣因杅将军公孙敖修筑塞外受降城后，又于太初三年派遣光禄勋徐自为修筑五原塞外列城，派遣强弩都尉路博德修筑居延要塞。

其后五年①，复至泰山脩封②，还过祭常山③。

①【汇校】

梁玉绳：附案：史公载武帝太初三年禅石闾后，即总叙所兴诸祠，而以方士候神终焉。此前后三十三字乃后人妄增，《史》讫太初，安得叙至天汉已下乎？盖《汉志》欲终武帝事，故连言云"其后五年，复至泰山修封，还过祭恒山。自封泰山后，十三岁而周遍于五岳、四渎矣"。下又两言"后五年"以终之。《补今上纪》者不知断限，谬割《汉志》以续《本纪》，并增《封禅书》，遂令文义隔绝，注家岂未之察耶？或曰后人不知《补纪》者是从截取《汉志》来，反认为《史记》本文，因而增入此书也。（《史记志疑·封禅书第六》）

【汇注】

裴骃：徐广曰："天汉三年。李陵以天汉二年败也。"（《史记集解·孝武本纪》）

②【汇评】

程馀庆：更生。（《历代名家评注史记集说·封禅书》）

［英］鲁惟一：在泰山或其附近举行的封禅献祭中可以看到崇拜重点的类似的变化。泰山是中国最著名的圣岳之一。在中国历史上，它曾吸引历代帝王的次数不多的朝圣。虽然履行的献祭的性质一直笼罩着神秘的气氛，但历史中有关封禅的记述可以使我们作出一些推论。当秦始皇在公元前219年登上泰山时，他把这次登山作为他为了显示自己的文治武功的帝王巡行的一部分行程。

一个世纪以后，武帝两次登山（公元前110年和106年），并且采用了元封的年号以表示纪念。从举行的仪式中的象征可以清楚地看出，祭祀的对象主要是五帝，特别是黄帝……

似乎没有提到公元前110和前106年的两次典礼过程中祭天的事。但是东汉的开国皇帝光武帝（公元25—57年在位）问他的大臣关于登山和在山顶崇拜时（公元56年）应遵守的仪式，他被告知，此举将是向上天禀告自己功业的手段；这样，在天与王朝的世袭之间就可以建立一种联系纽带。这里我们看到了一个皇帝应向上天禀告他行使治理天下的职责这种思想的发展。为了保证祭祀地的准备要按照规定的和有象征意义的规模，并有器皿、玉和其他必需的设备，一切工作必须十分精心。（《剑桥中国秦汉史》第十二章）

③【汇注】

龚浩康：常山，即恒山，古称北岳，在今河北省曲阳县西北。汉时因避文帝刘恒名讳，改称"常山"。（见王利器主编《史记注译》卷十二）

【汇评】

吴见思：序完汉武事。自子侯暴病至此是第九书。以下总序一段作结。（《史记论文·封禅书》）

浦起龙：此一段通身总束，与秦皇后一段遥配，彼繁此简，各尽其妙。（《古文眉诠》卷二十）

高　嵣：第八截乃封禅以后事。时时回顾神仙，其巡狩营造渎祀，皆因以牵合之者也。（《史记钞》卷二）

程馀庆：汉武事五十三。武帝封禅祠神事，盖睹符瑞见而臻泰山，祗肃而过者也。（《历代名家评注史记集说·封禅书》）

编者按：太初四年春，李广利斩大宛王首，获汗血宝马来。天汉元年，匈奴归汉使者，使使来献。中郎将苏武出使匈奴，被扣，放牧北海。天汉二年，汉匈重开战局。五月，李广利将三万骑出酒泉，与右贤王战于天山。李陵战于居延北，后败降。司马迁为李陵辩护，下狱受腐刑。是年，农民起义不断发生，因颁《沉命法》，增设绣衣直指，指派暴胜之为绣衣直指使者，镇压齐楚燕赵等地的农民暴动。

今天子所兴祠①，泰一②、后土③，三年亲郊祠④，建汉家封禅，五年一修封⑤。薄忌泰一及三一、冥羊、马行、赤星⑥，五，宽舒之祠官以岁时致礼⑦。凡六祠⑧，皆太祝领之⑨。至如八神诸神，明年、凡山他名祠⑩，行过则祀，去则已⑪。方士所兴祠，各自主⑫，其人终则已⑬，祠官弗主。他祠皆如其故⑭。今上封禅⑮，其后十二岁而还⑯，遍于五岳、四渎矣⑰。而方士之候祠神人，入海求蓬莱，终无有验⑱。而公孙卿之候神者，犹以大人迹为解⑲，无其效⑳。天子益怠厌方士之怪迂语矣㉑，然终羁縻弗绝㉒，冀遇其真㉓。自此之后，方士言祠神者弥众㉔，然其效可睹矣㉕。

① 【汇评】
凌稚隆：杨慎曰："'今天子'以下至篇终总括武帝封禅求神之事，而结之曰'其效可睹矣。'盖婉其词以讥之。"（《史记评林·封禅书》）
又：案："今天子"下与前总结始皇事暗应。（同上）

② 【汇注】
程馀庆：甘泉。（《历代名家评注史记集说·封禅书》）

③ 【汇注】
程馀庆：汾阴。（《历代名家评注史记集说·封禅书》）

④ 【汇评】
程馀庆：收郊祠。（《历代名家评注史记集说·封禅书》）

⑤ 【汇评】
吴见思：总收封禅郊祠。（《史记论文·封禅书》）

⑥ 【汇注】
裴　骃：李奇曰："祀名也。"（《史记集解·孝武本纪》）
司马贞：赤星即上灵星祠也。灵星，龙左角，其色赤，故曰赤星。五者，太一也，三一也，冥羊也，马行也，赤星也。凡五，并祠官宽舒领之。（《史记索隐·孝武本纪》）
程馀庆：（编者按：薄忌太一）长安南东郊。天一，太一也，在薄忌太一坛上。（编者按：冥羊、马行在）薄忌太一坛旁。（编者按：赤星）即灵星也，灵星龙左角赤。故曰赤星祠在长安城东。（《历代名家评注史记集说·封禅书》）
龚浩康：薄忌泰一，指根据亳人谬忌所奏而建的泰一神祠。三一、冥羊、马行、赤星，都是神祠名。赤星，即灵星。（见王利器主编《史记注译》卷十二）

⑦ 【汇校】
梁玉绳：案：《汉志》作"五床"，《地理志》谷口县有五床山祠。此自薄忌太一至五床凡六祠，盖"五"字下误脱"床"字耳。《索隐》不知此为误脱，遂于《补纪》

数薄忌太一至赤星为五，而加以正太一后土祠为六。于此书云"祠官宽舒议祠后土为五坛，故谓之'五，宽舒祠官'"。无论岐头别说，自相龃龉，而正太一及后土上文已别言之，何得混入？且即其所称薄忌太一也，三一也，冥羊也，马行也，赤星也，正太一也，后土也，凡七祠矣，奚云六乎？宽舒之祠官（《汉志》讹"宫"），谓六祠皆以宽舒为祠官主之，而领于太祝耳，岂"五坛"之谓哉。（《史记志疑·封禅书第六》）

张文虎：《索隐》本同。北宋本"五"下嵌补"床"字，与《郊祀志》合。《志疑》云："《地理志》谷口县有五床山祠，此自薄忌太一至五床凡六祠也。"（按：梁说非。王先谦曰："《索隐》注纪云'五者，太一也，三一也，冥羊也，马行也，赤星也。凡五，并祠官宽舒领之。五者之外有正太一后土祠，故云六也'。又注《封禅书》云'《郊祀志》云祠官宽舒议祠后土为五坛，故谓之五宽舒祠官也。'一人之说前后互异，当以纪注为正。"）（《校刊史记集解索隐正义札记》卷三）

龚浩康：宽舒之祠官，字句疑有误，似应作"祠官宽舒"。（见王利器主编《史记注译》卷十二）

【汇注】

张大可：薄忌所建太一、以及三一、冥羊、马行、赤星五祠由官宽舒致祭。（《史记全本新注》卷二十八《封禅书第六》）

⑧【汇注】

司马贞：谓五者之外有正太一后土祠，故六也。（《史记索隐·孝武本纪》）

程馀庆：五祠之外，尚有云阳太畤。（《历代名家评注史记集说·封禅书》）

⑨【汇评】

吴见思：总收太一等祠祀。（《史记论文·封禅书》）

⑩【汇注】

程馀庆：诸字是统括字。举明年、凡山，以统其余也。明年即上命曰"明年"者也。（《历代名家评注史记集说·封禅书》）

⑪【汇注】

张大可：至于八神诸神，明年、凡山等名祠，天子巡幸经过时才祭祀，天子走后不祭。（《史记全本新注》卷二十八《封禅书第六》）

【汇评】

吴见思：总收八神等祠祀。（《史记论文·封禅书》）

⑫【汇注】

龚浩康：主，主持致祭。（见王利器主编《史记注译》卷十二）

⑬【汇注】

龚浩康：终，死。（见王利器主编《史记注译》卷十二）

张大可：其人终则已，指某方士死后（人终），则他所建的神祠就停止祭祀。（《史记全本新注》卷二十八《封禅书第六》）

⑭【汇评】

吴见思：总收方士诸祠祀。（《史记论文·封禅书》）

程馀庆：此段与前总结始皇事暗应。一束。（《历代名家评注史记集说·封禅书》）

⑮【汇评】

姚苎田：结穴封禅。（《史记菁华录·封禅书》）

⑯【汇注】

龚浩康：还，行，过，回顾。（见王利器主编《史记注译》卷十二）

【汇评】

牛运震：总结武帝求神仙之事也。祠祭求仙，武帝两大事，皆与封禅相表里，故特抽出于篇终论之。收祠祭叙而不断，收求仙则兼用断语，然特微婉吞吐。（《史记评注》卷四）

姚苎田：结穴诸神祠。（《史记菁华录·封禅书》）

⑰【汇校】

梁玉绳：祭恒山，遍岳、渎，均天汉后事，而谬割《郊祀志》以窜入之，殊觉乖乱。（《史记志疑·今上本纪第十二》）

【汇注】

张大可：自从皇上封禅以来十二年（元封至天汉二年），差不多五岳四渎都普遍立祠祭祀。（《史记全本新注》卷二十八《封禅书第六》）

⑱【汇评】

姚苎田：结穴候神人、求蓬莱。（《史记菁华录·封禅书》）

⑲【汇注】

龚浩康：解，解释，指解说的依据。（见王利器主编《史记注译》卷十二）

⑳【汇校】

编者按：无其效，《史记·封禅书》作"无有效"。

【汇评】

凌稚隆：凌约言曰："太史公作《封禅书》，其于祷祠百出，则随之以'若有符应'之言；于求仙无方，则随之以'终不可得'之言。迁之微文见意，往往如此，而武帝之无道昭昭矣。"（《史记评林·封禅书》）

吴见思：收完方士求蓬莱候神人诸事，凡六段收拾完全，绝无渗漏，是大手笔。（《史记论文·封禅书》）

姚苎田：结穴许多幻迹。（《史记菁华录·封禅书》）

㉑【汇注】

龚浩康：益，更加，越发。（见王利器主编《史记注译》卷十二）

【汇评】

吴见思：将武帝回护一句。（《史记论文·封禅书》）

程馀庆：怪迂二字，通篇断案。（《历代名家评注史记集说·封禅书》）

编者按：汉武帝由开始迷信方士，到后来逐渐有所怀疑，至此时虽然开始厌恶起来，但仍对其抱有希望。直到征和四年，也就是他的晚年，才应大鸿胪田千秋之请，"悉罢诸方士候神人者"，并指斥他们"尽妖妄耳"，看来是彻底觉悟了。这一过程虽然前后用去了五十多年的时间，中间冤死、处死了包括太子在内的不知多少人的性命，但是最终还是自己纠正了自己的错误。这说明他还算得上是一个在血淋淋的现实面前，及时总结经验教训，注意超越自我的人，而不像有些评论者所说的那样，是一个撞了南墙也不回头的人。

㉒【汇注】

龚浩康：羁縻，笼络。（见王利器主编《史记注译》卷十二）

㉓【汇评】

凌稚隆：王维桢曰："末云'终无有验'，又云'无有效'，'天子亦怠厌'而犹或'冀遇其真'，邪说之惑人如此夫？"（《史记评林·封禅书》）

吴见思：又就武帝扬开一句。（《史记论文·封禅书》）

姚苎田：三句结穴痴肠无数贪念。渺然不尽故，妙。（《史记菁华录·封禅书》）

㉔【汇注】

龚浩康：弥，更加。（见王利器主编《史记注译》卷十二）

㉕【汇注】

裴　骃：徐广曰："犹今人云'其事已可知矣'，皆不信之耳。又数本皆无'可'字。"（《史记集解·孝武本纪》）

龚浩康：其效可睹矣，其效验可以想见了。言外之意是，可见其效验是等于零了。（见王利器主编《史记注译》卷十二）

【汇评】

司马光：征和四年（前89）三月，上耕于钜定。还，幸泰山，修封。庚寅，祀于明堂。癸巳，禅石闾，见群臣，上乃言曰："朕即位以来，所为狂悖，使天下愁苦，不可追悔。自今事有伤害百姓，糜费天下者，悉罢之！"田千秋曰："方士言神仙者甚众，而无显功，臣请皆罢斥遣之！"上曰："大鸿胪言是也。"于是悉罢诸方士候神人者。是后上每对群臣自叹："曩时愚惑，为方士所欺。天下岂有仙人，尽妖妄耳！节食服药，差可少病而已。"（《资治通鉴》卷二十二）

洪　迈：《史记·封禅书》载武帝……凡数十事，三千言，而其末云"然其效可睹矣"。则武帝所兴为者，皆堕诞罔中，不待一二论说也。文字结尾之简妙至此。(《容斋随笔·容斋续笔》卷九《文字结尾》)

吴见思：又即方士订实一句，是史公全篇主意，于此结穴。(《史记论文·封禅书》)

姚苎田：拖一笔，从上两个"无有验""无有效"虚掉一句，趣甚。(《史记菁华录·封禅书》)

又：此是一篇大文结束，看其语不多，而缜密周匝，仍有余力，以见其奇伟之气，迥非韩、苏所能仿佛其万一也。(同上)

牛运震：结束一段，低徊顾盼，纡复盘绕，数行中凡数曲折，真有出神入化之妙。"天子益怠厌方士怪迂语矣"数语，似为武帝解脱。然"羁縻不绝，冀遇其真"八字，正深中膏肓之病。"然其效可睹矣"，长篇恰好妙结，烟波渺然。(《史记评注》卷四)

高　嵣：第九截乃通身总束也。将封禅求仙，并孝武一生所兴祀典，一齐摄入。曰无有验，无有效，又结曰其效可睹矣，词意冷然。此与秦皇后一段遥配，彼繁此简，各尽其妙。(《史记钞》卷二)

程馀庆：此段又总序而断之。序辞简明，断意微婉。再束。(《历代名家评注史记集说·封禅书》)

白寿彝：司马迁用这一句话点破了汉武帝这种痴心妄想是多么荒诞可笑，徒劳无功。(《〈史记〉新论》)

逯耀东：在《封禅书》里"云云"特别多，所谓"云云"，也就是人云亦云，司马迁将这些人云亦云而无法考证的材料，保持原来的形式叙述出来，有姑妄言之、姑妄听之的意思，至于其真伪是非，就待后有君子自己判断了。

累累万余言的《封禅书》，就用盖、若、焉及云云结构而成，用这些无法考证的材料，支持了武帝的封禅与求仙。但司马迁对武帝求仙采取保留的态度，也就是《封禅书》所谓"天子益怠厌方士之怪迂语矣，然羁縻不绝，冀遇其真。自此之后，方士言神祠弥众，然其效可睹矣"。不过，"冀遇其真"却是武帝求仙所坚持的态度。司马迁便以"冀遇其真"，结合了盖、焉、若及云云的材料，记载武帝封禅的过程。(《抑郁与超越：司马迁与汉武帝时代》)

王子今：秦皇汉武以强力有为、卓识远见著名，然而都为探寻虚无飘渺的海上神仙传说，进行了毕生的追求。滨海文化以神奇的伟力，竟然可以使"威振四海"(《史记·秦始皇本纪》)、"雄材大略"(《汉书·武帝纪》)的帝王们迷醉终生！这真可以说是一种文化的奇迹。这种文化现象能够发生，有东海方士们竭力促进的作用。顾颉刚先生对东海方士们鼓吹的神仙迷信发生的原因，有十分精辟的分析。他说："这种思想是怎样来的？我猜想，有两种原因：其一是时代的压迫。战国是一个社会组织根本变动的时代，大家感到苦闷，但大家想不出解决的办法。苦闷到极度，只想'哪里躲开了这恶浊的世界呢？'可是一个人吃饭穿衣总是免不了的，这现实的世界紧紧跟在你的后头，有何躲开的可能。这问题实际上既不能解决，那么还是用玄想去解决罢，于是'吸风饮露，游乎四海之外'的超人就出来了。《楚辞·远游》云'悲时俗之迫厄兮，愿轻举而远游。质菲薄而无因兮，焉托乘而上浮。免众患而不惧兮，世莫知其所如'，真写出了这种心理。其二是思想的解放。本来天上的阶级即是人间的阶级，而还比人间多出了一个特尊的上帝，他有最神圣的地位，小小的人间除了信仰和顺从之外再有什么敢想。但到战国时，旧制度和旧信仰都解体了，'天地不仁''其鬼不神'的口号喊出来了，在上帝之先的'道'也寻出来了，于是天上的阶级跟了人间的阶级而一齐倒坏。个人既在政治上取得权力，脱离了贵族的羁绊，自然会想在生命上取得自由，脱离了上帝的羁绊。做了仙人，服了不死之药，从此无拘无束，与天地相终始，上帝再管得着吗！不但上帝管不着我，我还可以做上帝的朋友，所以《庄子》上常说'与造物者（上帝）游'，'与造物者为人'。这真是一个极端平等的思想！有了这两种原因做基础，再加以方士们和宗教的点染，旧有的巫祝们的拉拢，精深的和浅薄的，哲学和宗教的，种种不同的思想糅杂在一起，神仙说就具有了一种出世的宗教的规模了。"

顾颉刚先生分析了神仙学说出现的时代背景。应当说，这种文化现象发生的地域渊源也值得注意。顾颉刚先生还写道："鼓吹神仙说的叫做方士，想是因为他们懂得神奇的方术，或者收藏着许多药方，所以有了这个称号。《封禅书》说'燕、齐海上之方士'，可知这班人大都出在这两国。当秦始皇巡狩到海上时，怂恿他求仙的方士便不计其数。他也很相信，即派韩终等去求不死之药，但去了没有下文。又派徐市（即徐福）造了大船，带了五百童男女去，花费了好几万斤黄金，但是还没有得到什么。反而同行嫉妒，互相拆破了所说的谎话。"（顾颉刚：《秦汉的方士与儒生》）战国秦汉时期"燕、齐海上之方士"的活跃，是有特定的文化条件的。沿海地区的自然景观较内陆有更奇瑰的色彩，有更多样的变幻，因而自然能够引发更丰富、更活跃、更浪漫的想象。于是海上神仙传说已表现出神奇的魅力。（《史记的文化发掘·封禅典礼的文化内涵》）

王贵福：司马迁是具有广博知识的学者，而且亲自参与了汉武帝求仙拜神的一系列活动，目睹了方士们的各种滑稽可笑的表演，因此能看穿神仙的虚妄。"终无有验"，"无有效"，"然其效可睹矣"，这些点睛之笔，揭穿了方士们的谎言，指出了什么成仙上天，什么点土成金，统统都是骗人的。正是因为司马迁具有这种朴素的唯物主义思想，因此，他对汉武帝的愚蠢的求仙活动能够做出彻底的揭露和尖锐的批评。（《从〈史记〉看司马迁对汉武帝的态度》，载《广西民族学院学报》1983年第3期）

编者按： 若以本段中"今上封禅，其后十二岁而还"的时间概念为准，可知本传叙事止于天汉三年（前98）。这与一般公认的《史记》叙事之下限，即征和三年（前90）还差八年。离汉武帝去世更有十一年。这十一年间，有关汉武帝的大事接连不断，几乎件件都是历史上的重头戏。

一、对匈奴的战争以失败而告终。汉匈自天汉元年（前100）重开战局十年来，双方死伤惨重，耗资巨大，可谓两败俱伤。被逼无奈，汉武帝于征和四年（前89），即他的最后一位大将李广利投降匈奴的第二年，下诏"不复出军"。这被认为是汉武帝打算结束其四十三年战争生涯的标志。

二、有汉一代，巫蛊不断，而以汉武帝末年为甚。从征和元年开始，江充奉诏治理巫蛊，乘机扳倒太子，诬陷其谋反，迫使其于征和二年（前91）自杀。一时间，朝廷内外，混乱不堪，危机四伏，连诛者不知有多少万人。这是汉武帝历史上最大的冤假错案，是汉武帝长期迷信方士酿成的最大恶果，也是对汉武帝最大的身心打击。同时，此案还折射出汉武帝末年的历史大势及其性格特征的某些方面。

三、设置司隶校尉。针对不断发生的巫蛊案与宫廷、王国之腐败，汉武帝于征和四年（前89）设置并亲自领导了司隶校尉，"捕巫蛊、督大奸猾"（《汉书·百官公卿表》），"察举百官以下，及京师近郡犯法者"（《后汉书·百官志》）。这实际上是进一步强化监察和吏治的举措。

四、痛下轮台之诏，汉武帝开始悔过与转轨。《轮台诏》载于《汉书·西域传下》。它是汉武帝于征和四年（前89）对搜粟都尉桑弘羊和丞相、御史关于屯田轮台所上奏章的批示。在这封诏书里，他对已往穷兵黩武给百姓造成的苦难深表忏悔，对如今提出屯田轮台的要求逐条加以否定。同时，明确主张"当今务在禁苛暴，止擅赋，力本农"。这无疑是改弦易辙，回归正途的宝贵信号。

五、镇压农民暴动。汉武帝末年的农民暴动此伏彼起。虽有《沉命法》督办和绣衣直指专管，也不能从根本上解决问题。

六、推行代田法。为了落实"富民""力本农"的转轨政策，汉武帝于征和四年（前89）任命赵过为搜粟都尉，并支持其推行代田法，使用新式农具，从而发展了农业生产，缓和了官府与农民之间的矛盾。

七、粉碎了马通兄弟的未遂阴谋。马通乃征和二年巫蛊案件中的因功封侯者，随着冤假错案的真相大白，他日益感到自己大难临头，遂生谋反和刺杀武帝之邪念。后元元年六月，当其兄侍中仆射马何罗行刺武帝时，兄弟三人被奉车都尉霍光、骑都尉上官桀和驸马都尉金日磾一并拿下。

八、立储过程匪夷所思，辅政大臣精挑细选。前任太子死，谁来递补，一直是汉武帝的最大心病，也是宫廷内外争斗的焦点。但是，当后元元年谋立刘弗陵后，却极其残忍地处死其母,说什么"往古国家所以乱,由主少、母壮也"。这显然是当时历史的、制度的局限性与汉武帝思想性格的偏执性共同作用的结果。至于主要的辅佐大臣为什么要选定霍光、金日磾、上官桀和田千秋等人,一是他们对大汉,特别是对汉武帝忠贞不二,二是相信他们不会让新主重蹈旧主的复辙。

  太史公曰①:余从巡祭天地诸神名山川而封禅焉②。入寿宫侍祠神语③,究观方士祠官之言④,于是退而论次自古以来用事于鬼神者⑤,具见其表里⑥。后有君子,得以览焉⑦。至若俎豆珪币之详⑧,献酬之礼⑨,则有司存焉⑩。

① 【汇注】
  龚浩康:太史公,司马迁自称。(见王利器主编《史记注译》卷十二)
② 【汇注】
  龚浩康:从,跟从。(见王利器主编《史记注译》卷十二)
  【汇评】
  姚苎田:抽一总笔作冠冕。(《史记菁华录·封禅书》)
  程馀庆:括尽郊社坛祠封禅等事。(《历代名家评注史记集说·封禅书》)
③ 【汇注】
  张大可:寿宫,汉武帝修的神祠,所置神君以太一神最尊,武帝经常到寿宫求神问吉凶。(《史记全本新注》卷二十八《封禅书第六》)
  【汇评】
  姚苎田:即转入琐细处。(《史记菁华录·封禅书》)
  程馀庆:括尽神君冤鬼等事。(《历代名家评注史记集说·封禅书》)
④ 【汇校】
  龚浩康:言,于此文意不顺,当依《封禅书》作"意"。(见王利器主编《史记注译》卷十二)
  【汇注】
  龚浩康:究观,推究体察。(见王利器主编《史记注译》卷一二)
  张大可:方士,《封禅书》所载主要是道士,他们用长生术欺骗汉武帝求神问仙。祠官,主持祭祀活动的官吏,指太常及其属官。《汉书·百官公卿表》:"奉常,秦官掌宗庙礼仪,有丞。景帝中六年更名太常。"(《史记全本新注》卷二十八《封禅书第六》)

【汇评】

吴见思：只一句如轩辕之镜，物无遁形。(《史记论文·封禅书》)

姚苎田：八字中含一篇大文，真奇笔！(《史记菁华录·封禅书》)

程馀庆：括尽少君、少翁、栾大、薄忌诸人论说行事。(《历代名家评注史记集说·封禅书》)

⑤【汇注】

龚浩康：退，返，回过来。论次，依次论述。(见王利器主编《史记注译》卷十二)

张大可：退，回来，引申为事后，指司马迁从巡祭天地、封禅之后。论次，编述，记载。(《史记全本新注》卷二十八《封禅书第六》)

【汇评】

程馀庆：括尽虞舜后武帝前巡狩祷神求仙等事。(《历代名家评注史记集说·封禅书》)

⑥【汇注】

龚浩康：表里，指祭祀之事的内外情形。(见王利器主编《史记注译》卷十二)

张大可：具见其表里，照实写出祭祀活动的外表及真实内容。见，读"现"。表，指祭祀活动的外部形式，即典礼仪则。里，指祭祀活动的内涵目的，即真实内容。(《史记全本新注》卷二十八《封禅书第六》)

编者按：凌稚隆在《史记评林·封禅书》中引用杨慎的话说："表者，其外之仪文也；里者，其内之德也。"这样的理解似乎更为深刻一些。

⑦【汇评】

程馀庆：总束。(《历代名家评注史记集说·封禅书》)

⑧【汇注】

龚浩康：至若，至于。珪币，祭祀用的玉和帛。(见王利器主编《史记注译》卷十二)

张大可：俎豆，盛祭物的器皿。珪币，玉帛等祭祀礼品。(《史记全本新注》卷二十八《封禅书第六》)

⑨【汇注】

龚浩康：献酬之礼，指献祭神灵，酬报神功的祀仪。(见王利器主编《史记注译》卷十二)

张大可：献酬之礼，这里是对种种祭祀礼仪的代称。(《史记全本新注》卷二十八《封禅书第六》)

⑩【汇注】

龚浩康：存，保存，记载存案。（见王利器主编《史记注译》卷十二）

张大可：有司，主管事务的部门，指祠官。（《史记全本新注》卷二十八《封禅书第六》）

【汇评】

凌稚隆：杨慎曰："赞语又总括一篇之意，巡祭、封禅、方士、祠官括尽武帝之事。论次自古以来用事鬼神者，则自舜以来之事皆包括之矣。"（《史记评林·封禅书》）

姚苎田：名为《封禅书》，而叙武帝封禅事极简略，故补此句。（《史记菁华录·封禅书》）

又：赞语不作褒刺，以褒刺之旨具见书中也。（同上）

程馀庆：括尽诸礼典牲犊车马驾，被瘗埋服色，赞拜等事，以撇笔作佳笔。一篇大文字，洋洋万余言，只用数语收括之，何等笔力！（《历代名家评注史记集说·封禅书》

王子今：鬼神迷信最为泛滥，而鬼神迷信又与政治生活联系最为紧密的历史阶段，是汉武帝时代。司马迁在《史记·封禅书》说："今天子初即位，尤敬鬼神之祀。"在汉武帝执政期间，鬼神信仰被抬高到空前的程度。甚至当时方士以方术影响汉武帝，也被记载作"以鬼神方见上"。

司马迁曾经有追随汉武帝祭祀各地鬼神的实践，他又是第一位总结历代鬼神信仰的史学家。……在司马迁时代已经形成并且在学界流行的儒学经典中，鬼神崇拜已经成为政治文化的基本构成之一。（《史记的文化发掘·封禅典礼的文化内涵》）

又：吕思勉在其《秦汉史》中分析汉代社会文化时曾经指出，汉代"为一迷信之世界"，又说："若两汉，固仍一鬼神教术之世界也。"

司马迁生活在这样的时代，他的历史思想和文化观念不可能不受到世风的影响。他的伟大著作《史记》，也难免在若干内容中弥荡着受当时意识形态中鬼神世界的影响而生成的神秘云雾。司马迁《史记》中的有关内容，为我们描绘出秦汉时期鬼神世界的写真。当时的鬼神崇拜，和其他神秘主义信仰相结合，形成了秦汉人精神世界中的主要支柱之一。

从《史记》的内容看，司马迁所肯定与赞许的鬼神观，或许可以用"通乎鬼神"和"质诸鬼神"来概括。《史记·乐书》说："……及夫礼乐之极乎天而蟠乎地，行乎阴阳而通乎鬼神，穷高极远而测深厚，乐著太始而礼居成物。"所谓"行乎阴阳而通乎鬼神"，是一种相当高的文化境界。张守节《正义》对这一说法的解释是："言阴阳和，四时顺，以应礼乐，礼乐与鬼神并助天地而成化也。""质诸鬼神"之说则见于

《史记·孔子世家》：季康子曰："孔子何如人哉？"对曰："用之有名，播之百姓，质诸鬼神而无憾。……""通乎鬼神"和"质诸鬼神"，体现出一种兼有圆通与方正两种特色的文化风格，同时又体现出一种对鬼神既仰视而又能够正视的正文化立场。（同上）

又：回顾中国古代学术史，可以发现文化创造和文化积累有两个大的方向，一种是上层社会予以较多关心的以治国平天下为终极目标的方向，我们这里姑且将其收纳的主要内容概称为政治文化；一种是下层社会予以较多关心的以实用技术为主要侧重的方向，我们姑且将其收纳的主要内容概称为方术文化。

正如有的学者所指出的，"过去，学界对中国古代文化的认识往往注意的只是从百家争鸣到儒家定于一尊这一过程，而很少考虑在先秦诸子'之前'和'之下'还有以数术方技之学为核心的各种实用文化。特别是他们还从这种发展的结果看问题，即汉以后的儒学一直是扮演着官方意识形态的角色，影响着官僚士大夫的一举一动；而儒学又是以人文教育为内容，'不语怪神，罕言性命'（《后汉书·方术列传》）。因此，人们往往把中国文化理解为一种纯人文主义的文化。但近年来随着考古发现的增多，我们已日益感觉到其片面。在我们看来，中国文化还存在着另外一条线索，即以数术方技为代表，上承原始思维，下启阴阳家和道家，以及道教文化的线索。"（李零《中国方术考》）方术文化作为民间文化的强大潜流，实际上对于中国文化的主体内涵和表层形态一直有着有力的影响。要全面深刻地认识和理解中国文化，是不能不重视方术文化的研究的。

司马迁所处的时代，是中国方术文化发展的重要阶段。司马迁凭借他敏锐的学术眼光和深厚的文化资质，生动记录了有关的文化信息。应当说，我们面前的《史记》一书，是发掘方术文化历史资料的一座富矿。这真是中国文化学者和中国历史学者的幸运！（同上）

【篇评】

司马贞：孝武纂极，四海承平。志尚奢丽，尤敬神明。坛开八道，接通五城。朝亲五利，夕拜文成。祭非祀典，巡乖卜征。登嵩勒岱，望景傅声。迎年祀日，改历定正。疲耗中土，事彼边兵。日不暇给，人无聊生。俯观嬴政，几欲齐衡。（《史记索隐·孝武本纪述赞》）

又：《礼》载"升中"，《书》称"肆类"。古今盛典，皇王能事。登封报天，降禅除地。飞英腾实，金泥石记。汉承遗绪，斯道不坠。仙闾、肃然、扬休勒志。（《史记索隐·封禅书述赞》）

苏　轼：轼以谓古之贤君，知直臣之难得，忠言之难闻，故生则尽其用，殁则思其言，想见其人，形于梦寐，可谓乐贤好德之主矣。汉武帝雄才大略，不减太宗。汲黯之贤，过虞世南。世南已死，太宗思之。汲黯尚存，武帝厌之。故太宗之治，几置刑措，而武帝之政，盗贼半天下，由此也夫！（《苏轼文集·汉武帝唐太宗优劣》）

凌稚隆：董份曰："少孙以《封禅书》录作《武帝本纪》，既已偏矣，而赞语至有司存云云者，在《封禅书》则可用耳，于帝纪何涉，而全录其文，不易一字，何其陋之甚而多忽也。"（《史记评林·孝武本纪》）

又：王应麟曰："《皇王大纪》云：'自史迁载管仲言上古封禅之君七十有二，后世人主希慕之，以为太平盛典。然登不遍于四岳，封非有十二山，入怀宴安不行五载一巡守之制，出崇泰侈无纳言计功行赏之实。镌文告成，明示得意，而非所以教诸侯德也。泥金检玉，遂其侈心，而非所以教侯礼也。心与天道相反，事与圣人相悖，故太平之典方举，而天灾人祸随至者多矣。'梁许懋曰：'燧人之前，世质民淳，安得泥金检玉？结绳而治，安得镌文告成？是故考舜典可以知后世封禅之失。'稽懋言可以知史迁著书之谬。"（《史记评林·封禅书》）

又：陈祥道曰："观太史公《封禅书》，首叙帝舜类上帝、祠六宗、望山川、祠五岳之事，以至三代郊祀之礼，然后及秦汉间不经之祠，且历叙始皇、孝武所得燕齐方士怪诞、矫诬之说，共为一书。班孟坚遂取作《汉·郊祀志》。盖秦汉之君不能明理，以古先圣王报本反始之大典，视为求仙徼福之一事。故郊畤诸祠，其说多出于方士，作史固不得而删之也。然少君，栾大、公孙卿、越人勇之徒，其所言怪妄，诸说本无关于祠祀者，亦丛杂附见于封禅郊祀之书，何耶？"（同上）

又：茅坤曰："甚矣！人主之心，不可有欲也。一有欲，则天下技幻之士，日夜巧伺以至。其为术愈眇而不可信，而其所贪以冀遇者愈发而不可穷。两者相为主客以终，其身死且不寤，悲哉！自古以来，以雄才大略称者汉武，而秦皇汉武为诸燕齐迂怪之士舞弄之，若偶然以困于欲也。语曰'东海之鳌惑于饵，则渔人狎之若羊豕。'信矣。"（同上）

又：茅坤曰："文几三千字，而前后血脉贯穿如一句，总属一'幻'字。"（同上）

又：王维桢曰："予读《封禅书》数过，中虽包罗者众，而求仙遇仙实篇中主。故于每篇随年分往往著见，而文意抑扬曲折可观。"（同上）

又：案：自武帝有求仙之惑，今日用方士，明日遣祠官，溺志于怪诞之说而不自知，故子长作《封禅书》以救其失。其首虽曰"帝王何尝不封禅"，而其赞乃曰"究观方士祠官之意"，子长之意婉矣。（同上）

方　苞：是书所讥武帝事，义皆显著，独杂引古事，则意各有指。武帝名为敬鬼神之祀，而以封禅合不死。郊畤秘祝，不过与祠神君灶鬼同意耳！盖好神而实比于慢矣。故首载夏孔甲好神，三世而亡；殷武乙慢神，三世而亡；复大书始皇封禅，后十二岁秦亡；示无德而渎于神为亡征也。殷二宗遇物变，惧而修德，国以兴，历年以永；示宝鼎、一角兽，不足为符应也。其详秦先世事及史敦、史儋语，以雍之诸祠兴于秦，而敦、儋妄称符命，以启二君之汰，为方士怪迂语之征兆也。苌宏欲以物怪致诸侯，无救于周之衰，而身为僇；则以方祠诅匈奴、大宛者可知矣。秦缪公病寤，而世传为上天，缪公死年有征，则黄帝鼎湖之事，乃此类耳。管仲能设事以止桓公之欲，而汉公卿乃徇方士以从君于昏，是可叹也。夫孔子论述六艺，无及封禅者，则非古帝王之典祀明矣。《传》所言易姓而王，封禅者七十余君。姑无论其有无，信曰有之，亦功至德洽，而告成于天，如成王乃近之耳。岂以是为合不死之名、接仙人蓬莱士之术乎？所谓群儒不能辨明封禅事者，此也。故其发端即曰'自古受命帝王，何尝不封禅？'盖谓非以是致怪物与神通耳。（《方苞集》卷二《书封禅书后》）

又：《传》所称封禅者七十二君，本无稽之言，但以是致怪物与神通，则举之不以其事，而上古封禅之有无，又不足辨矣。此子长之微指也。（《方苞集》卷二《又书封禅书后》）

吴见思：武帝如出塞诸事，尽可发挥，以褚先生之才，何妨别构一篇，乃始终止取封禅一书，何也？岂有鉴于史公之祸而然与？《纪》中添改处止数字，较本书颇明晰，而色泽则已减。（《史记论文·孝武本纪》）

牛运震：陈仁锡云："子长作《今上本纪》，武帝以为谤书而削之，故亡其篇。"又云："太史公以孝武时人纪孝武时事，则多微辞，惜今亡其纪，无可考见尔。"按：武帝崩于后元二年，太史公不知卒于何时。第《史记》所载，仅及于征和之初，而其《报任安书》亦在任安被罪之后。篇内有云"薄从上雍"。考征和三年春正月，武帝行幸雍，则当在征和三年也。此后太史公事无所见，或当卒于征和、后元之间。且自序云"作《今上本纪》第十二"，则其不及见武帝之终，无疑也。不及其终，则别为实录纪事，无不可者，而括其全以为本纪，则无由本纪之也。然则自序所谓《今上本纪》者，殆其书未成而仅列其目，以备一代帝统，不敢竟阙之也。如以为谤书而武帝削之，则太史公之讥讽武帝，孰有过于《封禅》《平准》诸书及《酷吏》《佞幸》等传者，胡不闻武帝削之耶？况太史公固有所不满于武帝，第其微讽暗刺，或散见于书传中则可矣。若以编年纪事之书，而寓微讽暗刺之旨，则窃意其有必不然者。何也？非体也。非体之文，太史公岂为之耶？观其《今上本纪》，《自序》云"汉兴五世，隆在建元。外攘夷狄，内修法度"。殆亦未尝没其君之善。即使太史公操笔为《今上本纪》，亦未见其必为谤书也。（《空山堂史记评注校释》卷二）

又："余从巡祭天地诸神名山川而封禅焉"，括尽郊社、坛祠、封禅等事。"入寿宫侍祠神语"，括尽神君、灶鬼等事。"究观方士祠官之意"，括尽少君、少翁、栾大、公孙卿、宽舒、薄忌、勇之诸人论说行事。"于是退而论次,自古以来用事于鬼神者",括尽虞、舜以后,汉武以前,巡狩、祷祠、渎神、求仙等事,俎豆、珪币之详,献酬之礼;又隐括诸祀典、牲牷、车马、驾被、瘗埋、服色、赞拜等事,一篇大文字,洋洋三千言,只用数语收摄之,何等笔力!赞语长句纡旋,古劲绝伦。

旧评:依古郊祀柴望之义,后世人主用以夸其受命之符,从骄心出,去之已远。汉武附之求仙长生,则又益一痴心。支离纽造,愈远愈讹。此书妙在将秦、汉以来坛畤祀典与封禅牵合为一,将封禅与神仙牵合为一,又与河决、匈奴诸事与求仙牵合为一,似涉附会,而其中格格不相蒙处,读之自见。累累万余言,无一着实语。每用虚字诞语翻弄,而褒贬即在其中。盖武帝雄主,甘心求仙,必有一段微言妙理,足以深入而先夺之。太史公舍其微妙者不言,而娓娓谈方术,皆不出肤裒之语,如梦,如谑,如儿戏,如街谈,写人主迷惑沉溺,全在事理明白易晓处见之。所谓"欣然庶几遇之","羁縻不绝,冀遇其真"数语,是其胎骨中贪痴种子。怪迂阿谀苟合之徒,接踵而中之,往无不获,其原在此。篇末一语曰"然其效可睹矣",意兴飒然,断案悚然,尤妙在含蓄,冷冷无极力收括之迹。……

《封禅书》本以武帝为主,而叙虞、夏以来祷祠、巡狩、矶祥、符命之事,有得有失,或经或不经,皆为武帝作影照也。纪武帝事本以封禅为主,而叙祠神、求仙、匈奴、河决、黄金、宝鼎、改正朔、建宫室等事,支离曼衍,纽合牵附,则皆为封禅作衬染也。盖武帝封禅本为长生不死之道,原与古帝王升中告成之旨殊别,故求仙者封禅之根,而祠神者求仙之阶,三事本属一事,是以屡屡伴叙,不嫌纠牵,而每借方士口中点明其旨。如所云"祠灶则致物,致物则益寿,而海中蓬莱仙者乃可见,见之以封禅则不死",又云"上封则能仙登天矣",又云"封禅者,合不死之名也",皆此义也。至于匈奴、河决、黄金、宝鼎、改正朔、建宫室等事,皆似与封禅求仙无涉,而俱有关会。公孙卿言"黄帝且战且学仙",则匈奴事可暗照也。栾大言"河决可塞",而武帝诏曰"天若遗朕士而大通焉",后又以"既出无名,乃祷万里沙","塞决河",则河决事可类附也。言黄金,则"丹沙可化为黄金","以为饮食器则益寿"者是也。叙得宝鼎,则以黄帝得宝鼎"迎日推策"者是也。记改正朔,亦以公孙卿札书有黄帝神策、朔旦冬至之事。叙建宫室,亦以公孙卿言"仙人好楼居",方士有言"黄帝为五城十二楼,以候神人"之事,凡此皆与求仙事有关会而类及之,以为封禅衬托渲染也。设词于疑信之际,用笔在离合之间,摹拟处无一实境,论断处无一直笔,可谓殚讥讽之微文,极纪载之能事矣。封禅书讥讽嘲笑,可谓尽情极致矣。然皆以冷语出之,终有厚气装裹,不失之尖酸浅露。

封禅求仙,秦皇、汉武事迹略同。太史公叙二君事,多作遥对暗照之笔,盖武帝失德处,不便明加贬语,而借秦皇特特相形,正以见汉武无殊于秦皇也。如纪始皇事云"始皇闻此议各乖异,难施用,由此绌儒生";纪武帝亦云"上念诸儒及方士言封禅人人殊,不经,难施行。"纪始皇云"封禅皆秘之,世不得而纪也";纪武帝亦云"书秘其事,皆禁。"纪始皇云"始皇自以为至海上而恐不及矣。"纪武帝亦云"于是上欣然庶几遇之"。纪始皇云"游碣石,考入海方士,从上郡归";纪武帝亦云"东至海上,考入海及方士求神者,莫验","考神仙之属,未有验者。"纪始皇云:"冀遇海中三神山之奇药";纪武帝亦云"冀遇蓬莱焉","冀至殊廷焉","然益遣,冀遇之","冀遇其真"。纪始皇兴立祠官,所奉天地、山川、鬼神,总列一段,而约之云"诸此祠皆太祝常主,以岁时奉祠之","他名山川诸鬼及八神","上过则祠,去则已。""郡县远方神祠者,民各自奉祠,不领于天子之祝官";纪武帝所兴祠,亦总列一段,而约之云"凡六祠,皆太祝领之。至如八神,诸明年、凡山他名祠,行过则祠,行去则已。方士所兴祠,各自主,其人终则已,祠官不主。"纪始皇封禅事,而终之曰"始皇封禅之后十二岁,秦亡";纪武帝封禅事,篇终亦曰"今上封禅,其后十二岁而还,遍于五岳、四渎矣。"文法、句法往往相同,屡屡相犯,正其故作对照重复之笔,而武帝之失德,无殊于秦皇,隐然可见。此中命意,用笔之妙,真不可思议。(《空山堂史记评注校释》卷四)

姚苎田:《封禅书》千古奇文,而读者不能明其中之逐段自成结构,只是通长看去。又因其文甚长,眼光不定,遂如入迷楼者,只知千门万户,复道交通,终不能举其要领所在,未免矮人观场之诮。今特用摘截之法,单就精神团结、筋胳联贯处,细为批摘,而安枝布叶之精,斗角钩心之巧,豁然呈露。且逐段甲乙,眼光易注,固读古文之一捷法也。如欲观其全局,则线装充栋,岂限上智之批寻哉?附识于此。文中云:"三神山不远,舟欲近,风辄引之去。"读此篇者,当作如是观。此即史公自状其文也。(《史记菁华录·封禅书》)

郭双成:《封禅书》写武帝迷信方士一世,安于方士们相继不断的欺诈,通过对他的封禅、企求成仙和寻求不死之药而失败的事迹的描写,对他的愚昧、荒唐、精神空虚,极尽嘲笑、讽刺的能事,反映了君主的封建专制往往与愚昧迷信伴随在一起的历史趣事。(《史记人物传记论稿》)

[英]**鲁惟一**:精神的发展(其影响持续的时间远比汉代长久)在武帝时期的突出表现与组织地方、发展经济或扩大中国人在新开发地区的利益等计划同样引人注目。在武帝朝的写作方面,司马相如(约前180—前117)给称之为赋的一种诗的新体裁树立了样板,影响了以后几个世纪的文学发展。与他同时代的董仲舒(约前179—前104)从宇宙的角度解释人事,认为人事是范围更大的造化的万物体系的一部分,他的归纳长期以来形成了被公认为是儒家思想正统的部分基础。约死于公元前110年的司马谈与其子司马迁(约死于前86)一起,创造了一种记述历史的新形式,它在长达两

千年一直是范例。虽然由于这些或类似的贡献,诗、哲学和历史写作都得到了新的动力,武帝本人却没有明显地关心这些活动,尽管文献记载中的确收有被认为是出于他笔下的一些短诗。我们更多地听到的是他在国家的宗教祭礼和个人信仰方面的个性和活动。通过参加既定的祭礼和举行某些新的仪式,武帝以皇帝专用和不准其他凡人使用的方式来为国家的利益服务。……

除了代表王朝参加这些祭祀活动外,武帝个人还沉溺于寻求通往长生的道路。如同秦始皇时期那样,这条通往长生的道路这时被认为是经过神圣的蓬莱岛而后道经东方的仙境而展现的。还有报道说,汉武帝易听信方士的主张,这些人答应使他长生,或让他的一个死去妃子复生。这些记载都可在严肃的正史中找到;从公元3世纪的文献开始,这些记载连同武帝的神话变成了荒诞之说和传奇;而武帝则成了具有半仙法术并与西王母有来往的君主。……

武帝朝最壮观最重要的宗教仪式可能是公元前110年在泰山举行的封禅。汉武帝耗费巨资,浩浩荡荡地巡幸这一圣岳,其远行的目的似乎又是寻求长生。(《剑桥中国秦汉史》第二章)

黄历鸿:汉武帝一生文治武功,雄才大略,功高不亚于高祖,后世历代亦罕有可比,然而于迷信之事却泥陷如此之深,乍视似不可思议。其实细究其社会背景与特殊之帝王心理,并不难理喻。就帝王心理而言,身为天子,所虑者无非两者为大,一为江山社稷,一为健康性命。武帝继位前三十年,主要致力于边患及内政,平定匈奴,推崇儒术,加之文景之治带来的经济繁荣,他所处的时代,基本上内忧外患皆无,国库充盈,人民富足,江山社稷之虑大致可去。大凡盛世之君,多有时运。时运乃祖先所传,非亲制,视之为天赐神助亦不为过。故武帝祭天告地,屡屡封禅,确也是当时帝王的正常心态,既财力允许,臣属多议,武帝的祭礼封禅搞得隆重频繁,不足为奇。至于沉迷于成仙升天,并非汉武帝一人所独有。秦始皇东巡访海仙,遣徐福携童男童女下海求药,急切之情亦令人吃惊。孝文帝听信方士新垣平,着迷于望气之术,亦有先例,但比起汉武帝来,程度均不及他。帝王受自天命,是很古以来的传统观念,普通人尚畏死而祈长寿,何况自视为天之子的帝王。武帝生于盛世,又才高功著,臣属以传说中的神仙先圣奉承、恭维于他,久而久之,亦自信不疑。且武帝读书颇多,远古神话给他的诱惑早已深埋于心底。既为天子,便产生了强烈的一试心理。他坚信自己能效仿黄帝,在人间大功告成之后升仙上天,修得长生不死之身,愈到晚年,这个欲望愈迫切。按古书及传说,修炼成仙之仪式极为繁艰,古代巫师方士在这方面添加了数不清的怪异之法,使普通人望而却步,知难而退,而帝王却自恃富有天下,无论多么繁琐稀罕的作法之术,都可满足,权势和财富极大地增强了帝王求仙的自信心。武帝在这方面表现尤其。(《泰山封禅》)

白寿彝：《封禅书》主要记载帝王的宗教活动。这是司马迁讲"天人之际"很重要的篇章。主要有两个内容：一个是讲这些帝王有很多宗教建筑（神祠），并列举了很多神的名字，而这些神都是历代帝王造出来的。另一个是讲由于帝王怕死而追求长生不老，访仙求药。通过这两个内容，司马迁一方面揭露出宗教是统治者捏造出来的东西，不是客观存在的；另一方面指出，既然是他们捏造的，而他们又去追求长生不死之药，真是荒唐之至。……

在长达几千字的《封禅书》里，司马迁用客观的笔调，描写了这些荒唐怪诞的活动，有时既不肯定其有，又不明言其无，很俏皮地用"若"什么、"似"什么的写法来表现。最后，他说自己参加过封禅的活动，也到神祠里去过，了解过方士祠官的意图，研究过这方面的问题，他把自古以来侍奉鬼神的活动集中起来，"具见其表里"。"具见其表里"这五个字很厉害，说明他是洞悉这些活动真相的。他还特地指出，他这样写是为了要让后世的君子，看出一个究竟来，"后有君子，得以览焉"。从这里，可以看出他的"究天人之际"是针对阴阳五行之说开展的一场斗争。（《〈史记〉新论》）

徐日辉：《天官书》借天象变化究人事德政，而《封禅书》则讲祭天封地祀鬼神须有仁德的前提，才能调整天人关系顺乎"道德"含义。二书一个谈天一个说地，探索天地人事变革，宣扬《易》理、黄老之说，讽刺汉武帝不施德政而尤敬鬼神的做法，是自欺欺人之举，其结果与政无益、与民有害，只能加速国家的衰亡。"后有君子，得以览焉"，这是司马迁在《封禅书》里告诉后人他作该书论秦皇、汉武的目的所在。（《〈史记〉八书序列新论》，《学术月刊》1996年第10期）

瞿林东：古往今来，有不少政治家、思想家、史学家对汉武帝统治时的盛世讴歌备至。但是他们忽略了一个重要的事实，即身处汉武帝时代的司马迁，却没有陶醉于对盛世的歌颂。他以一个冷静的、负责任的史学家的眼光，看到了这个盛世表象后面的社会问题，并在《史记》中有所记载，从而显示出他的卓越的史识和实录的精神。……

显而易见，司马迁正是通过《封禅书》从一个方面揭示了汉武帝统治时期盛世表现背后的阴暗面，汉武帝的这些愚蠢行径使他看到了"物盛而衰"的历史变化。这种历史变化，已不只是表现为对于神仙的笃信和求访，而是人世间的活生生的反映。……

司马迁以朴素的辩证观点来看待和解释这种变化，即他说的"物盛而衰，固其变也"。从今天的观点来看，这种变化正是封建的经济关系和政治统治固有矛盾发展的结果；武帝不同于高祖、文、景，因为他处在这个矛盾发展的新的阶段上，从这个意义上说，最高统治者的变化，不应看作是上述变化的原因，而恰恰是这个变化的一部分。（《司马迁怎样总结秦汉之际的历史经验》，《社会科学辑刊》1989年第2、3期）

研究综述

两千多年来，在《史记》研究的重重迷雾中，《孝武本纪》的迷雾始终盘桓于最顶层，大有一种令人百思而不得其解之势。这些迷雾主要来自以下五个方面：

1. 文本方面。现在通行的《孝武本纪》，是否为司马迁原定《今上本纪》之真身？如是，为何连名称也要换掉？如否，其真身何在？还有，它与《封禅书》的关系如何？应该怎样对待？

2. 作者方面。司马迁究竟为汉武帝树碑立传了没有？如若已立，传在何处？情形怎样？如若未立，是何缘故？再者，他与传主的关系到底怎样？"谤书"之说能否成立？

3. 时代方面。修史最难在当代，而《孝武本纪》恰为彼时之当代史，且为当代史中的帝王史。那么，它的撰写过程与定稿是否比前代史受到更多的忌讳、干扰和限制呢？这些已经被后世称之为历史局限性的痼疾，是否也影响了本传研究的真实性、客观性及其价值评价呢？

4. 传主方面。汉武帝究竟是一个怎样的人、怎样的帝王、怎样的英雄？他在社会关系、行为模式、思维方法、精神人格等方面有哪些独特、复杂性和矛盾性？他在人类历史上的地位和作用是什么？我们为什么要研究他？研究他有何价值？

5. 研究者方面。历史上的汉武帝只有一个，而在研究者的笔下却成了无数个。研究者所处的时间、地点和条件各不相同，所持的立场、观点和方法互有差异，因此形成了研究的百家争鸣。

于是，从二十五年前开始，我们便决定在《史记研究集成》的宏伟构架中，实施《〈史记·孝武本纪〉研究集成》的子工程，以期驱散迷雾见蓝天。现在，这一工程终于接近尾声了，那么，我们的劳动是否如愿以偿了呢？

一、司马迁问：谁弄丢了我的《今上本纪》

研究《孝武本纪》的最大难题，就是对象的缺席，即找不到它的真身《今上本纪》。这就让研究者一开始便陷入了窘境。那么，《今上本纪》到底写了没有？写成没有？如若已经写成，原文藏身何处？或曰又被谁弄丢了，以至于到现在仍然下落不明？这一连串的基本问题，不得不让研究者紧锁双眉。

（一）关于《今上本纪》丢失的种种猜测

众所周知，司马迁在《太史公自序》中清清楚楚地写道："汉兴五世，隆在建元，外攘夷狄，内修法度，封禅，改正朔，易服色。作《今上本纪第十二》。"这就告诉后人，《今上本纪》不但写了，而且写了什么，也有提纲可循。既然如此，那么，原文何在呢？于是，研究者进行了种种猜测。

1. 汉武帝怒而削之。此说流传最广，而起根发苗者当属东汉卫宏。他在《汉旧仪》中说："司马迁作《景帝本纪》，极言其短及武帝过，武帝怒而削去之。后坐举李陵，陵降匈奴，故下迁蚕室。有怨言，下狱死。"接下来，后世附和者、发挥者代有人出。

2. 司马迁迫不得已而自毁之。持此论者，明代茅坤当为代表人物。他在《史记钞》中说："《武帝纪》并本《封禅书》。窃谓武帝雄才大略，又太史公所躬睹本末，何漫至此！愚意：孔子修《春秋》，而当时卿大夫犹有欲害之者，岂腐刑以后，太史公多戒心，遂毁其书而不出耶！"① 其他赞同者甚众，不再一一罗列。

对于上述两种销毁说，不少研究者都认为于事实缺乏根据，于道理经不起推敲，充其量为一时猜测之辞，因而不予采信，弄丢《今上本纪》者应该另有其人。那么，此人究竟为谁呢？

3. 不知为何人所失。否定上述两种观点的学者均持这一看法，包括郝敬、赵翼、钱大昕、梁玉绳、余嘉锡等人。他们中有的人还为其丢失的原因作了种种推演。如为战乱所失、为管理混乱所失、为陪葬主人所失，还有李长之的"自然淘汰论"。这一看法虽然未能释疑解惑，却反映了一种严格的科学态度，在其真相大白之前，实事求是的研究者只能如此选择。

（二）关于《今上本纪》未能写成的种种原因之猜测

既然搜寻了两千多年也没有找到弄丢《今上本纪》的"真凶"，于是，研究者索性改换思维方式，另辟蹊径加以破获，这就自然而然地出现了较为便捷的"未写论"。但是，新的问题又接踵而来：作者为何不写，或者没有写完呢？对此，他们又是如何解答的呢？

1. 不敢写。不少论者以为，司马迁在遭受李陵之祸以后，从消极的方面吸取了经验和教训，胆子越来越小，忌讳越来越深，决心不再触及这位当代暴君之错乱神经，以免再度引火烧身。正如李全华在《史记疑案》中所说的那样："太初以前，'今上本纪'未能写，天汉以后，司马迁以口舌得祸，求免死，下蚕室，'今上本纪'就不是不能作而是不敢作了。"②

2. 不宜写。国人治史，一向遵循"盖棺定论"之传统。因此，不少论者，如杨琪

---

① ［明］茅坤：《史记钞》卷七。
② 李全华：《史记疑案》，湖南大学出版社2010年版。

光、张胜发等人以为，对于健在的汉武帝，"即不宜有纪"。再说，为活着的帝王立纪，也与已故的十一位帝王不类。还有，为当代人立传，成功的几率一般也比较小。这是因为变数太多，还不如留待将来再说。

3. 不愿写。还有一些论者，如李全华、张胜发等人认为，司马迁在遭受腐刑之后，处于个人感情与秉笔直书的矛盾痛苦之中：歌颂英主非所愿，揭露暴君忧人讥。所以，干脆不写了，留待后人去追忆、去评价吧！

4. 不及写。也有一些论者，如刘知几、杨琪光、李景星等人以为，司马迁很可能卒于汉武帝之世，心有余而命不足，来不及为汉武帝立传就是理所当然的事。

上述四种看法，同样是口说无凭，文随心便，主观猜测的成分远远大于合理想象中的事实，因而统统难以成立。

（三）我们的态度与看法

对于上述种种研究迷雾，诚如梁启超所言："现存古书，十有九非本来面目，非加一番别择整理工夫而贸然轻信，殊足以误人。然别择整理之难，殆未有甚于《史记》者。"① 看来，要破解《今上本纪》的缺失之谜，实在成了难中之难。那么，我们的态度与看法如何呢？

1. 只能相信司马迁。司马迁是本案的第一当事人，而且是一个极负责任的当事人。他既然在具有总结性质的《太史公自序》中宣布了撰写《今上本纪》的重大信息，又在《报任安书》中加以重申，这就说明《今上本纪》的成书是毋庸置疑的。除非司马迁的人格出了大问题，否则，他怎么会如此这般地欺世盗名呢？至于为何找不到，那是另外一回事，不能全怪司马迁。

2. 以科学的态度承认《今上本纪》丢失的历史事实，所谓疑则从疑，缺则如缺。不沮丧，不烦恼，以平常之心对待之，就让其成为历史的维纳斯雕像吧！那也算是一种美。

3. 充分肯定历代研究者多年来为此付出的辛勤劳动，继续发扬锲而不舍的探索精神，在历史的海洋中打捞不辍，直到《今上本纪》的真身浮出海面。对此，我们也像《老子》祖本的出土一样，寄希望于考古的惊人发现。

二、《封禅书》何以变成了《孝武本纪》

一般认为，流传了两千多年的《孝武本纪》，绝非司马迁的《今上本纪》。不说别的，仅看题目，也会相信这一判断：司马迁哪能预知汉武帝的谥号呢？如果要看内容的话，正如赵翼所言："按：史公《自序》作'武帝纪'，谓'汉兴五世，隆在建元，外攘夷狄，内修法度，举封禅，改正朔，易服色，故作《今上本纪》'，是迁所作'武

---

① 梁启超：《〈史记〉解题及其读法》，见瞿林东主编《史记研究》（上），中国大百科全书出版社2009年版。

纪'，凡征匈奴、平两越、收朝鲜、开西南夷，以及修儒术、改夏正等事，必按年编入，非仅侈陈封禅一事也。"① 然而，事实却令人感到奇怪：《孝武本纪》除开头六十字外，其余竟全部出自《封禅书》。为什么会这样呢？

（一）移花接木者为谁

既然如此，那么，是谁斗胆移花接木，将《封禅书》的当代部分变成了《孝武本纪》呢？对此，大约有五种说法。

1. 褚少孙补作。此说自从三国时张晏提出以后，响应者居多，驳斥者亦众。

2. 魏晋妄人窜入。如钱大昕说："张晏云：'此纪褚先生补作。'予谓少孙补史，皆取史公所阙，意虽浅近，词无雷同，未有移甲以当乙者也。或魏晋以后少孙补篇亦亡，乡里妄人取此以足其数尔。"②

3. 可能是司马迁的外孙杨恽所为。张胜发在他的文章中说："我想如果笔者的'空白说'成立，那必定是杨恽在长期珍藏太史公遗稿中，阅览、宝爱之外，对外祖公被武帝戕害一事，感触于衷。又发现《今上本纪》有序无文，就将武帝一生最丑陋的一节，大搞封建迷信活动的记载——《封禅书》，移入本传，作了露骨的讽刺、嘲笑。""从杨恽狂放不羁的性格来看，他作这样的嘲讽，完全是可能的。"③

4. 可能是司马迁自己所为。张大可在《史记文献研究》第六章中说："我疑心，焉知司马迁不是故意地重抄一份《封禅书》，作一个最大的讽刺呢？意思是：'瞧吧，你自认为武功了不得，其实你一生也不过只是被一些方士所愚弄罢了，你虽然也偶尔觉悟，但是像吃鸦片一样，不知不觉就被方士的胡话所诱惑了。'试想，除了司马迁之外，谁敢在同一部书里把同一篇文章再抄一遍？除了大讽刺家司马迁之外，谁又会这样幽默而痛快？补书的法子尽多，哪有在同一部书里找出一篇现存的东西来顶替的？"④

5. 不知何人所为。与上文"不知是谁弄丢了《今上本纪》"的思维方式相同，在左右不是、无所适从的矛盾痛苦中，提出这一看法的研究者，自然是对历史、对科学高度负责的表现。

（二）是否符合司马迁的原创意图

对于移花接木是否符合司马迁原创意图的问题，基本上有两种对立的看法。

1. 符合司马迁的原创意图。持此论者，依据《太史公自序》中的写作提纲，极言封禅本为汉武帝一生的主要活动，诸如改律历、易服色等政绩，也不过是为此而服务的。因此，通过封禅过程的展示，既可以烘托出大汉盛世景象，又可以表现汉武帝性

---

① ［清］赵翼：《廿二史札记》卷一，中国书店 1987 年版。
② ［清］钱大昕：《廿二史考异·史记》，商务印书馆 1937 年版。
③ 张胜发：《〈今上本纪〉空白说管见》，载《渭南师专学报》（综合版），1990 年第 2 期。
④ 张大可：《史记文献研究》第六章，民族出版社 1999 年版。

格的另一方面。因此，司马迁必定会大书特书如流传之版本。

2. 违背司马迁的原创意图。持此论者，仍然依据《太史公自序》中的写作提纲，认为封禅只是汉武帝一生的次要活动，且为十足的败笔，难道司马迁能置更为辉煌的文治武功于不顾，而专门给他的脸上抹黑不成？

我们的看法是，流行的《孝武本纪》只是部分地符合司马迁的原创意图，而不是全部。因为记叙汉武帝的封禅活动，也是题中应有之义，不能借口败笔而放弃，这是违背"实录"原则的。同时，对于汉武帝的大规模封禅活动，也应该具体地回放到当时的社会政治、思想、文化背景中加以正确理解，而非毫无分析地一概打倒。

（三）能否替代原作

流行的《孝武本纪》能否替代原作《今上本纪》？对此，研究者的看法比较一致。那就是，它充其量不过是原作的一部分，部分当然不能僭越整体。再说，按照司马迁的创作体例，八书的创作目的显然不同于本纪。本纪是为帝王树碑立传的，是以写人为主，意欲通过帝王这类人物一生的政治活动，达到"原始察终，见盛观衰"的主要目的。而书则是以记事为主，体现其它的创作意图。如通过《礼书》以明人伦制度，通过《乐书》以示礼乐教化，通过《天官书》《封禅书》以"究天人之际"等等。还有，本纪为全书之大纲，具有统摄其它篇目之功用，《封禅书》亦在被统摄之中，那当然不能以目代纲了。

（四）有无存在价值

现行的《孝武本纪》有无存在价值？对此，自然也是肯定与否定的两种意见。

1. 肯定者的看法。首先，在《今上本纪》缺失的情况下，移花接木略胜于无，至少可以在精神上给读者以"人全家全"的安慰。更何况，替代品仍然出自司马迁之手，确为信史，绝非妄作。其次，在那个时代，封禅活动也是国家大事，记载它，本身就有政治、思想、文化等方面的认识意义，尤其是可以从中感受大汉盛世的永久魅力。再次，这一活动又是汉武帝亲自发动和领导的，通过它来关照当时的最高统治者，也是一条不可或缺的研究正路。比如说，他的愚昧、贪婪、妄想等性格中的黑点，只在封禅活动中才能更加充分地显露出来。

2. 否定者的理由。否定者认为，《孝武本纪》完全取材于《封禅书》，是一种不可饶恕的抄袭行为，是一种无聊至极的重复举动。而抄袭和重复，无论对史学家，还是文学家，都是最大的犯罪。

对于上述两种意见，我们完全同意肯定者的看法。在《今上本纪》缺失之谜尚未破解之前，还是以尊重历史，维持现状较为稳妥。

三、谁说司马迁没有为汉武帝立传

在我们为《今上本纪》的缺失而遗憾、困惑了许久之后，这才发现，我们的研究者太拘泥于惯常的思维定势，非要找到一篇教科书上定义过的纪传体文本不可。然而，假如我们改换一种思维，运用广角镜头看问题，便会惊喜地发现，虽然《今上本纪》难觅芳容，但是，司马迁还是别出心裁地为汉武帝撰写了另类本纪，而且写得很有特色。其理由如下：

（一）虽无专纪，却有全纪。从广义的角度看，整部《史记》的当代部分都可以算作是汉武帝的本纪。为什么呢？君不见凡记事者，哪一件大事（甚至小事）不是在汉武帝的亲自领导、决策或支持下进行的呢？凡写人者，哪一个不是汉武帝的臣民呢？他们的一言一行，哪一种不是以汉武帝的意志为转移呢？他们在政治生活中遇到的所有难题和矛盾，哪一样不是由汉武帝最后裁决的呢？甚至他们的命运和前途，哪一端不是攥在汉武帝的手心里而任其主宰呢？很显然，在《史记》的当代史中，汉武帝的身影可谓无时不在时时在，无处不在处处在。这正如他在整个现实生活中控制着当时的汉王朝一样，他也控制了《史记》中的全部当代史。因此，以"实录"为原则的司马迁，便不得不以其为中心撰写当代史。这样一来，《史记》的当代史自然也可以充当汉武帝的全部史。

（二）互见之法成其果。关于《史记》的互见之法，自从苏洵开其端，靳德峻等人发其义，后世接受者越来越多。此法对于汉武帝的"无传之传"来说，作用尤为明显，效果十分突出，真所谓"于本传不载或略载，而详于他传"也。举例来说，《封禅书》的当代部分，已被借用为《孝武本纪》；《河渠书》有近十分之六的篇幅记叙了汉武帝领导下的全国水利事业发展之盛况；《平准书》几乎就是汉武帝重大经济活动的专传；《外戚世家》的后半部分（包括褚补）折射出汉武帝时期政权内部斗争的激烈与残酷。自《魏其武安侯列传》以下，凡二十四传，除《循吏列传》外，皆为汉武帝时之当代史，每篇都涉及到汉武帝的各项活动。特别是其中的《韩长孺列传》《李将军列传》《匈奴列传》《卫将军骠骑列传》《平津侯主父列传》《儒林列传》《酷吏列传》《大宛列传》等等，更是从不同的侧面，或详或略，或直或曲地再现了汉武帝历史的各个片断，其中当然也渗透着作者对他们的各种感情与评价。如果我们将所有这些记载有机地串联起来，不就是一篇上乘的《今上本纪》吗？不错，这有类于古籍整理中百衲本的补救之法，但是，在万般无奈的情况下，谁又能说这不是一种好方法呢？

（三）无传之传人人用。从引用效果的角度看，后世研究者大都是将《史记》中的当代史部分作为汉武帝的无传之传来对待的。无论是班氏父子、司马光，还是翦伯赞、范文澜，以及大批的历史科普工作者，他们在研究、宣传汉武帝的时候，哪个人不是以这无传之传为蓝本呢？

关于上述理由的基本观点与方法，笔者早年第一次从陕西师范大学文学院教授李剑萍先生处聆听的时候，顿觉眼前一片光明。后来陆续读到不少与此相同相关的文章时，才知道这是大多数汉武帝研究者的共同认识。

四、司马迁对汉武帝的态度究竟如何

司马迁对汉武帝的态度与评价，是《孝武本纪》研究的又一难题。而研究的焦点，则是司马迁是否对汉武帝进行了讽刺，以至于将整部《史记》写成了"谤书"。

（一）讽刺说的出苗与蔓延

一般认为，东汉光武帝时期的卫宏，是最早提出讽刺说的研究者。他不知从何处得到"司马迁作《景帝本纪》，极言其短及武帝过，武帝怒而削之"①的历史事实，一经记录在案，便成为后世发挥的依据。如汉献帝时，王允就说："昔武帝不杀司马迁，使作谤书，流于后世。"② 三国时，魏明帝曹叡藏答于问似地对王肃说："司马迁以受刑之故，内怀隐切，著《史记》非贬孝武，令人切齿？"③ 在讽刺、谤书说笼罩学术界一千多年后，近人李长之又将司马迁讽刺、诽谤的对象由汉武帝扩大至整个汉王朝，从而将此说推向极致。④

（二）支持讽刺说的三种理由

司马迁为什么要讽刺、诽谤汉武帝，大致有三种理由：

1. 司马迁所处的时代为其提供了讽刺的一切社会条件。持论者认为，汉武帝时期，中央集权的封建制度得到巩固，而这一成果却是千百万人的流血牺牲换来的。虽有文景之治的经济实力垫底，却也经不起毫无节制的挥霍浪费；虽然迎来了盛世，但是，盛世之下又潜伏着种种社会危机和民族矛盾。如此等等，必须由司马迁等人随时提醒最高统治者加以警惕。故而当正面劝谏不能达到目的时，就只好运用讽刺以进言。

2. 司马迁对大汉王朝抱有偏见。从思想认识的角度讲，正如李长之所言，司马迁对整个大汉王朝抱有某种难以名状的偏见，因而将最大讽刺目标定为汉武帝，就是对"武帝周围那些人物，他也很少瞧得起"⑤。

3. 司马迁具有强烈的复仇心理。从精神心理的角度讲，持论者认为，司马迁的个性心理，特别是在遭受李陵之祸后激起的复仇心理，成为讽刺汉武帝的直接原因。杨宁宁、张宁等人甚至引经据典认为"发愤"等同于复仇，"可以说书中记录的每一段复仇史都传达出他强烈的复仇意念，每一个复仇人物都成为他向汉王朝复仇的代言人"⑥。此时此地的司马迁，似乎不仅仅是一个讽刺狂，而且还成了一个复仇狂。

---

① ［刘宋］裴骃：《史记集解·太史公自序》，中华书局1959年版。
② ［刘宋］范晔：《后汉书·蔡邕传》，中华书局1965年版。
③ ［西晋］陈寿：《三国志·王朗传附王肃传》，中华书局1959年版。
④ 李长之：《文学史上之司马迁》，《文潮月刊》第1卷第5、6期，1946年9、10月。
⑤ 李长之：《文学史上之司马迁》，《文潮月刊》第1卷第5、6期，1946年9、10月。
⑥ 杨宁宁：《论司马迁复仇情结的产生》，见《司马迁与史记论集》第五辑，陕西人民出版社2002年版。

（三）讽刺说能否成立

以上三条理由，充其量只是为讽刺说的成立提供了几种臆断的或然性，并不具备客观的必然性。

1. 持论者的标准并不统一。我们发现，对于同一个汉武帝的同一件事，司马迁是否采取了讽刺、揭露或者否定的态度，不同的评论者却给出了截然相反的答案。如司马迁叙述汉武帝的封禅活动，白寿彝等人认为是有意讽刺其"荒诞可笑，徒劳无功"，因而，《封禅书》是最典型的"谤书"。① 而清人邵晋涵则认为，《封禅书》不用贬词，"直记事而其失自见"，② 对此，我们应该如何取舍呢？我们还发现，评论者所谓讽刺汉武帝的所有手法，在《史记》的其他本纪中悉数存在。如写颛顼、尧、舜的教子无方、殷纣王的"淫乱不止"、周厉王的弭谤被逐、周幽王的烽火戏诸侯而身亡、秦始皇的焚书坑儒、项羽的"奋其私智而不师古"、刘邦的"好酒及色"、吕后的专横残忍、汉景帝的出尔反尔，还有《封禅书》中写黄帝的"且战且学仙"等等，却未曾有人特别指摘为讽刺与报复，这又该作何解释呢？这里的原因，除了持论者在立场、观点、方法上的差别之外，难道说他们对相同的对象采取了异样的评价标准？

2. 讽刺说不符合司马迁的人格精神。从上述乱象中不难看出，一些讽刺论者似乎并不完全了解司马迁的人格精神。就拿"发愤"等同于复仇的观点来说，"发愤"是个体在遭受巨大的身心打击时所采取的豁达大度、忍辱负重、愈挫愈勇的积极人生态度，是胸怀开阔、人格高尚的重要表现。司马迁在遭受汉武帝非人的打击报复时，为了继承父亲的宏图大业，实现自己的人生理想和价值，就是这样做的，怎么能说是报复呢？如果将《史记》作为向汉武帝复仇的结果，不是极大地贬损了它的辉煌价值吗？这在逻辑上也难以成立。退一步讲，司马迁在遭受近乎灭顶之灾的情况下，肯定有满腔的愤怒和怨恨，这在他的《报任安书》中确有充分的表露。但是，李陵之祸对司马迁的影响也并非全部是消极的。它除了陡增其怨愤和羞愧外，也更加深化了他对汉武帝及其统治集团的认识，更加激起了他那不畏强暴和艰险的斗争精神，更加坚定了他那撰写《史记》的正确信念，从而进一步升华了他的人格境界。

3. 讽刺说与司马迁的撰史宗旨水火不容。司马迁的撰史宗旨是不允许他带着讽刺、复仇的心理去写作的。如果不是这样的话，那么，讽刺的火焰势必烧毁客观、公平和正义，仇恨的洪水定会淹没创作的宗旨和原则。这样写出的《史记》必然会怒云密布，怨气翻滚，怎么还能"原始察终，见盛观衰"，"究天人之际，通古今之变，成一家之言"呢？是个人的仇恨（尽管其中更多公仇）重要呢，还是修史的宗旨和原则重要呢？

---

① 白寿彝：《史记新论》，见瞿林东主编《史记研究》（上），中国大百科全书出版社 2009 年版。

② ［清］邵晋涵：《史记辑评》。

我们认为，根据司马迁的人格与追求，他是断然不会以牺牲后者的代价去抚平前者的。

4. 讽刺说未顾及司马迁的撰史原则与方法。司马迁的撰史原则与方法，尤其是"实录"的精神支柱，也与讽刺说格格不入。"实录"的原则自从扬雄在《法言·重黎》中提出以后，最具影响的解释当属班固的"服其善序事理，辨而不华，质而不俚；其文直，其事核；不虚美，不隐恶，故谓之实录。"① "实录"的要义就是忠于历史，让事实说话，实事求是胜于一切。这种实事求是的"实录"精神，也是他那伟大人格的重要组成部分。按照这一原则，汉武帝是什么样子，就写成什么样子。只要尽量客观公正地加以再现，便无需或无所谓主观臆断地加以讽刺、揭露和批评。相反，也无需或无所谓刻意地加以肯定和赞扬，一切是非曲直，尽由读者去评说。当然，这并不是说司马迁就没有个人的历史倾向性，或者不需要表达这种倾向性。恰恰相反，司马迁进步的世界观、人生观、价值观及其各种具体的思想倾向，在《史记》的字里行间随处可见，只不过是有的表达得十分鲜明，有的则表达得隐晦曲折罢了。对汉武帝的纪传来说，则更加讲究表达方式的隐蔽性和艺术性。比如，除了主要运用事实证明法以外，还有对比映衬法、侧面交代法、藏贬于赞法、含混其词法等等。

（四）我们的基本看法

综上所述，再结合十二本纪的整体情况，关于司马迁对汉武帝的态度问题，我们的基本看法如下：

1. 司马迁对汉武帝始终是尊重的。他撰写《史记》的当代史，时时处处不忘以汉武帝为中心，凡写到汉武帝时，大都尊称为"今上""今天子"。即使因李陵之祸而产生怨恨，也是"怨诽而不乱"，愤恨而有节。实际上，尊重汉武帝就是尊重历史事实，就是尊重传主的起码人格，每一个历史学家都应该这样做，更何况是司马迁。

2. 司马迁为汉武帝立传，也和其他帝王一样，都是照实记录，可谓一视同仁。按照他所掌握的客观史料与始终坚持的评价标准，该怎样写就怎样写，既无需特别地优待或虐待汉武帝，也无需以自己的观点诱导阅读者。前文所述之不同的研究者对同一个汉武帝及其同一件事作出了不同的评价之现象，正好说明司马迁对汉武帝也坚持了"实录"的原则。

3. 如果要论司马迁对汉武帝的态度还有什么缺点的话，最值得注意的就是两个不足：一是对其丰功伟绩的表现、肯定与赞颂略嫌不足，二是对其残暴乖戾、刻薄寡恩、穷奢极欲等历史污点的揭露和批评明显不足。同时，除个别原因以外，"为尊者讳"的修史流弊尚未清洗干净。

---

① ［东汉］班固：《汉书·司马迁传》，中华书局1962年版。

五、后世关于汉武帝研究的主要项目有哪些

可以说,司马迁是研究汉武帝历史的第一位史学家。他从选取素材、提炼观点,到建立叙事模式与评价标准,都做了大量的开创性工作,为后世的全面深入的研究奠定了基础,树立了榜样。此后两千多年来,数以百计的研究者针对汉武帝的历史展开了一系列的研究活动,取得了不少有益的研究成果。如果将这些活动与成果分门别类,大体上可以概括为以下四个重要项目:

(一) 汉武帝所处的历史时代

不少研究者认为,按照马克思主义历史唯物论,任何个人,特别是像汉武帝这样的英雄人物,他们的产生,绝不会离开特定的历史环境(包括自然环境)、历史主体和社会实践等先决条件。那么,汉武帝处在怎样的历史时代呢?

1. 这是一个中央集权的封建制度日益巩固,同时又潜伏着多种政治危机的时代。中央集权的封建制度,自秦始皇顺应历史潮流创建以后,再经由秦末农民起义的打击、项羽的复辟、刘邦的重建、刘恒、刘启的初步巩固后,到了汉武帝时期,它已经和刘汉政权融为一体,并且很快地出现了大一统的政治局面。但是,在大一统的政局之下,也潜伏着诸侯亲王伺机压权、割据,农民起义此伏彼起的内忧和以匈奴为首的"四夷侵陵中国"之外患。这对汉武帝的执政能力无疑是一个极大的考验。

2. 这是一个文景之治在经济上积累了丰赡的社会物质财富,而这些财富又面临着消耗巨大、入不敷出的时代。如果没有文景之治所创造的经济实力,大汉盛世的出现绝不会在汉武帝统治的初期。然而,再富强的国家,也经不起对外穷兵黩武的消耗和内部穷奢极欲的挥霍。所以,在这种情况下,如果还不大力发展经济,亡国的大祸将会随时降临。汉武帝之所以采取一系列的政策与措施振兴经济,其源盖出于此。

3. 这是一个华夏传统文化和汉民族文化迅速崛起,同时又与其它外来文化相互碰撞、相互融合的时代。西汉是一个相对开放的朝代,在文化上,对内兼容并包,相机取舍,灵活运用;对外合理吸收,取长补短,为我所用。到汉武帝时代,在华夏传统文化的基础上,汉民族文化的宏伟构架已经建立起来。这种主导多元的新文化,最终成为大汉盛世的内在精神支柱和外部显著标志。

4. 这是一个大汉民族的形成及其主体精神急剧高涨,同时又存在着大量复杂民族矛盾的时代。汉民族的共同体是在西汉王朝空前广阔的国土上,以及空前统一的政治、经济、思想、文化的基础上形成的。一旦形成,这个民族便在当时的物质文明和精神文明建设中,在抵御外侮和战胜各种自然灾害的斗争中,表现出自信、自立、创新、进取、坚毅、团结、吃苦耐劳等主体精神。正因为如此,汉民族不但唱响了当时大汉盛世的最强音,也逐渐成为后来整个中华民族的顶梁柱,以至于将自己的高大形象树立于世界之巅。但是,与此同时,汉民族与周边少数民族的矛盾也日益尖锐起来,尤其是匈奴的不断犯边,成为汉武帝的心腹大患,如果处理不当,将会造成严重后果。

(二)汉武帝究竟是一个怎样的人

研究汉武帝是一个怎样的人,实际上就是对汉武帝特殊的历史角色和人格精神实施定性分析。它将有助于提示汉武帝之所以成为汉武帝的内在依据,也是历史学家"原始察终,见盛观衰"的重要方法,因此,它历来是汉武帝研究的常设项目。

1. 汉武帝的历史角色定位

我们知道,每个伟大历史人物的角色都是普通性与特殊性的统一体。如果从普通人的角度看,正如翦伯赞所说的那样:"汉武帝是一位很活泼、很天真、重情感的人。他除了喜欢穷兵黩武以外,还喜欢游历,喜欢音乐,喜欢文学,喜欢神仙。汉武帝,是军队最英明的统帅,又是海上最经常的游客,皇家乐队最初的创始人,文学家最亲切的朋友,方士们最忠实的信徒,特别是他的李夫人最好的丈夫。他绝不是除了好战以外,一无所知的一个莽汉。"[①] 可见,他是一个相对全面发展的普通人。从这一角度研究汉武帝,将有助于人们进一步解放思想,积极开拓新的研究领域,并注意克服完全政治史研究所带来的单调、板滞、威严等缺点,同时,也会对大众文化的研究增添新的内容与活力。但是,汉武帝毕竟不是一个纯粹的普通人,他更是一个用特殊材料制成的、具有特殊人格精神的个别人。关于这一点,安作璋、刘德增在《汉武帝大传》中所作的概括较有代表性[②],特简介如下:

(1)从汉武帝的一朝、一生来看,他是一个具有雄才大略的风流人物。我们的理解是,雄才大略是从引领时代、驾驭全局和制定战略的高度来评价的,风流人物则是从个人的性情、兴趣、爱好等方面来评价的。

(2)从整个汉王朝来看,他是一个"功至著"的汉家天子。这一评价基本符合历史事实,其雄才大略和文治武功不但超越先祖,也使西汉进入最强盛的时期。

(3)从春秋战国以来历史发展的角度看,他是"冠于百王"的中国二十四朝之皇帝。这一结论,显然是通过对比而产生的。事实也已证明,汉武帝作为一个政治家、军事家和外交家,他对中国历史所作出的创造性贡献,的确远远超过了其他圣贤与明君。

2. 汉武帝独特的人格精神

从整体上把握了汉武帝的历史角色定位后,还需进一步透视其独特的人格精神,只有这样,才能深入理解其巨大的创造性、灵活的思维方式和主要的价值取向。然而,人格精神源于内心世界,常言道,知人知面难知心,尤其是历史人物的内心世界,谁能真正摸得透?幸运的是,前人对此已经有过不少论述。在此基础上,加以逆流溯源,

---

① 翦伯赞:《秦汉史》校定本,北京大学出版社1983年版。
② 安作璋、刘德增:《汉武帝大传》,中华书局2005年版。

我们特提出自己的看法如下：

（1）他具有强烈的帝王社会责任心。这仅从公元前91年，他在甘泉宫中向大将军卫青的一次真情袒露中便可知晓。他说："汉家庶事草创，加四夷侵陵中国，朕不变更制度，后世无法；不出师征伐，天下不安。"① 这不能不说是"天下之事，舍我其谁"的宏伟担当与深谋远虑。

（2）他具有求新求变、求大求永的创造精神。汉武帝一生所追求的三大目标——文治、武功与长生，及其在这些目标下所出现的大一统之疆域、政治、经济和思想文化，都是这种精神的物化成果。

（3）他具有天人合一、古今贯通、霸王道法相济的思维倾向。司马迁撰史宗旨中的"究天人之际，通古今之变"，何尝不是汉武帝这种思维方式的集中代表。汲黯对其"内多欲而外行仁义"的批评，张汤的"《春秋》断狱"法，无不说明他们对汉武帝这种思维方式的了如指掌。

（4）他具有自信、开放、兼容并包的文化胸怀。华夏的传统文化、国内各民族的文化，还有来自外邦外域的文化，经他的大一统熔炉之冶炼，便升华为儒主道从，多元并举的汉文化体系。

（5）他具有敢想敢做、不达目的誓不罢休的顽强意志。这在抗击匈奴、平定内乱和求仙长生中表现得最为突出。

（6）他具有天资聪慧、兴趣广泛、学识渊博、多才多艺的精神素养。如前所述，汉武帝是一个相对全面发展的人。全面发展首先是各种内在的精神素养之发展，唯其如此，其他的发展才有明确的方向与持久的动力。

（7）他具有自我反思，悔过自新的豁达气度。这主要表现在《轮台罪己诏》和对求仙长生行为的幡然醒悟中。虽然这些自我批评带有马后炮的味道，但是，对于一个封建帝王来讲，实属难能可贵，在中国封建社会的历史上，应该具有开风气之先的功用。

以上所述，只是针对汉武帝人格精神的主体层面进行的概括与评价，至于非主体层面的概括与评价，将在后文中逐步涉及。

（三）关于汉武帝的功过是非问题

关于汉武帝的功过是非问题，向来都是《孝武本纪》研究的核心问题。具体而言，则是通过对其一生所作所为的利害分析，看其是否对国家——西汉王朝的兴旺发达有利，是否对当时民众的安居乐业有利，是否对当时社会生产力的创造发展有利，是否对中华民族文化的繁荣进步有利。有利则有功，有害则为过。

---

① ［北宋］司马光：《资治通鉴》卷二十二之《汉纪》十四，中华书局1957年版。

1. 是否对国家——西汉王朝的兴旺发达有利。对此问题的纲领性评价，当属司马迁在《太史公自序》中所作的概括："汉兴五世，隆在建元，外攘夷狄，内修法度，（建）封禅，改正朔，易服色。"这一概括简洁地肯定了汉武帝在创建西汉盛世过程中的统领地位和积极作用。其中的"外攘夷狄，内修法度，（建）封禅，改正朔，易服色"则是盛世在拓边安疆、统一政局、建制立法、礼乐教化等不同方面的突出表现。然而，盛世之功又与穷兵黩武、穷奢极欲、劳民伤财、人口减半的盛世之难如影随形，两者之间的比例到底应该如何划分，是四六开还是对半开，至今仍在争论之中。但是，我们认为，在这一问题上，汉武帝的表现肯定是功大于过。

2. 是否对当时民众的安居乐业有利

然而，在是否对当时民众的安居乐业有利这一问题上，汉武帝的所作所为似乎是过大于功。这是因为，对外连年征战，对内大兴土木，再加上以他为首的统治集团穷奢极欲，民众在经济上、肉体上、精神上的各种负担，比起文景二帝时期，显然更加沉重。当他们实在无法忍受时，怨愤自然就会变成反抗，变成暴乱，以至于农民起义接连不断。关于这一方面的过失，司马迁在《平准书》等篇中就有所批评，汉武帝本人在晚年颁布的《轮台罪己诏》中也有所悔悟。但是，汉武帝也有恤民、救民的善心和义举。王夫之就曾经论道："武帝之劳民甚矣，而其救饥民也为得。虚仓廥以振之，宠富民之假贷者以救亡。不给，则通其变而徙荒民于朔方、新秦者七十余万口，仰给县官，给予闲业，民喜于得生，而轻去其乡以安新邑，边因以实。此策，晁错尝言之矣。错非其时而为民忧，武帝乘其时而为民利。"①

3. 是否对当时社会生产力的创新发展有利。一般研究者都认为，不管出于何种目的，汉武帝对当时农业生产的重视是值得肯定的，而且是愈到晚年愈重视。在他的领导和支持下，原有的铁器农具如犁铧之类得到改进，新的农具如耧车之类时有创造，新的农业技术如代田法、井渠法不断出现，新的农业政策如屯田法等及时颁布与坚持，再加上治理黄河、兴修水利、引进良种等措施的采取与完善，都使得西汉农业生产的水平达到了前所未有的高度。与此同时，汉武帝对当时整个经济的协调发展也是功大于过的。如统一货币、盐铁专卖、平准均输、算缗告缗等一系列政策措施的制定与实行，不但保证了经济的健康有序之运行，也打击了土豪劣绅的专横与恣肆，从而巩固了中央集权的封建制度。尽管这些政策与措施在后来的"盐铁会议"及后世的评价中受到许多批评与攻击，说明当时的生产力与生产关系之间还存在着尖锐的矛盾与冲突，但是，总的来说，它们的积极效应始终是居于首位的。

4. 是否对中华民族文化的繁荣进步有利。对于这一问题，答案是完全肯定的。其

---

① ［清］王夫之：《读通鉴论》卷三，中华书局1975年版。

中司马迁和班固的评价最具有代表性。司马迁在《太史公自序》中所说的"维我汉继五帝末流,接三代绝业",就是从纵的方向,对西汉以来,特别是汉武帝以来继承和发展被秦始皇割断了的中华民族文化之圣脉的极力肯定与宣扬。而班固则是从横的方向对汉武帝在文化建设方面的成就进行了更为全面的肯定与歌颂。他在《汉书·武帝纪》末赞道:"孝武初立,卓然罢黜百家,表章六经。遂畴咨海内,举其俊茂,与之立功。兴太学,修郊祀,改正朔,定历数,协音律,作诗乐,建封禅,礼百神,绍周后,号令文章,焕焉可述。后嗣得遵洪业,而有三代之风。"① 虽然这里的"罢黜百家"不尽符合事实,"建封禅,礼百神"也多为污点,但是,从总体上看,再加上大力促进对内对外的文化传播与交流之功绩,汉武帝对西汉文化,乃至整个中国民族文化的繁荣进步之贡献,恐怕是无人可以企及的。

(四)关于汉武帝的历史地位与影响

马克思主义历史观告诉我们,只有对历史做出创造性贡献的人,才能在历史上站稳脚跟,因而才能对后世产生影响。汉武帝就是这样的人。对于他的创造性贡献,不少研究者如数家珍般地罗列了一批又一批,有十多条的,二十多条的,还有三十多条的。其中杨生民在《汉武帝传》中②,将他的创造性贡献列举了二十五条后,又从六个方面加以概括,认为这些才是真正奠定他的历史地位,对后世影响最深最大,直到今日仍然发挥着积极作用的基本贡献。我们不妨摘录如下,以供参考。

1. 在学术思想政策方面,汉武帝尊儒术,以儒家思想为统治思想,国家在太学设儒学的五经博士,提高了儒学的地位。同时,又"悉延(引)百端之学",形成了尊儒术而又兼用百家的格局,从而奠定了中国以后封建社会学术思想政策的基础。

2. 在政治制度方面,汉武帝是外施仁义,实行德治;同时,又重视法治,以严刑峻法治国,二者兼用,恩威并举。此制对后世影响巨大,以后各个朝代一般均是二者兼用的。

3. 汉武帝时官吏来源既多元化,又唯才是举。这种国家选拔官吏没有地区、家庭出身、民族区别的限制,后来就变成科举制度与历史传统。

4. 汉武帝时社会上多种经济成分并存,有地主经济、个体农民经济、工商业者的民营经济与国有经济。汉武帝虽然不是封建国有经济成分的创始者,然而汉武帝时期国有经济成分却得到了空前的扩大和强化。事实证明,汉武帝扩大封建国有经济成分的措施对后世有重大影响。

5. 汉武帝的统一"为现代中国的广大疆域奠定了初步的基础。""在北方击败了强敌匈奴,在西方取得了三十六属国,在西南恢复庄蹻滇国的旧业,在南方消灭了南越

---

① [东汉]班固:《汉书·武帝纪》,中华书局1962年版。
② 杨生民:《汉武帝传》,人民出版社2001年版。

赵氏的割据。"①

6. 汉武帝平定南越、西南夷、羌人之后，采取"以其故俗法"的方针。他对匈奴浑邪王降汉的部众也采取了"因其故俗为属国"的方针。这些事实说明，汉武帝实行的一系列政策措施，在建立统一的汉民族国家的过程中确实起到了重要作用，对中国后世的影响是无法忽视的。

以上六条创造性的贡献，足以支撑起他的崇高历史地位，足以对后世产生巨大影响。但是，这些贡献除第5条乃中华民族繁衍生息的基本物质条件外，其余几乎都属于制度文化的范畴。而制度文化同物质文化一样，都会与时俱变，优胜劣汰。只有精神文化，包括渗透于物质、制度中的精神文化，特别是其中的精神意蕴，就像"楚宝"一样，才具有跨越时空的普遍性之历史价值，才可以永远流传下去。对于汉武帝来说，这种无价之宝就是他所树立起来的战略家之英雄形象，以及这一形象所展现出来的英雄气概与人格精神。与此同时，从这一视角研究历史人物，还可以有效地预防有权就有地位，成功就是英雄，就能产生影响之类的功利、势利评价流行病之蔓延。

六、汉武帝评价中的矛盾现象

回顾汉武帝评价的漫长历史，不难发现，相互矛盾的观点自始至终都是大量存在的。如果将这些观点稍事归类排队的话，也不外乎下列十对：

（一）汉武帝功绩卓著而罪孽深重

这里的功绩当然首推武功。汉武帝凭借武力外攘四夷，扩疆辟境，实现了华夏民族、江山的大一统，可谓前无古人，后庇来者。然而，这样的功绩却是用千百万人的鲜血和生命换来的。特别是对匈奴的连年征战，双方牺牲的将士动辄几万、几十万，致使"海内虚耗""人口减半"。即使侥幸存活者，也要继续忍受战争创伤所带来的痛苦。这样的千秋功罪，谁又能计算得清？

（二）汉武帝既促进了经济的发展，又阻碍了经济的发展。

如前所述，汉武帝制定各种政策，采取多项措施，鼓励创造生产工具、改进生产技术、引进优良品种、扩大耕种面积，确实促进了农业生产的发展。同时，又颁行统一货币、盐铁专卖、平准均输等经济政策，也确实满足了国家和自己的需要。但是，随之而来的却是不断加重的税收、徭役和兵役之负担，从而又挫伤了农民和工商业者的生产积极性，以至于激起了他们的抵制和反抗，反过来又阻碍了生产的发展，破坏了经济的良性循环，即是生产关系严重地阻碍了生产力的正常发展。

（三）汉武帝既广揽人才，又扼杀人才

汉武帝广揽人才、重用人才，似乎有超越先贤之誉。凡有远见卓识和一技之才者，

---

① 范文澜：《中国通史》第二编，人民出版社1994年版。

无论三教九流、诸子百家，也不管亲疏、民族与敌友，皆可为我所用，同时，一般也会给予相应的待遇。然而，另一方面，他也有重用外戚、奸佞、方士等任人唯亲、唯拍、唯奸的严重弊端。更为不可思议的是，他甚至也随意猜忌功臣，残害忠良。如对李广、李陵、司马迁等人的态度就是这样。

（四）汉武帝既虐民，又爱民

如前所述，同所有封建统治者一样，在汉武帝的眼里，广大民众只不过是自己手中的各种生产工具和战争武器，任意地剥削他们、压迫他们、驱使他们，从根本上并不把他们当人对待，为他们着想，为他们服务。所以说，虐待民众是封建帝王行为的主流和常规。至于有时也唱唱爱民如子的高调，然而，民众仍然是子女而不是父母。这正如鲁迅先生所说的那样，在几千年的中国古代社会中，子女也是父母的奴隶。他们有时也救民于水火，那也是迫不得已而为之，因为一旦失去了子女，谁来养活父母？而这时，只有在这时，用辩证的方法来看待的话，民众才会从客观上得到一些实惠。

（五）汉武帝的思想既是开放的，又是禁锢的

汉武帝在改革文景两帝"无为而治、休养生息"的统治模式，采纳主父偃、董仲舒等人提出的加强中央集权、统一思想文化等治世方略时，以及在开通西域，拓疆安边的过程中，他的思想是空前开放的。然而，当其一旦重用儒术、迷信方士后，他的思想又有被其所禁锢的倾向。"独尊儒术"虽不完全彻底，但是，创设五经博士，选拔儒士为宦，甚至连酷吏们断案也要比附《春秋》经义，不也表明了他的思想行为之偏执吗？至于多年迷信神仙长生而被骗就不必多说了。

（六）汉武帝既胸怀远大理想，又颇多痴心妄想

汉武帝生当其时，加之文韬武略盖世，立志顺应历史潮流，创造前无古人之大一统业绩，将西汉全面推向强盛，堪为后世效法之榜样。然而，他也有踏平天下，四海一姓，穷奢极欲，尽八方之美以为己用，直至长生不老，飞升仙境的痴心妄想。

（七）汉武帝既聪明，又愚蠢

研究者几乎都承认，汉武帝具有超常的聪明与才智，且为"雄才大略"。但是，不可否认，他也有相信鬼神、巫蛊，被方士、巫师牵着鼻子走的极端愚蠢。不过，一旦当他发现自己上当受骗后，他又毫不留情地诛杀了他们，直至晚年方才觉悟。

（八）汉武帝既残暴，又仁慈

汉武帝和秦始皇一样，残暴、乖戾、喜怒无常。他对外大肆征伐，杀人无数。对内任用酷吏，实行高压统治，动辄诛杀九族。但是，他也有筑望思台的父慈、对心爱女子的多情以及对死难将士的哀悼之心。

（九）汉武帝既大度，又狭隘

汉武帝对于归顺的周边小邦小国，尽量尊重、保留他们的生活习惯和文化传统，

似有民族自治的包容与大度。但是，他也有报复奴隶、猜忌忠良和听信谗言之类的狭隘。

（十）汉武帝既刚愎自用，又从善如流

从根本上讲，汉武帝和其他封建统治者一样，都是独断专行，为所欲为，听不得不同意见，尤其是反对的意见，如当今有些人常说的那样："一声吼到底"。但是，在解决一些具体问题的时候，他也表现出一些从善如流的姿态。比如，凡符合自己想法的奏议，"皆曰可"，看了主父偃、徐乐、严安的劝谏书，大发相见恨晚之慨，甚至对汲黯的多次批评，也可以勉强接受。

那么，如何看待上述的矛盾现象及其观点呢？我们认为，首先，一般而言，宇宙间的万事万物都是矛盾的统一体，越是伟大的历史人物越具有矛盾的复杂性。其次，汉武帝所处的环境条件，他所受的教育水平，尤其是他的实践活动，都具有非同凡俗的独特性，这是造成其矛盾复杂性存在的客观基础。最后，由于研究者所处的时代、地域和政治、文化背景存在差异，他们在此基础上形成的立场、观点和运用的方法各不相同，这是对汉武帝的评价之所以出现矛盾的主观原因。

七、关于汉武帝研究的六大基本问题

两千多年来，关于汉武帝的研究与争论，往往是老问题尚未解决，新问题又冒了出来，可谓层出不穷。但是，在所有问题中，我们认为以下六大问题最为基本，特请研究者予以重视。

（一）宗旨问题

为什么要研究汉武帝？司马迁的宗旨是"原始察终，见盛观衰"，"究天人之际，通古今之变，成一家之言。"此之谓就事论道，依人评理。今人则提出了以追求历史意义、现实意义和未来意义的学术价值观为研究之宗旨。且将三种意义合而为一，认为所有历史都是当代史，所有的历史研究就是与历史人物展开对话，以解决当代的实际问题，即所谓以史为鉴，"古为今用"。这些自然是不错的主张，然而，如果"古为今用"用过了头，又会滑入实用主义、影射主义的怪圈，随意摆布，甚至阉割历史，反而搞得一片混乱。当然，我们并不一概反对古为今用，关键在于如何用才算用得恰当，用得好。像司马迁那样，从哲学、科学的终极目标上探索人类历史发展变化的本质与规律，感悟宇宙、天地、人生的存在真谛与关系，看似无用，却有大用、本用。

（二）原则问题

在以往的汉武帝研究中，曾经出现过目空一切的英雄主义、骂倒一切的虚无主义、不顾客观事实的假设与推理，以及脱离社会实践的精神分析等现象。所有这些问题，都是未能坚持实践第一、实事求是的辩证唯物主义和历史唯物主义之基本原则的结果，反而是司马迁"实录"的撰史方法，集中地体现了这一原则的基本精神。看来，我们又得回归司马迁了：既然他可以"实录"，我们为什么不能"实评"呢？

（三）思维问题

思维是人类把握世界的有力武器，在一切科学研究领域内具有相对的决定性。但是，长期以来，我国历史研究的思维主流却笼罩在封建大一统的文化阴影之下，唯书唯上唯圣贤的经学思维以及英主明君、英雄救星的依附心理几乎窒息了史学研究的生命。在这种大背景下，对汉武帝的研究也只能是陈陈相因，几无创见。自从马克思主义传入以后，本应思维解放，新见迭出，但是，谁知一阵春风过后，教条主义的乱贴标签，乱打棍子；极左思潮的数典忘祖，否定一切，又将汉武帝的研究引入歧途。新时期以来，经过拨乱反正，解放思维，史学研究日渐百废俱兴，新思维、新方法时有出现，新观点、新成果随之而来。但是，我们还需要调动所有思维手段，运用多种学科的知识与方法，多方位、多层次地对汉武帝这一历史现象进行全人全息之研究。

（四）创新问题

关于这一点，上文已经做了价值层面的简要概括，这里就如何创新汉武帝研究思维的一些具体设想，再结合个别棘手问题略做说明。

1. 注意进行哲理层面的探讨。汉武帝虽然不是哲学家，但是，在他的统治时期，哲学社会科学却得到了前所未有的发展，那么，他于其中发挥了怎样的作用呢？他之所以在制度文化上有许多创造，能否在他的世界观、人生观、价值观中找到相应的根源呢？他的"三观"究竟是什么？是如何形成的呢？只有这样不厌其烦地追根问底，我们大约才能距离汉武帝的本真越来越近。

2. 进军更为广阔的文化视野。真正的历史就是文化史，特别是精神文化史。反过来看，人类又通过文化表现自己的人性、价值观和本质力量。这是一件事情的阴和阳之两面，文化为阳，人性、价值观、本质力量为阴。因此，通过文化研究人，是再便捷、可靠不过的路径了。

3. 完善有创造必有代价的历史观。人类创造历史是需要付出代价的。关于这一现象，恩格斯有过精彩的论述，他说道："历史可以说是所有女神中最残酷的一个，它不仅在战争中，而且在'和平的'经济发展时期中，都是在堆积如山的尸体上驰驱她的凯旋车。"[①] 我们现在还可以做的研究是，要进一步分清汉武帝所付出的代价，哪些是必要的，哪些是不必要的，以及在必要付出时，能否将这些代价降到最低限度。

4. 从普通社会学、心理学入手，也以平常心看待汉武帝。这样做，既不会苛求于汉武帝，也不会难为研究者，可谓双赢。

5. 引入文学艺术的研究方法。鲁迅评价《史记》，向以"史家之绝唱，无韵之离

---

① 见《马克思恩格斯全集》，人民出版社 1974 年版。

骚"著称于世。这就启示我们,研究《孝武本纪》,也不得不从文本构成的艺术性上加以开掘,包括将《史记》《汉书》《资治通鉴》等古籍中的相关部分在写法上加以比较。因为内容与形式总是紧密相连,难解难分的。再者,单就形式本身研究,也有许多审美价值。然而,更为重要的是,历史文本是撰述者创作出来的,其中除了饱含着他们的艺术才能、艺术追求外,必然还会打上其他的各种主观烙印,尤其是他们的世界观、人生观、价值观与史胆、史识、史才之烙印,其研究价值并不比他们所研究的历史本身差。因此,我们有必要在鲁迅先生的名言后面再加上这样一句话:"思者之宝库"。

(五)传播问题

对于《孝武本纪》和汉武帝来说,以往的研究还不够理想,而在传播方面,问题似乎更多。比如说,该传的不传,不该传的却大传而特传;只在圈内传,不在圈外传;尤其是不能充分利用大众传媒和互联网将研究成果推向全世界,致使该让我们占领的空间却让别人占领了。

(六)学风问题

良好的学术风气永远是《孝武本纪》研究结硕果的阳光、雨露和空气。当务之急是,我们必须时刻保持清醒的头脑,坚决将主观主义、形式主义、实用主义、在法庭上解决学术争端的法治主义及其他一切腐败学术风气拒之门外。

总体而言,对《孝武本纪》的研究取得了大量的成果也存在着大量问题,研究者必须以更深刻的历史眼光和更广泛的文化视野,从思想、制度、文化和方面入手,同时结合新出土的考古资料和考古发现,以期为《史记·孝武本纪》乃至《史记》研究提供更细致的研究方法和研究路径。

李 雪
2017 年 12 月于陕西师范大学

引用文献及资料

（按姓氏笔画及朝代先后排序）

书　籍

四画

［清］王夫之著，舒士彦点校．读通鉴论［M］．北京：中华书局，2013．

［清］方苞著，刘季高校点．方苞集［M］．上海：上海古籍出版社，1983．

［清］牛运震撰，魏耕原、张亚玲整理点校．史记评注［M］．西安：三秦出版社，2011．

［清］王鸣盛．十七史商榷［M］．上海：上海古籍出版社，2013．

［清］王念孙撰，徐炜君等校点．读书杂志［M］．上海：上海古籍出版社，2015．

王叔岷．史记斠正［M］．北京：中华书局，2007．

王利器主编．史记注译［M］．西安，三秦出版社，1988．

王子今．汉武英雄时代［M］．北京：中华书局，2005．

王子今．史记的文化发掘［M］．武汉：湖北人民出版社，1997．

王启兴．校编全唐诗［M］．武汉：湖北人民出版社，2001．

尤文玲．汉武帝与西汉文学［M］．北京：社会科学文献出版社，2007．

五画

［汉］司马迁撰，［南朝宋］裴骃集解，［唐］司马贞索隐，［唐］张守节正义．史记［M］．北京：中华书局，1959．

［汉］司马迁撰，［南朝宋］裴骃集解，［唐］司马贞索隐，［唐］张守节正义．史记（点校本二十四史修订本）［M］．北京：中华书局，2014．

白寿彝．史记新论［M］．北京：求实出版社，1981．

卢敦基．暧昧的政治——闲说西汉二百年［M］．北京：新星出版社，2006．

冯立鳌．天汉璀璨：汉武帝时代五十年［M］．北京：中国文史出版社，2014．

六画

［清］阮元校刻. 十三经注疏［M］. 北京：中华书局，1980.

吕思勉. 吕思勉读史札记［M］. 上海：上海古籍出版社，1982.

吕思勉. 秦汉史［M］. 上海：上海古籍出版是，1983.

伊沛霞. 当代西方汉学研究集萃［M］. 上海：上海古籍出版社，2016.

安作璋，刘德增. 汉武帝大传［M］. 北京：中华书局，2005.

七画

［宋］苏轼著，王松龄点校. 东坡志林［M］. 北京：中华书局，1981.

［宋］苏轼. 苏轼文集［M］. 北京：中国文史出版社，1999.

［清］吴见思. 史记论文［M］. 东北师范大学出版社，1986.

［清］吴汝纶撰，施培毅、徐寿凯校点. 吴汝纶全集［M］. 合肥：黄山书社，2001.

［清］张文虎. 校刊史记集解索隐正义札记［M］. 北京：中华书局，1977.

［清］李笠著，李继芬整理. 广史记订补［M］. 上海：复旦大学出版社，2001.

［清］邵泰衢. 史记疑问［M］. 文渊阁四库全书（影印）. 上海：上海古籍出版社，2003.

余嘉锡. 余嘉锡文史论集［M］. 长沙：岳麓书社，1997.

陈直. 史记新证［M］. 天津：天津人民出版社，1979.

肖黎. 中国历代名君［M］. 郑州：河南人民出版社，1987.

严一萍. 史记会注考证斠订［M］. 台北：艺文印书馆，1976.

李景星. 四史评议［M］. 长沙：岳麓书社，1986.

张家英. 《史记》十二本纪疑诂［M］. 哈尔滨：黑龙江教育出版社，1997.

张维华. 汉史论集［M］. 济南：齐鲁书社，1980.

杨生民. 汉武帝传［M］. 北京：人民出版社，2001.

宋连生. 大汉盛世［M］. 北京：当代世界出版社，2006.

李全华. 史记疑案［M］. 长沙：湖南大学出版社，2010.

陈桐生. 史记与诸子百家之学［M］. 合肥：安徽大学出版社，2006.

张大可. 史记全本新注［M］. 西安：三秦出版社，1990.

张大可等编. 史记研究集成［M］. 北京：华文出版社，2005.

何新. 雄·汉武帝评传及年谱［M］. 北京：中国民主法制出版社，2008.

辛德勇. 史记新本校勘［M］. 桂林：广西师范大学出版社，2017.

［美］陆威仪著，王兴亮译. 早期中华帝国：秦与汉［M］. 北京：中信出版社，2016.

八画

范文澜. 中国通史［M］. 北京：人民出版社，1978.

罗义俊. 汉武帝评传［M］. 上海：学林出版社，2008.

［日］泷川资言考证，［日］水泽利忠校补. 史记会注考证附校补［M］. 上海：上海古籍出版社，1986.

［日］泷川资言. 史记会注考证［M］. 上海：上海古籍出版社，2015.

［美］帕克著，向达译. 匈奴史［M］. 太原：山西人民出版社，2015.

九画

［宋］洪迈撰，穆公校点. 容斋随笔［M］. 上海：上海古籍出版社，2015.

［清］俞樾. 春在堂全书（影印）［M］. 杭州：浙江古籍出版社，2007.

［清］姚苎田节评，王兴康标点. 史记菁华录［M］. 上海：上海古籍出版社，1988.

［清］赵翼著，王树民校证. 廿二史札记校证［M］. 北京：中华书局，1984.

费振刚、胡双宝、宗明华. 全汉赋［M］. 北京：北京大学出版社，1993.

施之勉. 史记会注考证订补［M］. 台北：华冈出版有限公司，1987.

姜鹏. 汉武帝的三张面孔［M］. 上海：华东师范大学出版社，2012.

十画

［汉］班固撰，［唐］颜师古注. 汉书［M］. 北京：中华书局，1962.

［明］凌稚隆辑校，［明］李光缙增补. 史记评林［M］. 天津：天津古籍出版社，1998.

［清］浦起龙. 史通通释［M］. 上海：上海古籍出版社，2009.

［清］钱大昕著，方诗铭、周殿杰校点. 廿二史考异（附三史拾遗）［M］. 上海：上海古籍出版社，2004.

［清］夏之蓉. 读史提要录［M］. 四库未收书辑刊（影印）. 北京：北京出版社，2000.

［清］郭嵩焘. 史记札记（标点本）［M］. 上海：商务印书馆，1957.

［清］高塘. 史记钞［M］. 华东师范大学图书馆稀见丛书汇刊·高梅亭读书丛钞（影印）. 北京：北京图书馆出版社，2006.

［清］桂馥. 晚学集［M］. 上海：商务印书馆，1936.

顾颉刚. 秦汉的方士与儒生［M］. 上海：上海古籍出版社，1978.

夏曾佑. 中国古代史［M］. 上海：三联书店，1995.

钱穆. 史记地名考［M］. 北京：九州出版社，2011.

钱锺书. 管锥编［M］. 北京：中华书局，1979.

徐复观. 两汉思想史［M］. 上海：华东师范大学出版社，2001.

［瑞典］高本汉著，陆侃如译. 左传真伪及其他［M］. 太原：山西人民出版社，2015.

郭琦. 陕西五千年［M］. 西安：陕西师范大学出版社，1989.

郭双成. 史记人物传记论稿［M］. 郑州：中州古籍出版社，1985.

徐朔方. 史汉论稿［M］. 南京：江苏古籍出版社，1984.

十一画

［宋］黄震. 黄氏日钞［M］. 北京：北京图书馆出版社，2005.

［清］梁玉绳撰，贺次君点校. 史记志疑［M］. 北京：中华书局，1981.

［清］崔适著、张烈点校. 史记探源［M］. 北京：中华书局，1986.

［英］崔瑞德、［英］鲁惟一编，杨品泉等译. 剑桥中国秦汉史［M］. 北京：中国社会科学出版社，1992.

黄历鸿. 秦山封禅［M］. 济南：山东友谊出版社，1998.

黄留珠. 秦汉历史文化论稿［M］. 西安：三秦出版社，2002.

逯耀东. 抑郁与超越：司马迁与汉武帝时代［M］. 上海：生活·读书·新知三联书店，2008.

十二画

［清］程馀庆. 历代名家评注史记集说［M］. 西安：三秦出版社，2011.

鲁迅. 古小说钩沉［M］. 济南：齐鲁书社，1997.

鲁迅. 鲁迅选集［M］. 北京：中国文史出版社，2002.

十五画

翦伯赞. 秦汉史校定本［M］. 北京：北京大学出版社，1983.

翦伯赞. 翦伯赞全集［M］. 石家庄：河北教育出版社，2008.

黎东方. 讲史之续·细说秦汉［M］. 上海：上海人民出版社，2007.

十八画

瞿方梅. 史记三家注补正［M］. 上海：广文书局，1973.

期　刊

李长之. 文学史上之司马迁［J］. 文潮月刊，1949（6）.

徐日辉. 史记：八书序列新论［J］. 学术月刊，1996（10）.

瞿林东. 司马迁怎样总结秦汉之际的历史经验［J］. 社会科学集刊，1989（3）.

陈可青. 司马迁的史学思想及其阶级性［J］. 新建设，1965（1）.